«… mitten unter ihnen»

T V Z

Praktische Theologie im reformierten Kontext

herausgeben von Albrecht Grözinger, Stefan Huber, Gerrit Immink, Ralph Kunz, Andreas Marti, Christoph Morgenthaler, Félix Moser, Isabelle Noth, David Plüss und Thomas Schlag

Band 10 – 2014

Die Reihe «Praktische Theologie im reformierten Kontext» versammelt Arbeiten aus der praktisch-theologischen Forschung, die in der konfessionellen Kultur der Reformierten verankert sind. Der reformierte Kontext ist einerseits Gegenstand empirischer Wahrnehmung und kritischer Reflexion und andererseits das orientierende Erbe, aus dem Impulse für die zukünftige Gestaltung der religiösen Lebenspraxis gewonnen werden. Er bildet den Hintergrund der kirchlichen Handlungsfelder, prägt aber auch gesellschaftliche Dimensionen und individuelle Ausprägungen der Religionspraxis.

Katrin Kusmierz, Isabelle Noth (Hg.)

«... mitten unter ihnen»

Gottesdienste in Institutionen und an Orten öffentlichen Lebens

TVZ

Theologischer Verlag Zürich

Bibliografische Informationen der Deutschen Nationalbibliothek
Die Deutsche Nationalbibliothek verzeichnet diese Publikation in der Deutschen
Nationalbibliografie; detaillierte bibliografische Daten sind im Internet über
http://dnb.d-nb.de abrufbar.

Umschlaggestaltung
Simone Ackermann, Zürich, unter Verwendung einer Fotografie von Andreas
Hoffmann (Ausschnitt) aus der Serie «Krethi & Plethi. Christliches und
Nachchristliches in Zürich», 1999 © Evangelisch-reformierte Landeskirche des
Kantons Zürich und Katholische Kirche im Kanton Zürich

Druck
ROSCH BUCH GmbH, Scheßlitz

ISBN 978-3-290-17756-0
© 2014 Theologischer Verlag Zürich
www.tvz-verlag.ch

Inhalt

Vorwort

Den Anstoss zu diesem Band gab ein Vortrag von Isabelle Noth zum Thema Gottesdienste im Gefängnis. Dabei zeigte sich, dass die betreffenden liturgischen Angebote einerseits eine Reihe von spannenden theologischen, liturgischen und poimenischen Fragen aufwarfen, speziell angesichts ihres religiös-pluralen Umfeldes. Andererseits wiesen diese Gottesdienste ein bestimmtes liturgisches Profil auf, das sich teilweise auch von jenem eines «normalen» Sonntagsgottesdienstes unterschied.

Unser Interesse war damit geweckt: Wie verhält es sich mit Gottesdiensten an *anderen* Orten, in Institutionen und an Plätzen öffentlichen Lebens? Welche Funktionen erfüllen diese Gottesdienste? Wie werden sie durch ihr Umfeld geprägt? Lassen sich bei aller Unterschiedlichkeit vielleicht Parallelen zwischen den verschiedenen Gottesdiensten entdecken? Lässt sich gar so etwas wie ein bestimmter Typus von Gottesdiensten herauskristallisieren? Diesen grundlegenden Fragen widmen sich die einzelnen Artikel, speziell aber auch der erste, einführende Beitrag in diesem Band.

Die folgenden Texte beschreiben und analysieren Gottesdienste im Altersheim, im Gefängnis, im Spital, in der Psychiatrie, in der Schule, an der Universität, in christlichen Kommunitäten, am Flughafen sowie Gottesdienste mit Menschen mit Behinderung. Sie tun dies in unterschiedlicher Perspektive, die einen eher aus der Perspektive wissenschaftlicher Reflexion, die anderen eher aus der Perspektive langjähriger beruflicher Erfahrung an den betreffenden Orten. In jedem Fall gewähren sie Einblick in spannende und herausfordernde liturgische Arbeitsfelder.

Dafür danken wir den Autorinnen und Autoren: Ralph Kunz, Pascal Mösli, Hubert Kössler, Barbara von Sauberzweig, Bernhard Joss, Thomas Schlag, Christian Walti, David Plüss, Claudia Kohli Reichenbach und Walter Meier. Ebenso danken wir Manuela Grossmann, Nadja Troi-Boeck und Anja Michel für die Unterstützung beim Korrekturlesen und Formatieren der Beiträge.

Katrin Kusmierz und Isabelle Noth
Im Herbst 2014

Gottesdienste andernorts – eine Einleitung

Katrin Kusmierz

1. Mitten unter ihnen

Die Gottesdienste, die in diesem Band zusammengefasst sind, haben im Grunde eines gemeinsam: es sind Gottesdienste, die nicht im Rahmen kirchgemeindlicher Aktivitäten und, von wenigen Ausnahmen abgesehen, nicht in den Gottesdiensträumen von Kirchgemeinden stattfinden. Sie finden *andernorts* statt, an Orten, die den Alltag von Menschen prägen: in der Schule, an der Universität, am Flughafen. Sie werden aber auch gefeiert an Orten, die diesem Alltag in eigentümlicher Weise entzogen sind, die aus ihm herausgehoben sind, wie das Gefängnis, die psychiatrische Klinik, das Krankenhaus oder das Altersheim. Sie werden dort gefeiert, wo Menschen in besonderen Wohnformen zusammenleben, sei es in Behindertenwohngruppen oder christlichen Kommunitäten. So unterschiedlich diese Orte sind, so bedeuten sie jedoch, dass der Gottesdienst in einem Umfeld gefeiert wird, das zunächst nicht sein natürliches zu sein scheint. Diese Gottesdienste gehen fremd und sind zugleich in der Fremde beheimatet; in und mit ihnen taucht Kirche ein in verschiedene Bereiche des menschlichen Er-Lebens, aber auch in Institutionen mit ihren eigenen Regeln und Gesetzmässigkeiten. Insofern geht es hier nicht um Gottesdienste irgendwo andernorts, sondern darum, dass alle diese Gottesdienste in einer spezifischen Weise durch ihre Umgebung qualifiziert sind.

«Wo zwei oder drei versammelt sind, da bin ich *mitten unter ihnen*» (Mt 18,20): Der Zuspruch Jesu erlangt in diesem Zusammenhang zweifache Bedeutung. Er steht einerseits für das Grundprogramm jeglichen gottesdienstlichen Feierns: Im gemeinschaftlichen Vollzug von Gebet, Gesang und Verkündigung wird für die Gemeinde die Gegenwart Jesu Christi erfahrbar, in liturgischen Handlungen vergegenwärtigt, symbolisiert und in Szene gesetzt. «Mitten unter ihnen» steht zum anderen für eine Kirche, die sich nicht in einen Kokon der Innerlichkeit und Abgeschlossenheit gegenüber dem Rest «der Welt» zurückzieht, sondern in der Nachfolge Christi wagt, mitten in dieser Welt zu leben. Mitten in dieser menschlichen Realität muss sich ihre Botschaft von Erlösung und Heil bewähren und Plausibilität erlangen. Mitten in dieser Realität soll Gottes Menschenfreundlichkeit und Zuwendung zu den Menschen ihren tätigen Ausdruck finden.

So ist die starke seelsorgerliche Dimension dieser Gottesdienste eine weitere Gemeinsamkeit; auch sie lässt sich im Prinzip jedem Sonntagsgottesdienst in einer Kirchgemeinde zuschreiben. Wo Gottesdienste im Altersheim, im Gefängnis, im Krankenhaus, in der psychiatrischen Klinik, in der Begleitung von Menschen mit

Behinderung stattfinden, stehen sie aber in einer sehr engen Verbindung zur institutionalisierten Seelsorge an diesen Orten bzw. gehören integral zu ihrem Auftrag und Angebot. Der Gottesdienst ist damit «Seelsorgegeschehen», wie *Ralph Kunz* in seinem Beitrag schreibt.[1]

Die Bewegung hin zu Menschen mit ihren Alltagsfragen und -nöten, sei es in Krankheit, in Gefangenschaft, in schulischen Zusammenhängen usw., ist nicht nur theologisch begründet, im Sinne dessen, dass hier der Öffentlichkeitsauftrag der Kirche konkrete Gestalt gewinnt.[2] Sie ist sicherlich auch dadurch verstärkt worden, dass die Kirchen in jüngster Zeit nicht mehr davon ausgehen können, dass Menschen selbstverständlich den Weg zu ihnen finden. Die Erfahrung, dass Menschen vielerorts ihren Alltag bestreiten, ohne auf kirchliche Angebote zur Lebensbewältigung und -deutung zurückzugreifen, hat Kirchen in den letzten Jahrzehnten vermehrt dazu bewogen, nach Wegen und Formen zu suchen, wie sie dorthin gehen können, wo diese ihr Leben leben: Während die kirchliche Präsenz im Krankenhaus, im Gefängnis, unter Menschen mit Behinderung und in der Psychiatrie bereits auf eine längere Geschichte zurückblicken kann, kamen in den letzten Jahrzehnten weitere Angebote an Orten öffentlichen Lebens dazu: 1997 wurde beispielsweise das Ökumenische Flughafenpfarramt am Flughafen Zürich ins Leben gerufen:[3] dieses gibt nach eigenem Bekunden einer «Geh-hin-Kirche»[4] Ausdruck, dies unter dem Motto «in transit with you». 2001 wurde sodann die Ökumenische Bahnhofkirche im Hauptbahnhof Zürich gegründet.[5] Im Prospekt zur Bahnhofkirche wird diese als Alltagskirche charakterisiert, die am Weg liegt, mitten im alltäglichen Leben der Menschen.[6] Sie ist am «grössten ‹Marktplatz› weit und breit» gelegen, ganz dem paulinischen Vorbild entsprechend, der «jeden Tag mit den Leuten, die er am Marktplatz antraf» sprach (Apg 17,17).[7] Damit verfolgen die Seelsorgenden ein Konzept der «Lebensraum-orientierten Seelsorge»[8]. Zu diesen neuen kirchlichen Räumen im öffentlichen Leben kamen in jüngerer Zeit Angebote hinzu wie die Sihlcity-Kirche im gleichnamigen Shoppingcenter in Zürich, oder das Projekt «jenseits im Viadukt» der römisch-katholischen

---

1   Ralph Kunz, in diesem Band, 30.
2   Vgl. dazu Katrin Kusmierz, Weltgewandte Liturgie – Gottesdienst und Öffentlichkeit, in: Ralph Kunz / David Plüss / Andreas Marti (Hg.), Reformierte Liturgik kontrovers, 189–194, Zürich 2011 und Katrin Kusmierz / David Plüss, Politischer Gottesdienst?!, Zürich 2013.
3   Vgl. den Beitrag von Walter Meier in diesem Band.
4   So formuliert in der Rubrik Geschichte und Leitbild auf www.flughafenpfarramt.ch/geschichte (Zugang 20.11.2014).
5   Siehe www.bahnhofkirche.ch (Zugang 20.11.2014).
6   www.bahnhofkirche.ch/Prospekt%202012%20-%20D.pdf (Zugang 20.11.2014).
7   So im Bericht der damaligen Seelsorger an der Bahnhofkirche, Roman Angst / Toni Zimmermann, Drei Jahre Ökumenische Bahnhofkirche im Hauptbahnhof Zürich. Von Pfingsten 2001 bis Ende 2003, www.bahnhofkirche.ch/3_Jahre_bhk.pdf (Zugang 20.11.2014), 4.
8   Ebd., 10.

Kirche in Zürich, ein Treffpunkt und Ruheort im Bahnviadukt mit Veranstaltungen und Gottesdiensten für junge Erwachsene.[9]

Diesen besonderen Gottesdienstorten geht dieser Band nach und fragt nach den Spezifika dadurch entstehender liturgischer Räume und liturgischer Praxis. Welche gottesdienstlichen Feiern finden an diesen Orten statt? Wie beeinflusst das jeweilige Umfeld die Gestaltung der Gottesdienste? Welche Funktion erfüllen solche Gottesdienste? Welchen Einfluss üben die Gottesdienste auf das jeweilige Umfeld aus? Dies waren Fragen, die wir den Autoren und Autorinnen im Vorfeld gestellt hatten.

Diese Einleitung trägt die Erkenntnisse aus den verschiedenen Beiträgen zusammen und versucht den Typus des Gottesdienstes in Institutionen bzw. an Orten öffentlichen Lebens näher zu charakterisieren und die Herausforderungen liturgischen Gestaltens, die sich ihm stellen, herauszuarbeiten. Dies geschieht im Bewusstsein, dass die von den Autoren und Autorinnen geschilderten Beispiele nicht immer zu verallgemeinern sind, zugleich aber in der Überzeugung, dass dennoch einige grundlegende, kontextübergreifende Beobachtungen angestellt werden können. So werden zunächst die Orte und Räume solcher Gottesdienste in den Blick genommen – einerseits als symbolische Räume, andererseits als konkrete Orte, wobei auch einiges über die Funktion dieser Gottesdienste gesagt werden kann. In einem weiteren Abschnitt soll nach den Konsequenzen für die Gestaltung von Gottesdiensten gefragt werden. Ein Fazit summiert die Erkenntnisse und schliesst mit einigen generellen Gedanken zur gegenwärtigen Situation und dem Status von Gottesdiensten in (öffentlichen) Institutionen und an Orten öffentlichen Lebens.

2. Der Gottesdienst als doppelte Heterotopie

2.1 Gottesdienst-Orte

Es handelt sich bei den hier diskutierten Gottesdiensten nicht um «Feld-, Wald- und Wiesengottesdienste» im wörtlichen Sinn; im Blick sind nicht Gottesdienste im Wald, auf Bergmatten oder öffentlichen Plätzen der Stadt. Die Gottesdienste finden statt an Orten, die klar umrissen sind – es handelt sich dabei um architektonisch strukturierte und begrenzte Räume. Da ist beispielsweise der Mikrokosmos des Flughafens, das Gelände der psychiatrischen Klinik, die Universität mit den ihr zugehörigen Räumlichkeiten. Es sind also umgrenzte Orte mit unter-

---

9 Siehe www.jenseitsimviadukt.ch, Zugang 20.11.2014. Zu ergänzen wären auch Kapellen und Kirchen in Fussballstadien. Vgl. dazu Stefanie Duttweiler, Sakrale Orte des Körperkults? Stadionkapellen zwischen Kirchenreligion und Ersatzreligion, in: Robert Gugutzer / Moritz Böttcher (Hg.), Körper, Sport und Religion, Wiesbaden 2012, 193–217.

schiedlichen Graden an Durchlässigkeit gegen aussen, oder in Foucault'scher Terminologie: Räume, die bestimmt sind durch eine jeweils unterschiedliche Relationsmenge nach aussen hin.[10] Es sind zudem Räume, Organisationseinheiten, die geprägt sind von ihren eigenen Hierarchien und Gesetzmässigkeiten: von den Regeln und Bedingungen der Arbeitswelt, von festgelegten Abläufen im Krankenhausalltag, von den mit dem Strafvollzug verbundenen Einschränkungen, vom Anspruch auf Rationalität und Wissenschaftlichkeit an der Universität.

Flughäfen, Kliniken, Altersheime sind – in all ihrer Unterschiedlichkeit – auf ihre Art ausgesonderte Räume. Sie sind zwar Teil des gesellschaftlichen Lebens, stellen aber dennoch Räume jenseits normaler alltäglicher Vollzüge dar. Menschen sind im «Transit» (am Flughafen oder in gewisser Weise auch im Altersheim), sie sind durch Krankheiten dem Alltag entrissen und in eine Zwangspause versetzt (im Spital) oder Gesetz und Justiz haben sie auf bestimmte Zeit aus der Gesellschaft ausgeschlossen.

Michel Foucault hat solche Räume, insbesondere das Gefängnis, die Psychiatrie und auch das Altersheim, als *Heterotopien* beschrieben, als zum «institutionellen Bereich der Gesellschaft gehörige Orte, die gleichsam Gegenorte darstellen [...] in denen die realen Orte, all die anderen realen Orte, die man in der Kultur finden kann, zugleich repräsentiert, in Frage gestellt und ins Gegenteil verkehrt werden»[11]. Es sind Räume, die *in Verbindung*, und dennoch *im Widerspruch* zu allen anderen Orten stehen.

Gottesdiensträume bzw. liturgische Räume können nun durchaus – obwohl Foucault sie selber nicht im Blick hatte – als Heterotopien beschrieben werden: Der liturgische Raum, so beispielsweise Stephan Winter in seiner Untersuchung «Liturgiewissenschaft als Ästhetik des liturgischen Raumes», «desillusioniert so grundlegend als nur irgend möglich im Blick auf etablierte, gesellschaftlich eingefahrene (An-)Ordnungen *und* installiert eine vollkommene, gänzlich alternative Raumordnung. Der liturgische Raum ist insofern eine Realität inmitten der ‹normalen› Realität [...]»[12]. Dass die Beschreibung von Gottesdiensten als Heterotopien naheliegt, zeigen mehrere Beiträge in diesem Band, so beispielsweise jene von *David Plüss* und *Christian Walti* zum Universitätsgottesdienst oder von *Pascal Mösli* und *Hubert Kössler* zu Gottesdiensten im Spital. Gottesdienste in Institutionen könnten, so meine These, sogar als *doppelte Heterotopien* beschrieben werden, wie im Folgenden ausgeführt werden soll.

---

10 Michel Foucault, Von anderen Räumen, in: Jörg Dünne / Stephan Günzel et al. (Hg.), Raumtheorie. Grundlagentexte aus Philosophie und Kulturwissenschaften, Frankfurt a. M. 2006, 320.
11 Ebd.
12 Stephan Winter, Liturgie – Gottes Raum. Studien zu einer Theologie aus der *lex orandi* (Theologie der Liturgie, Bd. 3), Regensburg 2013, 138.

2.2 Der Gottesdienst als Unterbrechung

Gottesdienste sind im Grunde genommen noch einmal aus diesen heterotopischen Orten ausgesonderte Räume: Sie sind eingebettet in diese, stehen in Bezug dazu, unterliegen, wie gesagt, gewissen Regeln und sind beeinflusst von den geltenden Rahmenbedingungen; sie stehen aber gleichzeitig in einem gewissen Widerspruch oder Kontrast zu ihnen.

Ähnlich argumentieren *Pascal Mösli* und *Hubert Kössler* in Bezug auf die Gottesdienste im Kontext der Heterotopie Spital: Im System «Krankenhaus», in dem der Alltag bestimmt ist von feststehenden Abläufen und Routinen, bieten Gottesdienste eine heilsame *Unterbrechung.* Der Gottesdienst unterbricht den Spitalalltag «indem er einen Freiraum ermöglicht, in dem nichts geschehen muss, in dem im Spital sonst üblicherweise marginalisierte Dimensionen des Lebens ins Zentrum rücken – die Abhängigkeit, die Verletzlichkeit, die Grenzen menschlicher Kontrolle und Machbarkeit, aber auch die Dankbarkeit und die Bitte um den Segen [...]»[13]. Gottesdienste bieten alternative Sprachbilder und Codes zur Lebensdeutung und -bewältigung, werden durchlässig auf die christliche Utopie, auf die Hoffnung auf die Vollendung und die Gewissheit des schon jetzt anbrechenden Reiches Gottes hin: Ihre Kraft «entfaltet Liturgie v. a. deshalb, weil sie ein Ort ist, an dem die Vollendung der menschlichen Gemeinschaft im Reich Gottes, in der himmlischen Polis, bereits symbolisch antizipiert wird. Sie ist gerade von ihrer eschatologischen Dimension her keine ästhetizistische Spielerei, sondern Rezeptionsgestalt der Basileia-Verkündigung Jesu – zwischen deren ein-für allemal geschehener Begründung im Leben und Geschick Jesu Christi und deren Vollendung am Ende der Zeiten.»[14] Gottesdienste in diesen Institutionen helfen, die Erfahrungen, die Menschen in ihnen machen, sei es Krankheit, Eingesperrt-Sein oder Altern im Lichte anderer, theologischer und religiöser Deutungsmuster zu verarbeiten und zu transformieren. Seelsorge und Gottesdienst in diesen Institutionen vermitteln zudem ein alternatives Menschenbild und stehen für einen anderen Zugang zum Menschen, wie *Ralph Kunz* betont[15]: Nicht der zu versorgende und zu pflegende, der zu bewachende und zu bestrafende Mensch steht im Zentrum, sondern der Mensch in seiner ihm ursprünglich eigenen Würde, der sich als von Gott angenommen und geliebt erfährt.

Der Gottesdienst ist jedoch nicht nur *heilsame,* sondern auch *kritische Unterbrechung: Christian Walti* und *David Plüss* beschreiben es geradezu als konstitutiv für den Universitätsgottesdienst, dass dieser in spannungsvoller Weise auf sein Umfeld Wissenschaft bezogen ist und diese Spannungen bearbeiten kann.[16] Dass

---

13 Hubert Kössler und Pascal Mösli, in diesem Band, 59.
14 Stephan Winter, Liturgie – Gottes Raum (Anm. 12), 139.
15 Ralph Kunz, in diesem Band, 29.
16 David Plüss und Christian Walti, in diesem Band, 125 f.

die Seelsorge und mit ihr der Gottesdienst mitunter auch eine kritische Distanz zur Institution ermöglichen, darauf weist auch *Bernhard Joss* in Bezug auf die Seelsorge mit Menschen mit einer Behinderung hin.[17] Seelsorge und Gottesdienst eröffnen einen Zwischenraum, indem zugleich Verbundenheit mit der Institution gelebt, aber auch die Kritik derselben möglich wird. Auch *Walter Meier* zeigt, wie dieses Dazugehören und gleichzeitig doch nicht Dazugehören die Möglichkeit eröffnet, auch kritisch zu den Tätigkeiten im Flughafengebäude – oder im geschilderten Falle einer Bank im Flughafen – Stellung zu beziehen.[18] Ebenso im Spital, wo, so *Pascal Mösli* und *Hubert Kössler*, der Gottesdienst einen Freiraum bietet, in dem «Distanz erlebt und gedeutet werden kann zu der Organisation des Spitals mit all ihren impliziten und expliziten Normen».[19]

Der liturgische Raum an diesen Orten könnte also als *doppelte Heterotopie* beschrieben werden. Er ist einerseits eng mit der Institution, mit dem Ort, an dem er stattfindet, verbunden und auf diesen bezogen; andererseits ermöglicht er alternative Erfahrungen wie auch kritische Positionierungen. Seelsorge und Gottesdienst sind spezifische Räume im Raum der Institution, öffnen diese aber zugleich hin auf die Aussenwelt einerseits, auf Transzendenz andererseits. Verschiedene Autoren und Autorinnen charakterisieren diese Gottesdienste – wie die Seelsorge – denn auch als *Zwischenraum*. Beispielsweise sprechen *David Plüss* und *Christian Walti* vom Universitätsgottesdienst als rituellem Zwischenraum[20] und weisen zugleich auf eine weitere wichtige Funktion dieser Art von Gottesdiensten hin: Hier werden die Hierarchien und Regeln (der Universität) für einen kurzen Moment ausser Kraft gesetzt und im Angesicht Gottes nivelliert. Menschen nehmen nicht in einer bestimmten Funktion, nicht als Patienten, Gefängnisinsassen, Studierende teil, sondern als Menschen an sich.

Im Zwischenraum zwischen der jeweiligen Institution und der Kirche, aber auch zwischen Weltbezug und Transzendenzbezug entsteht ein Raum, der zwar von verschiedenen Ansprüchen und Spannungen geprägt ist, der aber auch sehr viel Gestaltungsfreiheit und Kreativität freisetzt, wie später auszuführen sein wird.

Ein etwas anders gelagertes, deshalb jedoch besonders interessantes Beispiel sind diesbezüglich die von *Claudia Kohli Reichenbach* beschriebenen christlichen Kommunitäten. Hier schafft nicht der Gottesdienst einen «Raum im Raum», sondern die Kommunität an sich ist in gewisser Weise ein besonderer, herausgehobener Raum. Mit ihrer besonderen Lebensform stellt sie ein Gegenmodell zur

---

17 Bernhard Joss, in diesem Band, 93.
18 Walter Meier, in diesem Band, 156.
19 Pascal Mösli und Hubert Kössler, in diesem Band, 59.
20 David Plüss und Christian Walti, in diesem Band, 134 f.

Gesellschaft dar, eine real gewordene Utopie des gemeinschaftlichen, vom Gebet getragenen Lebens, das an sich Gottesdienst ist.

2.3 Konkrete Gottesdiensträume

Gottesdienste in Institutionen schaffen jedoch nicht nur symbolische Räume, sondern finden auch in ganz *konkreten Räumlichkeiten* statt, die wiederum der Funktion des Gottesdienstes als «Zwischenraum», als Unterbrechung, als «Raum im Raum» symbolischen Ausdruck verleihen. Dies gilt insbesondere für die Kapellen bzw. «Räume der Stille» in Kliniken, Altersheimen, an Flughäfen oder Bahnhöfen. *Barbara von Sauberzweig* schildert in ihrem Beitrag am Beispiel des Ökumenischen Zentrums in den Universitären Psychiatrischen Kliniken Basel ausführlich, wie der dortige Raum auf die besondere Situation in der Psychiatrie hin gestaltet wurde und das Anliegen und Programm der Seelsorge sichtbar macht.[21] Andernorts sind Gottesdiensträume der Institution «entlehnte» Räume oder sind bewusst nicht eindeutig konfessionell oder gar christlich-religiös codiert. Dies ist bedingt durch ihre multireligiöse Nutzbarkeit, oder eben durch die Tatsache, dass die Räumlichkeiten für den Gottesdienst «zweckentfremdet» werden und sonst anderen Nutzungen dienen. Das Herrichten und Einrichten des Raumes wird dadurch zum rituellen Bestandteil der gottesdienstlichen Feier. Durch diese Feier, durch die liturgische Interaktion wird der Raum verändert und wird zum Gottesdienstraum.[22]

Die von *Bernhard Joss* geschilderten Gottesdienste mit Menschen mit Behinderung stellen ein weiteres interessantes Beispiel dar: Sie haben sich aus der Institution im engeren Sinne hinausbewegt, in die Wohngruppen und schliesslich in die Kirchgemeinden hinein. Diese Entwicklung ist einerseits bedingt durch die Tatsache, dass in diesem bestimmten Fall die Institution «Behindertenheim» nicht mehr als zeitgemäss und adäquat wahrgenommen wurde, da sie zur Isolation von Menschen mit Behinderungen führte. Um dieser Ausgrenzung entgegenzuwirken, wurde versucht, Menschen mit Behinderung möglichst in die Gesellschaft, in die Quartiere und Lebensräume der Stadt zu integrieren. Auch der Gottesdienst ist in der Folge mitgewandert in die neu gebildeten Wohngruppen hinein. In einem zweiten Schritt wurde die Integration in die *Kirchgemeinde* angestrebt, indem in einer Kirche der geschilderten Gemeinde fast monatlich *Gottesdienste für diese und andere* gefeiert werden, die für Menschen mit und ohne Behinderung gleichermassen anschlussfähig und ansprechend sein und das gemeinsame Feiern unterstützen sollen.

---

21 Barbara von Sauberzweig, in diesem Band, 76–78.
22 David Plüss und Christian Walti, in diesem Band, 132 f.

3. Liturgie im Zwischenraum:
Konsequenzen für die Gestaltung des Gottesdienstes

Die Gottesdienste in diesen verschiedenen Institutionen bzw. an Orten öffentlichen Lebens nehmen sehr unterschiedliche liturgische Formen an, vom Gottesdienst in reformierter Tradition am Sonntagmorgen, über liturgische Feiern mitten in der Woche, «Palavergottesdienste» auf Wohngruppen für Menschen mit Behinderung bis hin zu eigentlichen Kasual-Gottesdiensten, beispielsweise im Kontext der Schule, zu denen schulische Übergänge, jahreszeitlich bedingte Feste oder Todesfälle den Anlass geben. Allerdings wird gerade im genannten Kontext Schule gar nicht mehr von Gottesdiensten gesprochen, sondern nur noch von schulischen Feiern, wie *Thomas Schlag* in seinem Beitrag zeigt.

Vier wesentliche Faktoren prägen diese Gottesdienste: Sie sind *erstens* stark auf den Kontext bezogen, in dem sie stattfinden; dieser beeinflusst die Themenwahl, die inhaltliche und teilweise auch die liturgische Gestaltung. *Zweitens* werden sie in vielen Fällen mit Menschen gefeiert, die wenig geübt sind im Umgang mit kirchlicher Praxis und kirchlichen Inhalten; sie sind gekennzeichnet durch das dezidierte Bemühen, für diese Menschen anschlussfähig zu sein. *Drittens* legt in vielen Fällen das Umfeld nahe, dass diese Feiern offen sein sollen für Angehörige anderer Religionen. Letzteres betrifft vor allem die Gottesdienste im Gefängnis, an der Schule oder am Flughafen, wie die entsprechenden Beiträge zeigen, am deutlichsten im Gefängnis, wo weniger als 40 Prozent der Insassen einen christlichen Hintergrund haben. Diese Situation wirft neben liturgischen Fragen auch Fragen nach der pastoralen Identität und dem Selbstverständnis der Seelsorgenden auf, wie *Isabelle Noth* in ihrem Beitrag zeigt.[23] Die Anschlussfähigkeit und Offenheit für Menschen mit religiös differenten Einstellungen stellt gar eine wesentliche Voraussetzung der Legitimation (christlich-)religiöser Feiern bzw. der Präsenz christlicher Theologen und Theologinnen beispielsweise in der Gefängnis- oder Krankenhausseelsorge dar. *Viertens* ist inzwischen selbstverständlich geworden, dass viele dieser Gottesdienstangebote ökumenisch sind. Auch wenn vielleicht der einzelne Gottesdienst seine konfessionelle Prägung beibehält, so findet die seelsorgerliche und liturgische Arbeit in enger ökumenischer Kooperation statt. Hier haben die Seelsorge bzw. die liturgische Arbeit in Institutionen und an Orten öffentlichen Lebens eine wichtige Pionierrolle übernommen, die sie, so scheint mir, gerade im Blick auf das Feiern mit andersreligiösen Menschen heute wieder einnehmen.

Für die *Gottesdienstgestaltung* hat dies Konsequenzen. Sie betreffen erstens die liturgische Sprache und die *Sprachfähigkeit* in Bezug auf das unmittelbare Umfeld dieser Gottesdienste und angesichts nicht-religiöser oder anders-religiöser Gottesdienstteilnehmer und -teilnehmerinnen. Zweitens lassen sich an den in

---

23 Isabelle Noth, in diesem Band, 46 f.

diesem Band geschilderten Beispielen auch Auswirkungen auf die *liturgische Gestaltung* und auf die Gewichtung liturgischer Elemente und Formen zeigen. Beides soll im Folgenden konkretisiert werden.

3.1 Sprachfähigkeit

Jede Predigerin, jeder Prediger steht vor der Herausforderung, die Worte des Evangeliums in zeitgemässe Sprache und Bildwelten zu übertragen, die von den Gottesdienstteilnehmenden nachvollzogen werden können. Dies ist eine Grundvoraussetzung dafür, dass das Evangelium für Menschen an Plausibilität gewinnen und dass sich ihnen seine Relevanz für ihr gegenwärtiges Leben erschliessen kann. Gottesdiensten in Institutionen bzw. an Orten öffentlichen Lebens stellt sich diese Aufgabe in verschärfter Weise, weil, wie schon erwähnt, Menschen teilnehmen, die sich einerseits in einer besonderen Lebenssituation befinden, und die andererseits teilweise eher einem kirchenfernen Milieu zugehören.[24] Dies erfordert von den Gottesdienstgestaltenden eine besondere Kontextsensibilität: Sie kennen die Fragen und Nöte der betreffenden Menschen, weshalb an vielen dieser Orte Seelsorge und gottesdienstliches Feiern nicht zu trennen sind. Sie können diese Erfahrungen an den biblischen Texten spiegeln und daraus neue Perspektiven eröffnen. Sie finden Sprachformen, Deutungsmuster usw., die sich von jenen, die die Institution in dieser Situation bietet, unterscheiden. Die Sprache, die im Gottesdienst gesprochen wird, ist eine andere, eine religiös codierte, aber dennoch muss sie dergestalt sein, dass sich «auch Menschen ohne kirchliche Gottesdiensterfahrung gut zurechtfinden und angesprochen fühlen».[25]

Eine interreligiös anschlussfähige theologische Sprache zu entwickeln, stellt eine vielleicht noch grössere Herausforderung dar. Wie viel biblische Referenzen, wie viele Verweise auf Jesus Christus sind angemessen? Wie wird über Gott gesprochen, wenn einem die Gottesbilder der eigenen christlichen Tradition nur eingeschränkt zur Verfügung stehen? Wie sehr versteht sich der betreffende Gottesdienst immer noch als christlicher Gottesdienst (in Offenheit und Sensibilität gegenüber anderen Religionen)? Oder wird eine eher allgemeine religiöse bzw. spirituelle Erfahrung, ein Erleben des Göttlichen angestrebt? Diesen Fragen widmet sich unter anderem der Beitrag von *Isabelle Noth*. Ein Beispiel aus dem Gefängnis vermag die Problematik zu illustrieren: Wenn Gefängnispfarrer und -pfarrerinnen mit christlichem Hintergrund das Ziel des Gottesdienstes im Gefängnis in Anbetracht der hohen Anzahl an nicht-christlichen Teilnehmenden beschreiben,

---

24 Dieser Frage wäre allerdings anhand von konkreten Erhebungen noch nachzugehen: Nehmen Menschen an liturgischen Angeboten in Institutionen und an Orten öffentlichen Lebens vor allem dann teil, wenn sie auch sonst in ihrem Alltag «religionsaffin» sind, oder nehmen sie auch Teil, weil ihre konkrete Situation, z.B. ein Spitalaufenthalt sie dazu drängt? Mösli und Kössler beschreiben in ihrem Beitrag beide Motivationen (60).
25 Pascal Mösli und Hubert Kössler, in diesem Band, 69.

so verweisen sie mitunter darauf, dass es darum gehe, den Gefängnisinsassen zu vermitteln, dass sie grundsätzlich Angenommene seien, kontrafaktisch zu ihrem gegenwärtigen Status als «Ausgeschlossene».[26] Protestantische Rechtfertigungslehre wird also heruntergebrochen auf den Zuspruch des vorbehaltlos Geliebt- und Angenommen-Seins. Ein weiteres Beispiel findet sich bei *Pascal Mösli* und *Hubert Kössler*, die eine Trauerfeier für eine verstorbene Klinikmitarbeiterin schildern: hier ist die Liturgin im Hinblick auf Teilnehmende mit anderer Religionszugehörigkeit zurückhaltend mit expliziten Verweisen auf christliches Gedankengut und formuliert einen Text, «der sich in dreigeteilter Form an die Schöpfungsmacht, an die menschliche Geschwisterlichkeit und an die Kraft der geistigen Energie wendet»[27]. Diese zwei knappen Beispiele mögen verdeutlichen, wie vielschichtig die Problematik religiöser Rede im interreligiösen bzw. religiös offenen Kontext ist und in welchen grossen (theologischen) Spannungsverhältnissen sich Gottesdienstgestaltende bewegen. Dennoch wird an den Beiträgen zum Gefängnis und zum Spital deutlich, dass den protestantischen und katholischen Theologen und Theologinnen, die mit der Seelsorge in den Institutionen beauftragt sind, ebendiese Kompetenzen zugetraut werden, ebenso wie die Fähigkeit, die Spannungen produktiv auszuhalten und zu bearbeiten. Es wird ihnen das Vertrauen entgegengebracht, dass sie ihre Aufgabe in einer Art und Weise wahrnehmen, die ebendieser speziellen Situation gerecht wird und die auf jegliche Tendenz zur Vereinnahmung verzichtet.

3.2 Liturgie und liturgische Formen

Selbstverständlich sind die Liturgien der hier behandelten Gottesdienste sehr unterschiedlich. Dennoch lassen sich einige generelle Beobachtungen anstellen, wie sich Liturgien durch die je besondere Umgebung verändern. Zwei Tendenzen scheinen mir erkennbar zu sein: einerseits die Tendenz dazu, die Liturgie des Gottesdienstes im Vergleich zur «üblichen» Sonntagsliturgie von schwer zugänglichen Elementen wie der Predigt (s. u.) zu entlasten, andererseits, die Liturgie als feste Grösse beizubehalten. Veränderungen der Liturgie werden vor allem dort gefordert, wo sich die Frage nach der Zugänglichkeit für Andersreligiöse oder für nicht-kirchlich Geprägte stellt. Am deutlichsten wird diese Tendenz im Kontext der Schule, wo nur noch sehr wenig ursprünglich christlich liturgische Elemente Verwendung finden und wenn, dann losgelöst von jeglicher spezifisch-christlichen Codierung. *Pascal Mösli* und *Hubert Kössler* beschreiben in Bezug auf den regelmässig stattfindenden Gottesdienst im Inselspital jedoch ebenfalls, dass man im Prozess einer Neuausrichtung desselben beschlossen habe, die klassische Predigt durch einen kurzen Input zu ersetzen und kein Abendmahl bzw.

---

26 Im Beitrag von Isabelle Noth, 50.
27 Pascal Mösli und Hubert Kössler, in diesem Band, 63.

kein Agapemahl mehr zu feiern.[28] Musik, Gebet und Stille bleiben wichtige Elemente der Liturgie.

Auch *Isabelle Noth* stellt in ihrer Analyse konkreter Gottesdienste im Gefängnis fest, dass Anbetung und Predigt im Vergleich zu Anfang und Schluss des Gottesdienstes an Bedeutung verlieren. Der Anfang wird wichtig, weil er das Überschreiten der Schwelle «vom Raum des Gefängnisses in den ihn transzendierenden – heterotopen – Raum des Gefängnisgottesdienstes» erleichtert[29]; der Schluss, weil in ihm Segen in die je besondere Situation der Gottesdienstteilnehmenden hinein zugesprochen wird. Zu vermuten ist, dass gerade der Segen, obwohl aus Interaktionsformen des Alltags weitgehend verschwunden, ein nachvollziehbares, nach-erlebbares und unmittelbares liturgisches Element darstellt.

Gerade die Predigt wird offenbar als schwierig zu vermittelndes, widerständiges Element empfunden; sei es, weil sie grundsätzlich zu sehr auf die intellektuelle Auseinandersetzung mit dem Glauben zielt, sei es, weil sie auch – zumal sie sich auf einen Bibeltext bezieht – als Medium untrennbar mit einer christlichen Glaubensvermittlung in Verbindung gebracht wird. Vielleicht wird sie als unzeitgemäss wahrgenommen und als Element, das die Schwelle zur Teilnahme im Gottesdienst erhöht, insbesondere für mit der Predigt wenig vertraute Gottesdienstbesucher und -besucherinnen. Eine Ausnahme dazu stellen die Universitätsgottesdienste dar, in denen die Predigt einen hohen Stellenwert geniesst und auf eine intellektuell anspruchsvolle Auslegung des Wortes Gottes besonderer Wert gelegt wird.

Andernorts, beispielsweise im sonntäglichen Flughafengottesdienst, oder im Gottesdienst in der Psychiatrie, wie er an den Universitären Psychiatrischen Kliniken Basel gefeiert wird, zeigt sich eher eine Tendenz zur Stabilität der Liturgie. In Bezug auf das Altersheim fordert *Ralph Kunz* diese aus guten Gründen geradezu ein:[30] Hier erhält das Vertraute, Regelmässige einen hohen Stellenwert. Das Leben in und mit festen, wiederkehrenden Liturgien kennzeichnet natürlich auch die gottesdienstlichen Feiern in Kommunitäten.

In nahezu allen diskutierten Gottesdiensten wird das Bestreben deutlich, vermehrt alle Sinne anzusprechen und so einer vermeintlichen Engführung auf die Wortdimension speziell in der reformierten Liturgie entgegenzuwirken. Man könnte deshalb von einer Verschiebung von einer wortbasierten zu einer symbol- und ritualbasierten Kommunikation im Gottesdienst sprechen. Visuelle, bildhafte Elemente werden wichtiger und in ihrer Potentialität für die Verkündigung erkundet. Dies ist längst nicht nur dort der Fall, wo die kognitive Rezeptionsfähigkeit der Gottesdienstteilnehmenden möglicherweise eingeschränkt oder anders geartet ist, beispielsweise im Altersheim oder im Kontext von Gottesdiensten mit

---

28 Pascal Mösli und Hubert Kössler, in diesem Band, 70.
29 Isabelle Noth, in diesem Band, 53.
30 Ralph Kunz, in diesem Band, 37.

Behinderten, sondern kann geradezu als ein allen gemeinsames Merkmal gelten. Symbole und Bilder verdeutlichen und machen anschaulich, sind be-greifbar und bleiben gleichzeitig deutungsoffen und ermöglichen unterschiedliche Zugänge und Interpretationsweisen. Oft sind diese Symbole in Rituale eingebunden, so z. B. anlässlich eines Gedenkgottesdienstes für verstorbene Kinder, in dem Tonscherben mit den Namen der Kinder nach vorne gebracht und anschliessend kleine Kerzen angezündet werden.[31]

Mehrere Autoren und Autorinnen verweisen explizit auf die Feier des Abendmahls als wichtige Symbolhandlung und unverzichtbaren Bestandteil der Liturgie. Im ökumenischen Zentrum der Universitären Psychiatrischen Kliniken Basel wird es beispielsweise wöchentlich gefeiert, wie *Barbara von Sauberzweig* schildert.[32] *Bernhard Joss* beschreibt die Begeisterung und Intensität, mit der Menschen mit Behinderung das Abendmahl mitfeiern.[33] Dieses lässt körperlich-leibhaftig die Gastfreundschaft Gottes erfahren, bietet Stärkung und bildet Gemeinschaft unter den Feiernden. Interessanterweise plädiert auch *Isabelle Noth* im multireligiösen Gefängniskontext für eine regelmässige Feier des Abendmahls, da es sinnenfällig zum Ausdruck bringt, dass auch die Gefängnisinsassen mit ihrer schuldbehafteten Vergangenheit und in ihrer haftbedingten Isolation an den Tisch Jesu Christi Eingeladene sind.[34]

4. Fazit

Was *Isabelle Noth* in Bezug auf die Gottesdienste im Gefängnis festhält, nämlich dass sich an ihnen Herausforderungen und Problematiken ablesen lassen, die sich in unmittelbarer oder ferner Zukunft der Kirche bzw. dem Gottesdienst allgemein stellen,[35] trifft meines Erachtens auf alle in diesem Band geschilderten Gottesdienste zu. Gottesdienste in Institutionen und an Orten öffentlichen Lebens sind *liturgische Vorposten* in Regionen, in denen kirchliche Präsenz immer wieder neu gedacht und legitimiert werden muss. Sie sind auf besondere Weise herausgefordert, sprachfähig und anschlussfähig zu werden angesichts einer nicht mehr selbstverständlichen Vertrautheit mit kirchlichen Formen und christlichen Inhalten, wie auch angesichts einer sich religiös stark ausdifferenzierenden Gesellschaft. Wenn Kirche theologisch nicht nur als Institution, sondern vor allem auch als Gemeinschaft verstanden wird, die «entsteht, weil Gott einlädt und in seiner Gegenwart gefeiert wird»[36], dann wächst an diesen Orten eine Kirche mit

---

31   Pascal Mösli und Hubert Kössler, in diesem Band, 64.
32   Barbara von Sauberzweig, in diesem Band, 84.
33   Bernhard Joss, in diesem Band, 92.
34   Isabell Noth, in diesem Band, 55.
35   Ebd., 52.
36   Ralph Kunz, in diesem Band, 29.

offenen Rändern, mit einer höchst heterogenen Gemeinde, eine Kirche, die sich nicht selbstverständlich (nur) auf althergebrachte Formen berufen kann und immer wieder herausgefordert ist, geistreich auf gesellschaftliche Veränderungen zu reagieren. Es ist eine Kirche, die sich in besonderen Situationen und angesichts verschiedener Problemlagen bewähren muss. Das «Evangelium wird damit öffentlich aufs Spiel gesetzt», ein riskantes Unterfangen wie Thomas Klie und Kristian Fechtner in ihrem Buch «Riskante Liturgien»[37] festhalten, da die Liturgin, der Liturg trotz aller notwendigen Bemühungen nicht über die Wirkung dessen, was im Gottesdienst geschieht, verfügt. Auch die Gottesdienste in Institutionen und an Orten öffentlichen Lebens können als riskante Liturgien verstanden werden, riskant angesichts der erwähnten Frage der Sprachfähigkeit und Verständlichkeit, angesichts der Aufgabe, Relevanz für das Leben der Menschen zu gewinnen, riskant angesichts der Forderung «religiös offen» zu sein, aber dennoch nicht die Verbindung zur eigenen Tradition zu kappen, angesichts der Spannung zwischen dem Anspruch, Identität und Profil zu schärfen, und dem Anliegen, niederschwellige Angebote zu machen, die anschlussfähig sind an gegenwartskulturelle Gegebenheiten. Riskant beispielsweise auch angesichts der Aufgabe, intellektuell redlich in einem Kontext der Rationalität über Glaubensfragen zu sprechen, bzw. diese in der Liturgie in Szene zu setzen und erfahrbar werden zu lassen.

Die Prekarität dieser Gottesdienste ist eine Herausforderung, aber mitnichten ein Nachteil. Sie hält liturgische Gestaltung offen, fern jeder vermeintlichen Sicherheit, fern jeder Selbstverständlichkeit und setzt damit Kreativität frei. Sie bedingt jedoch eine differenzierte Wahrnehmungsfähigkeit und Sensibilität seitens der Liturgiegestaltenden.

In einer prekären Situation sind Gottesdienste in Institutionen, also ausserhalb des engeren kirchlichen Kontextes, auch noch aus einem anderen Grund, wie das Beispiel der liturgischen Feiern in der Schule in besonders eindrücklicher Weise zeigt: hier wird deutlich, dass die Präsenz christlich geprägter seelsorgerlicher oder liturgischer Angebote nicht mehr einfach als selbstverständlich gelten kann, und dass die Plausibilität eines dezidiert religiösen Angebotes äusserst gering geworden ist. Letzterem wird nur wenig bis gar kein Mehrwert oder Zusatzwert beigemessen, im Gegenteil: es wird als Gefahr und mitunter sogar als Bedrohung der Religionsneutralität der Schule empfunden. Die Bedenken hinsichtlich einer ungerechtfertigten religiösen Einflussnahme auf die Schülerschaft sind gross und teilweise vielleicht auch berechtigt. Dies hat dazu geführt, dass konfessionelle gottesdienstliche Feiern in Schulen kaum mehr möglich sind, sondern durch religionsoffene schulische Feiern ersetzt werden. Wie weit diese Skepsis Blüten treiben kann, zeigt die von *Thomas Schlag* in seinem Beitrag geschil-

---

37 Riskante Liturgien. Gottesdienst in der gesellschaftlichen Öffentlichkeit, Stuttgart 2011, 8.

derte Situation, dass fremdsprachige Weihnachtslieder gesungen werden können, deutschsprachige jedoch nicht.[38]

Das Beispiel der Gefängnisseelsorge weist in eine ähnliche Richtung und macht darauf aufmerksam, unter welch hohem Legitimationsdruck Seelsorge und Gottesdienst hier stehen, auch wenn de facto die Arbeit und Präsenz der kirchlichen Gefängnisseelsorger und -seelsorgerinnen nicht in Frage gestellt wird. Die von *David Plüss* und *Christian Walti* eingangs gestellte Frage, ob die universitären Semestereröffnungsgottesdienste nun Gottesdienste der Universität oder der theologischen Fakultät seien (angesichts der Tatsache, dass im Grunde genommen nur Mitglieder letzterer teilnehmen), deutet darauf hin, dass für gottesdienstliche Feiern im Umfeld der Universität zunehmend Rechtfertigungsbedarf besteht.[39]

An den meisten anderen Orten sind Seelsorge und liturgische Feiern nahezu unhinterfragt, besonders auch dort, wo sich solche Angebote über Jahrzehnte hinweg bewährt haben. Im Spital, in der Psychiatrie, im Altersheim sowie im Gefängnis, scheinen sie gut integriert und akzeptiert, ja vielerorts sogar als Ergänzung des Betreuungsangebotes geschätzt zu werden. Besonders gross scheint das Wohlwollen gegenüber seelsorgerlichen und liturgischen Angeboten an Orten öffentlichen Lebens zu sein. Dies hängt wohl einerseits damit zusammen, dass die entsprechenden Räumlichkeiten relativ unauffällig in ihre Umgebung integriert sind und ggf. auch ignoriert werden können. Seelsorgerliche wie auch liturgische Angebote sind betont niederschwellig und bieten Gelegenheit zu individuellen wie auch gemeinschaftlichen Ritualen. Die Teilnahmeformen sind individuell wählbar, ebenso die Form des Kontaktes bzw. Nicht-Kontaktes zu den Seelsorgenden. Zudem haben sie zwar ein christliches, dezidiert ökumenisches Profil, sind aber – wie z. B. auf der Website der Bahnhofskirche in Zürich zu lesen ist – religionsoffen.

Wie hoch auch immer die Akzeptanz der einzelnen liturgischen Angebote sein mag, die Grundbedingungen einer religiösen Präsenz in (öffentlichen) Institutionen und an Orten öffentlichen Lebens sind dieselben: Die Bereitschaft, sich in die Institution zu integrieren (was eine kritische Positionierung gegenüber derselben nicht verunmöglicht), eine gewisse Anpassungsfähigkeit an ihre Gesetzmässigkeiten und Regeln, die Bereitschaft und Fähigkeit zu Kommunikation und Austausch mit Verantwortlichen und Mitarbeitenden, Offenheit und Sensibilität gegenüber anders- und areligiösen Menschen, Dialogfähigkeit, Verzicht auf Absolutheitsansprüche und missionarische Bestrebungen sowie die Fähigkeit, die oben genannten «Risiken» und Spannungen auszuhalten und kreativ zu bearbeiten. So ist und bleibt Kirche «Kirche mitten unter ihnen».

---

38 Thomas Schlag, in diesem Band, 107.
39 David Plüss und Christian Walti, in diesem Band, 121.

Gottesdienst im Altersheim

Ralph Kunz

1. Heimgang

«Wer kein Heim mehr hat, geht in ein Heim.
Was tut er dort? Wartet auf seinen Heimgang.»[1]

Ist das Altersheim eine Art Wartesaal für Heim(at)lose? Die aphoristisch verkürz-
te Aussage aus Kurt Martis «Spätsätzen» könnte dazu verleiten, die Institution
Altersheim nur in diesem Licht – oder wohl eher in diesem Schatten – zu sehen.
Nur abgeschattet kommen so die Chancen, aber auch die Grenzen gottesdienstlicher Handlungen im Altersheim in den Blick. Das Wortspiel deckt dennoch etwas
auf, das kaum zu bestreiten ist. Bei «Alter» und «Altersheim» schwingt Ambivalentes mit.[2] Es ist mit dem «Heimgang» doch etwas Bitteres oder leicht Süss-
Säuerliches gegeben. Natürlich muss Bittersüsses nicht schlecht schmecken. Um
noch einmal Kurt Marti zu zitieren: «‹Abendsonne› heisst ein Altersheim.»[3] Der
Lebensabend ist auch die Zeit der Erfüllung. Nur macht – und darauf zielt ja
Martis Bonmot – die schönste Abendsonne noch keinen Morgen. Das Warten auf
den Tod mag dann bei den einen ein genussvolles Hinauszögern sein. Die anderen – z. B. die Müden, Schmerzgeplagten und die geistig Umnachteten – sehnen
den Heimgang herbei. Beides kommt vor. Kurt Marti, selbst ein Altersheimbewohner, macht keinen Hehl daraus, dass er den Heimgang lieber heute als morgen antreten würde.[4]

Wer die gegenwärtigen gerontologischen Diskurse kennt, wundert sich nicht,
dass die Vorstellungen von der Qualität später Lebensphasen stark differieren.
Die Empfindung und Wertung des eigenen Alterns ist höchst subjektiv und die

1 Kurt Marti, Heilige Vergänglichkeit. Spätsätze, Stuttgart 2011, 15.
2 Institutionen der Altersversorgung (in Deutschland Altenheime) gelten als «letzte Wegstation»
sowohl für die betroffenen Personen als auch für die Umwelt immer noch als ein mit Vorbehalten
und Ängsten besetzter Ort. Vgl. dazu Andreas Kruse / Hans-Werner Wahl (Hg.), Altern und Wohnen im Heim, Bern u. a. 1994, 70 f. Allerdings sind generelle Aussagen mit Vorsicht zu geniessen.
Das Altersheim wird in einer repräsentativen Studie mehrheitlich positiv bewertet. Es ist vor allem
für allein lebende Personen eine Option. Vgl. «Im Alter ziehe ich (nie und nimmer) ins Altersheim». Motive und Einstellungen zum Altersheim. Eine Studie im Auftrag von Altersheimen der
Stadt Zürich, in: Zürcher Schriften zur Gerontologie 11, Zürich 2013.
3 Marti, Heilige Vergänglichkeit (Anm. 1), 16.
4 Im Interview in: Neue Wege 107, 2013, 304–308, 304: «Es wäre längst Zeit, dass ich hätte sterben
dürfen.»

sich daraus ergebenden Typen sind entsprechend divers. Das Altersheim steht in gewisser Weise im Schnittpunkt sehr unterschiedlicher Erwartungen – auch in Bezug auf das, was eine Institution für das gelingende Altern oder zur Versorgung des pathologischen Alterns leisten kann. Vielleicht treten hier, wo die Betroffenen Tür an Tür zusammen wohnen, die Gegensätze des sogenannten Dritten und Vierten Alters noch härter als anderswo in der Gesellschaft aufeinander.

In diesem Beitrag soll es um die religiöse Feier im Altersheim gehen. Wie hält man in diesem Ambiente Gottesdienste? Eingedenk der angezeigten Ambivalenz und ausgehend von einem Fallbeispiel, frage ich zunächst nach der seelsorglichen *Funktion der Liturgie* im Heimkontext und danach nach der *pastoraltheologischen Bedeutung*, die dem Gottesdienst im «Altersheim» zukommt. Dabei soll der Vergleich mit dem Normalgottesdienst helfen, die Konturen der Altersheimliturgie zu schärfen. Wer nach dem Gottesdienst im Altersheim fragt, darf freilich nicht übersehen, dass die Alten auch in der Kirchgemeinde den Hauptanteil der Gottesdienstbesucher stellen.[5]

Warum braucht es dann aber einen Gottesdienst im Altersheim, wenn – sinngemäss – das Altersheim im Gottesdienst ist? Anders gefragt: Was unterscheidet den Gottesdienst fürs Altersheim vom Gemeindegottesdienst für die Alten? Um dem Proprium auf die Spur zu kommen, ist von den regressiven und progressiven Wirkungen der religiösen Handlungen im Kontext der Altenseelsorge und Altenbildung zu reden. Von der Analyse der *liturgischen und homiletischen Situation* ausgehend, frage ich nach Widerständen, die im Altersheimgottesdienst bearbeitet werden und die in die Überlegungen zur *Gestaltung der Altersheimliturgie* einfliessen können.

2. Raum für Gott im Heim der Alten

Es ist Donnerstag 9.55 Uhr. Die indische Pflegefrau schiebt Frau Meier in den Andachtsraum des Altersheims «Rosengarten». Schon seit zehn Minuten warten andere Heimbewohner geduldig auf ihren angestammten Plätzen. Es murmelt. Pfarrer Briner betritt den Raum, grüsst jeden mit Namen und Handschlag. Er zündet die Kerze an und verteilt die Gesangbücher in der Grossdruckausgabe.

Die Trägerschaft des Heims war ursprünglich reformiert, heute ist das Heim städtisch. Das Erbe zeigt sich u.a. daran, dass die Mehrheit der Bewohner der reformierten Kirche angehört und der Andachtsraum entsprechend karg eingerichtet ist. Er macht augenscheinlich, dass Religion nicht sichtbar ist. Nur die Kerze und die offene Bibel sind die offensichtlichen Zeichen seiner religiösen

---

5 Vgl. Helmut Schwier, Homiletik. Predigen (nicht nur) für alte Menschen, in: Thomas Klie/Martina Kumlehn/Ralph Kunz, Praktische Theologie des Alterns, Berlin/New York 2009, 431–447, 431.

Verwendung. Auch der Pfarrer gehört zu diesem Ensemble. Er verzichtet auf den Talar, trägt aber (als Einziger im Haus) einen Anzug.

An diesem Morgen versammeln sich elf Personen – zehn Frauen und ein Mann – zur Feier. In der Zwischenzeit ist auch die Musikerin erschienen. Normalerweise beginnt die Andacht pünktlich. Aber heute verzögert sich der Anfang. Das Ehepaar Eidenbenz wird noch vermisst. Es sind treue Gottesdienstgänger. Eine Pflegefachfrau informiert die versammelte Schar: Herr Eidenbenz fühle sich heute nicht wohl. Er bleibe auf seinem Zimmer und seine Frau möchte ihn nicht alleine lassen. Nach dieser Information erklärt Pfarrer Briner der versammelten Schar, er werde nach dem Gottesdienst einen Besuch machen und sich nach dem Befinden der beiden erkundigen. Die kleine Gemeinde antwortet mit Kopfnicken. Sie kennen «ihren» Pfarrer. Er kommt seit Jahren jeden Donnerstagmorgen zur Visite in den «Rosengarten» und hat bei etlichen der verstorbenen Heimbewohner die Abdankung übernommen.

Die Pflegerin verlässt den Raum, die Türe schliesst sich und der Gottesdienst kann beginnen. Man ist jetzt unter sich und lauscht der Klaviermusik. Ein Divertimento von Mozart eröffnet die Feier. Das Klavier ist zwar ein wenig verstimmt, aber das scheint die kleine Gemeinde nicht zu stören. Einzig Frau Meier nestelt irritiert an ihren Hörgeräten. Sie kann das Problem – zur allgemeinen Erleichterung – dann doch ohne Assistenz lösen.[6]

Die leicht gekürzte Predigtliturgie, die nun abläuft, verzichtet auf eine Lesung. Gepredigt wird nicht länger als 10 Minuten und gesungen werden maximal zwei Lieder aus dem relativ schmalen Repertoire bekannter Kirchenlieder. Pfarrer Briner spricht langsam, laut und deutlich. Er hält den Blickkontakt. Oft bringt Pfarrer Briner ein Bild mit. In der Fürbitte wird der Angehörigen gedacht. Heute betet der Pfarrer für Herr Eidenbenz: dass es ihm bald wieder besser gehe. Für die Gestaltung des Gottesdienstes achtet er zudem auf ein elementares Kirchenjahr, für das neben den Festtagen auch die Jahreszeiten wichtig sind. Dann und wann wird ein Volkslied gesungen. Viermal im Jahr wird Abendmahl gefeiert. Abkündigungen gehören nicht zur Liturgie, da nach Todesfällen im Haus zu einer Gedenkfeier eingeladen wird. Die Hausleitung hat Pfarrer Briner gebeten, eine kleine Abschiedsliturgie zu entwerfen, die nicht zu kirchlich klingen soll, damit sich niemand auf der Abteilung ausgeschlossen fühlt.

Die Feier ist spätestens um 10.40 Uhr zu Ende. Nach dem sitzend genossenen Ausgangsspiel geht die Türe auf. Die Pflegerin schiebt den Rollstuhl von Frau Meier ungefragt in Richtung Cafeteria. Sie weiss: der «Kirchenkaffee» ist Teil des Rituals und gehört für die Bewohner zur Liturgie des Heimlebens. Er ist eine liebgewonnene Gewohnheit und zugleich eine Unterbrechung der alltäglichen

---

6 Vgl. dazu Schwier, Homiletik (Anm. 5), 444 f. Zum Ganzen Dietfried Gewalt, Trost im Alter für Hörgeschädigte, WzM 48, 1996, 432–438.

Routine. Abgesehen von den Weihnachts- und Ostergottesdiensten, die im grossen Saal ökumenisch und mit Angehörigen gefeiert werden, bleibt die kleine Gemeinde beim Kaffee unter sich.[7]

2.1 Seniorenresidenz, Alterszentrum und Pflegeheim

Die geschilderte Feier entspricht dem reformierten Typus des Altersheimgottesdienstes, den ich in meiner Berufspraxis kennen gelernt habe und den ich immer noch als typisch empfinde – auch wenn er höchst wahrscheinlich ein *Auslaufmodell* darstellt. Verschiedene Faktoren sind dafür verantwortlich.

In den meisten Altersheimen gibt es heute Pflegeabteilungen. Die Bezeichnung «Altersheim» trifft auf viele Häuser nicht mehr zu.[8] In den letzten Jahren wurden – an manchen Orten auch aus Kostengründen – Heime zu «Alterszentren» umgebaut, um den differenzierten Bedürfnissen (Pflegestufen) der Bewohnerschaft gerecht zu werden.[9] Für gehobene Ansprüche gibt es ausserdem das Tertianum oder die Seniorenresidenz: eine Organisation, die Wohnungen mit individuell angepasster Assistenz anbietet.[10] Generell lässt sich beobachten, dass sich Altersheime entweder zu Residenzen (betreutes Wohnen im Alter) oder in Pflegeheime verwandeln. Zu dieser Entwicklung trägt bei, dass sowohl das Eintrittsalter als auch das Durchschnittsalter in Altersheimen in den letzten Jahren gestiegen ist.[11] Folglich ist in vielen Häusern der Anteil der Bewohner mit grossem Assistenzbedarf höher als beispielsweise im «Rosengarten», das freilich auch eine kleine Pflegeabteilung unterhält.

Diese Veränderungen haben für die Gottesdienstpraxis Folgen. Es feiern zunehmend Menschen mit Demenz den Gottesdienst mit. Je nach Zusammensetzung der Gruppe muss die leitende Person Rücksicht nehmen und die richtige Balance zwischen kognitiven und affektiven Gestaltelementen finden. Das kann zu Zielkonflikten führen. Im «Rosengarten» kann sich Pfarrer Briner darauf verlassen, dass der überwiegende Teil der Teilnehmenden eine Predigt erwartet und geistig in der Lage ist, einer 10-minütigen Rede zu folgen. In anderen Heimen müsste er die Liturgie und Predigt den Bedürfnissen der kognitiv eingeschränkten Teilnehmenden anpassen. Das gemischte Publikum stellt grosse Anforderungen

---

7   Zum empirischen Hintergrund dieser Skizze verweise ich auf die qualitative Studie: Eva Baumann-Neuhaus / Brigitte Boothe / Ralph Kunz, Religion im Heimalltag. Ältere Menschen erzählen, Würzburg 2012.

8   Christian Mulia, Altenheim, in: Gotthard Fermor et al. (Hg.), Gottesdienst-Orte. Handbuch liturgische Topologie, Leipzig 2007, 18–22, 20 stellt mit Blick auf Deutschland (Quelle Bundesstatistik 2005) fest: Jedes fünfte Heim verfolgt ein integratives Konzept – Tendenz zunehmend.

9   Dazu Martina Plieth, «... wenn Sie kommen, bin ich schön.» Aspekte pastoraler Wirklichkeit im Altenheim, WzM 62, 2010, 488–500, 490.

10 Ebd., 591.

11 Vgl. dazu Ulrich Moser, Identität, Spiritualität und Lebenssinn. Grundlagen der Seelsorge in der Altersarbeit, Würzburg 2000, 130–140 und Mulia, Altenheim (Anm. 8), 18.

an die Leitenden. Sowohl die Gefahr der Überforderung wie der Unterforderung ist im Blick zu behalten.

Aber geht es denn überhaupt darum, dass *alle* Gottesdienstbesucher *alles* verstehen müssen, was in der Predigt gesagt wird? Natürlich wäre eine solche Maximalforderung unsinnig. Sie müsste realistischer Weise so etwas wie den kleinsten gemeinsamen Nenner der Verständigung definieren. Pragmatischer ist es, das Angebot zu differenzieren und – von Zeit zu Zeit – den Bedürfnislagen einer homogeneren Gruppe zu entsprechen.[12] Ausserdem schliesst die Heterogenität der Gruppe nicht aus, dass für jeden und jede ein Maximum an gelingender Kommunikation angestrebt werden soll. Letztlich bleibt es das Ziel einer *gemeinsamen* Feier, möglichst viele Bewohnerinnen und Bewohner *partizipieren* zu lassen. Sie müssen in der Hausgemeinschaft miteinander auskommen. Zur Partizipation trägt freilich nicht nur die gemeinsame Verständigung bei. Das leitet zur Frage, *warum* die Hausgemeinschaft im Altersheim einen Gottesdienst feiert.

3. Die seelsorgliche Funktion des Gottesdienstes im Altersheim

3.1 Ist der Gottesdienst ein Angebot der Seelsorge?

Das Nachdenken über Erwartungen und Ziele der Altersheimliturgie führt aus verschiedenen Gründen zuerst zur *Altersheimseelsorge*. Erstens liegt die Verbindung nahe, weil die für den Gottesdienst Verantwortlichen meistens auch für die Seelsorge zuständig sind.[13] Zweitens wird der Gottesdienst nach aussen in der Regel als *Verlängerung der Seelsorge* mit anderen Mitteln angezeigt. Darum ist es wenig erstaunlich, dass die wissenschaftliche Literatur, die zu diesem Thema zu greifen ist, vorwiegend aus seelsorglicher Perspektive verfasst ist. Schon eine oberflächliche Recherche der einschlägigen Veröffentlichungen macht evident: *der Altersheimgottesdienst ist ein Kapitel der Altersheimseelsorge.* Man kann daraus rückschliessen, dass die zünftige Liturgiewissenschaft sich nur am Rand für das Thema interessiert.

Das sind äussere Gründe. Der eigentliche Grund für die Prävalenz der Seelsorge ist sicher die *Lebenssituation*, in der sich die meisten Gottesdienstteilnehmenden befinden.[14] Sie weist gewissermassen eine «natürliche» Verbindung zur Seelsorge auf, wie mit dem Marti-Zitat eingangs angezeigt wurde. Im Gottesdienst versammelt sich eine Schicksalsgemeinschaft, die gemeinsam unterwegs ist auf

---

12 Plieth, Aspekte pastoraler Wirklichkeit (Anm. 9), 490 f.
13 Zu den damit verbundenen Statusdefiziten im Vergleich zu den Gemeindepfarrämtern und der Krankenhausseelsorge siehe ebd., 492.
14 Zu den wichtigsten Gründen für einen Heimeintritt zählen ein beeinträchtigter Gesundheitszustand und ein schwaches soziales Netz. Verwitwete, ledige und geschiedene Personen sind im Altenheim überrepräsentiert. Siehe Mulia, Altenheim (Anm. 8), 18.

dem letzten Wegstück des Lebens. Das alles macht den Gottesdienst zu einem «Angebot der Seelsorge».[15]

Dieser Sprachgebrauch ist zwar durchaus gebräuchlich, zeigt aber nichtsdestotrotz in verschiedener Hinsicht eine Problematik an, die sich zur oben schon erwähnten Ambivalenz des Alters gesellt. Brauchen die Alten wirklich per se mehr Seelsorge als die Jüngeren? Sehen die Alten den Gottesdienst als Angebot der Seelsorge? Weil sie auf den Heimgang warten? Um ihnen das Warten zu verkürzen?

Die Angebotsbegrifflichkeit greift sicher zu kurz. Erst recht, wenn man sie marktlogisch interpretiert. Es ist zwar unbestritten, dass der Gottesdienst einen gewissen Unterhaltungswert hat, aber der Gottesdienstbesuch wird von den Teilnehmenden dann doch nicht oder sicher nicht nur als *Freizeitbeschäftigung* empfunden. Der Gottesdienst ist auch keine alternative *Therapie*, die neben vielen anderen therapeutischen Angeboten zur Auswahl stünde. Weder lädt die Pfarrperson in Verlängerung der angebotenen Seelsorge zu «ihrem» Gottesdienst ein, noch ist es das Altersheim, das zur Teilnahme an einem *Anlass des Hauses* animiert.

3.2 Zum Gottesdienst wird eingeladen

Denn die erste «Anbieterin» des Gottesdienstes ist die *Kirche*. Sie bietet keinen Service an, sondern lädt diejenigen zu einer Feier ein, die einander seelsorglich begegnen und sich dadurch gegenseitig einen Dienst erweisen. Es ist die im Namen Jesu versammelte Gemeinde, die den Gottesdienst feiert. Die Einladung erfolgt an solche, die mitfeiern wollen. Nicht die *Freizeit* der Heimbewohner, sondern die *Freiheit* der Christenmenschen ist darum das entscheidende Stichwort. Denn «[i]m Geist der Freiheit sind die den Gottesdienst feiernden Glaubenden versammelt, insofern sie in der Predigt die Sprache der Befreiung reden und hören»[16]. Zum Gottesdienst der Kirche wird man – auch im Altersheim – eingeladen.

Man mag es als vernachlässigbare Sprachfeinheit abtun, ob man Menschen einen Gottesdienst anbietet oder ob man sie dazu einlädt: ich halte die Unterscheidung für wesentlich. Sie markiert eine heilsame Distanz zur Logik einer Versorgungsinstitution, die für das Wohl der Insassen zuständig ist, aber aus pragmatischen Gründen die Reglementierung und Rhythmisierung des Alltags

---

15 Pars pro toto aus der Homepage der Seelsorge des Felix-Platter-Spitals in Basel: «Zu unserem Angebot zählen auch Rituale, Gebete sowie die Einladung zum Gottesdienst.» www.felixplatterspital.ch/de/patienten-besucher/therapeutisches-angebot/#c946 (Zugang 20.11.2014).

16 Zu diesem Schlüsselbegriff der *evangelischen Liturgik* vgl. Eberhard Jüngel, Der evangelisch verstandene Gottesdienst, in: ders., Wertlose Wahrheit, München 1990, 283–310, 309.

fordert.[17] Allerdings gebe ich zu, dass man über die «korrekte» Formulierung, dass «Kirche» oder sogar «Gott» zur Feier einlädt, auch stolpern kann. Der theologische Sinn der Formel «Gottesdienst der Kirche» erschliesst sich nur dann, wenn man sie nun nicht ihrerseits mit der autoritären Institution in Verbindung bringt, sondern auf die Gemeinschaft bezieht, die *entsteht*, weil Gott einlädt und in seiner Gegenwart gefeiert wird.[18] Die *communio fidelium* ist keine Schar von Almosenempfängern oder Kunden, die eine Dienstleistung konsumieren. Für die zum Gottesdienst versammelte Schar symbolisiert sie «die grosse, Zeit und Raum übergreifende Familie Gottes, in die auch und gerade [sie] integriert sind».[19]

Dafür steht die Kirche und dafür stehen ihre Diener ein: alte Menschen bleiben auch in der Versorgungssituation mündige Christenmenschen und als solche Subjekte. Es sind Heilige, die Heiliges in Empfang nehmen.[20] Sie bleiben es auch dann, wenn sie schwer demenzkrank sind oder im Sterben liegen. Und genau das ist seelsorglich relevant. Denn für die Menschen, die sich in einer Altersheimkapelle oder einem Andachtsraum zum Gottesdienst versammeln, ist es wichtig, dass sie nicht auf sich allein gestellt sind.[21] Sie sind Teil einer grösseren Gemeinschaft, die ihnen Würde und Identität verleiht. Die Versammlung der Würdeträger hält die Erinnerung an die einzigartige Herkunft eines jeden Individuums wach. Es ist eine Gemeinschaft, die grösser ist als das Heim, und die Versammelten empfehlen sich einer Leitung an, der auch die Hausleitung zu gehorchen hat.

Diese Sichtweise des Gottesdienstes erlaubt eine Umkehrung. Wenn auch der Gottesdienst nur im übertragenen und indirekten Sinn ein Angebot der Seelsorge genannt werden kann, gilt doch uneingeschränkt, dass die *Seelsorge ein Angebot*

---

17 Vgl. dazu Erving Goffmann, Asyle. Über die soziale Situation psychiatrischer Patienten und anderer Insassen, Frankfurt a. M. [14]2004.

18 Zu diesem Schlüsselbegriff der *katholischen Ekklesiologie* vgl. Michael Bollig, Einheit in der Vielfalt. Communio als Schlüsselbegriff des christlichen Glaubens im Werk von Gisbert Greshake, Würzburg 2004.

19 Dorothee Peglau / Kirsten Prey / Norbert Prey, Gottesdienst im Altenheim. Arbeitshilfen für die Praxis, Bielefeld 2000, 10.

20 Vgl. dazu Michael Heymel, Was alten Menschen heilig ist. Möglichkeiten der Altenseelsorge heute, in: Ralph Kunz (Hg.), Religiöse Begleitung im Alter. Religion als Thema der Gerontologie, Zürich 2007, 271–293, 275.

21 Dazu Lena-Katharina Roy, Demenz in Theologie und Seelsorge, Berlin / Boston 202, 213: «Das gottesdienstliche Geschehen erweist sich in diesem Zusammenhang als theologische Bewährungsprobe der dogmatischen Aussage von der Ebenbildlichkeit des Menschen.» Was Roy für das theologische Demenzparadigma postuliert, gilt selbstredend für jeden alten Menschen: dass er sich «in seiner Existenz von Gott her definiert. Das heisst, dass das Menschsein nicht an bestimmte ontologische Eigenschaften und kognitive Verstandesleistungen gebunden ist, sondern an Gottes Beziehung zum Menschen.» (Ebd.)

des Gottesdienstes ist. Das ist natürlich nicht gegen das seelsorgliche Gespräch gesagt, sondern soll das Ineinander von Liturgie und Seelsorge betonen.[22]

Gleichwohl gilt es, auf den Eigensinn und die Eigendynamik der *liturgischen Seelsorge* zu achten. Was im Gottesdienst seelsorglich geschieht, hat eine andere Qualität als das Zweiergespräch. Seelsorge ist nicht nur, aber auch die Frucht eines *gemeinschaftlich vollzogenen Rituals,* an dem und in dem die Teilnehmer sich in Freiheit beteiligen.[23] Die Feier ist eine Feier *für die Freien,* die sich in Gottes Namen versammeln. Sie ist auch eine Feier der Gemeinde *für Gott,* die sich versammelt, um ihm ein Dankopfer zu bringen!

Wer zum Gottesdienst kommt, holt nicht nur etwas ab, sondern bringt etwas mit und ein und im Licht von Röm 12,1 ff. auch etwas dar: den eigenen sterblichen Leib.[24] Wer im Gottesdienst etwas bekommt, dem wird nichts verabreicht: es wird ihm oder ihr gereicht. Denn wer sich auf die Feier einlässt und auf die Predigt hört, wird nicht behandelt, sondern erfährt sich mit den anderen Heimbewohnerinnen und -bewohnern zusammen als Person vor Gott.

3.3 Gottesdienst als Paraklese

Man soll darum den Altersheimgottesdienst nicht nur als Fortsetzung und Ergänzung anderer Betreuungs- oder Pflegeangebote sehen – auch wenn ihm zweifellos auch diese Funktion neben anderen Funktionen zukommt! In diesem Sinne ist der Rede der *seelsorglichen Funktion* des Gottesdienstes mit einer gewissen Reserve zu begegnen[25] und die Rede vom Gottesdienst als Seelsorgegeschehen vorzuziehen.[26]

---

22 Das fruchtbare Hin und Her von Einzelseelsorge und Gottesdienst ist auch ein zentraler Topos der Krankenhausliturgie. Vgl. dazu Constanze Thierfelder, Individualisierung von Religion am Beispiel des Krankenhausgottesdienstes. Die Bedeutung des Gottesdienstes im Krankenhausalltag, WzM 62, 2010, 180–189, 187. Thierfelder verweist auch auf eine neuere empirische Studie, die aufzeigt, dass ein Kontakt mit der Seelsorgerin die Erwartung und Bewertung des religiös-rituellen Bereichs signifikant positiv beeinflusst. Vgl. Anke Lublewski-Zienau / Jörg Kittel / Martin Karoff, Klinikseelsorge und Krankheitsbewältigung, WzM 57, 2005, 283–295.

23 Die Gottesdienstgemeinde im Altenheim soll sich, wie Martina Plieth, «Da will ich hin, da darf ich sein …» Zur Gottesdienstkultur im Altenheim, PTh 101, 2012, 169–187, 172 betont, als «tragfähige Einheit erleben, in der mit auftretenden Irritationen souverän umgegangen wird.»

24 Vgl. dazu Roy, Demenz (Anm. 21), 214, die auf die Perspektiven der Beziehung, der Fragmentarität, des Abschieds und der Leiblichkeit aufmerksam macht: «Nach 1Kor 6,20 ist die Leiblichkeit der Ort der Gegenwart Gottes und seiner Verherrlichung. Gerade angesichts körperlicher und kognitiver Veränderungen und Verlusten ist die Frage nach dem leibhaften Vollzug des Gottesdienstes neu zu stellen.»

25 Vgl. dazu allgemeine Überlegungen in Manfred Josuttis (Hg.), Auf dem Weg zu einer seelsorglichen Kirche. Theologische Bausteine. Christian Möller zum 60. Geburtstag, Göttingen 2000.

26 So auch Roy, Demenz (Anm. 21), 215.

Damit wird weder die therapeutische Dimension der Liturgie bestritten[27], noch wird in Frage gestellt, dass in der prekären Situation, in der sich einzelne Gottesdienstbesucher befinden können, die seelsorgliche vor anderen Dimensionen den Vorrang hat. Aber es soll das gottesdienstliche Geschehen im Altersheim weder auf *eine* Wirkung der Liturgie noch auf ein funktionales Verständnis der Altenseelsorge noch auf *ein* Altersbild reduziert werden. Die dreifache Reduktion droht, wenn man zu eng von der Seelsorge oder zu einseitig von der Liturgie oder klischeebehaftet von den Alten her denkt. In diesem Zusammenhang ist an die kritisch-konstruktive Aufgabe der im Diskurs beteiligten Wissenschaften zu erinnern. Beim Thema Altersheimgottesdienst bündeln sich poimenische, liturgische und gerontologische Reflexionshinsichten. So soll aus der jeweils relevanten disziplinären Perspektive das ganze Spektrum möglicher Bedeutungen im Blick bleiben und nicht vorschnell diakonisch reduziert werden.

Bleiben wir bei der Seelsorge. Um den Verengungen zu wehren, ist es hilfreich, an die biblische Figur des Parakleten und die damit verbundene neutestamentliche Paraklese zu denken. Sie legen die Basis für ein kritisches Trostverständnis.[28] Die Definition macht auf zwei verschiedene Seelsorgebegriffe aufmerksam. Die neutestamentliche Seelsorge zielt auf die gegenseitige Besorgung im Leib Christi. Sie ist als *cura animarum generalis* historisch näher beim Gottesdienst und der Kirchenzucht. Die zweite Seelsorge verweist auf die *cura animarum specialis* und hat sich über Beichte und Hausbesuch in der Neuzeit als Seelsorge am Einzelnen etabliert. Der Begriff Paraklese steht also im weiten Sinne für die Begleitung, im engeren Sinne für Ermutigung, Mahnung und Tröstung in der Gemeinde, die sich im Gottesdienst versammelt.

Im Johannesevangelium sagt Christus vom Parakleten, er sei «der Beistand, der Heilige Geist, den der Vater in meinem Namen senden wird» (Joh 14,26). Die Übersetzung «Tröster» (Luther Bibel 1912) verkürzt freilich die Bedeutung. Denn vom Parakleten heisst es, «jener wird euch alles lehren und euch an alles erinnern, was ich euch gesagt habe». Man kann die Rede vom Beistand auch so interpretieren, dass damit die Bedeutung des Trostes biblisch-theologisch geweitet wird. Denn dadurch, dass der Beistand der *Geist der Wahrheit* ist, wird Jesus verherrlicht und dadurch, dass die Glaubenden den Geist empfangen (Joh 7,38 f.), haben sie in diesem Beistand einen *Anwalt*, der zu ihnen steht (Joh 15,26). Als Tröster ist der Beistand auch der *Richter*, der die Welt überführt (Joh 16,7).

---

27 Eine Übersicht zur Thematik bietet Alfred Ehrensperger, Die seelsorglich-therapeutische Dimension des Gottesdienstes, in: www.liturgiekommission.ch/customer/files/II_C_04_seels-therap.pdf (Zugang 20.11.2014).

28 Was unter Paraklese zu verstehen ist, bringt Julius Schniewind, Theologie und Seelsorge, in: ders., Geistliche Erneuerung, 1981, 117–122, 117 so auf den Punkt: «Seelsorge heisst im Neuen Testament Paraklese.» Vgl. dazu auch Heinrich Schlier, Vom Wesen der apostolischen Ermahnung, in: ders., Die Zeit der Kirche, Freiburg et al. 1972, 74–89.

Ein theologisches Verständnis des Trostes beruft sich also auf das *Mithandeln* Gottes. Der theologisch verstandene Trost gewinnt durch die Berufung auf den Geist der Wahrheit seine kritische Distanz zur Vertröstung. Die Kritik zielt auf die falschen Tröster, die Leid nicht aushalten. Ein theologisches Verständnis des Trostes beruft sich auch auf das *Mitleiden* des Parakleten. Er wird deshalb zum wahren Tröster, weil Gott durch den Gekreuzigten in Mitleidenschaft gezogen wird, auf dass er mit denen, die leiden, den Schmerz aushält. Und für das Echte haben Menschen, die auf den Heimgang warten, ein feines Sensorium. Sie wollen nicht vertröstet werden.

3.4 Liturgie als Übergangsritual

Wenn wir weiter nach der besonderen Bedeutung des Gottesdienstes im Altersheim fragen, liegt es mit Blick auf die Situation der Heimbewohner und -bewohnerinnen nahe, seine therapeutische Dimension näher zu bestimmen. Hans-Joachim Thilo hat die Liturgie mit einem Modell der Therapie verglichen, das den Teilnehmenden durch eine gezielte und gestaltete Regression die Bewältigung des erfahrenen Leids ermöglicht. So kann der Gottesdienst auch als Chance gesehen werden, altersspezifischen Beschwerden im [psychoanalytischen] Dreischritt von Erinnerung, Wiederholung und Durcharbeitung zu begegnen. Heilung bedeutet in dieser Sicht des Gottesdienstes Wiedergewinnung menschlicher Ganzheit im «Leerraum» des Alters.[29] Sie geschieht im Horizont eines Symbolgeschehens, das im rituellen Vollzug erlebbar wird.[30]

Thilo entfaltet seine Theorie mit Blick auf *Kasualgottesdienste*, in denen es darum geht, einen *Lebensübergang* rituell zu gestalten. In gewisser Hinsicht kann die therapeutische Funktion der Liturgie im Kontext des Altersheims mit derselben Hintergrundtheorie begriffen werden. Mit Blick auf das Alter hat der Gottesdienst aber weniger die Funktion eines klassischen *rite de passage*, als vielmehr einer liturgischen Praxis im Zwischen-Raum: zwischen gestern und heute, zwischen Leben und Tod, zwischen Individualität und Sozialität, zwischen innen und aussen.[31] Schon der Heimeintritt kann mit schmerzhaften Abschiedserfahrungen verbunden sein.[32]

Der Gottesdienst kann hier eine heilsame Wirkung entfalten. Es sind nicht nur die Ängste, die den Menschen auf dem letzten Heimgang überfallen, es sind auch die Zweifel, die seelisch verarbeitet werden müssen. Bin ich noch wer? Falle ich

---

29 Vgl. Wolfgang Drechsel, «Wenn ich mich auf deine Welt einlasse». Altenseelsorge als eine Anfrage an Seelsorgetheorie und Theologie, in: Kunz, Religiöse Begleitung (Anm. 20), 192 f.

30 Hans-Joachim Thilo, Die therapeutische Funktion des Gottesdienstes, Kassel 1985, 22.

31 So Mulia (Anm. 8), Altenheim, 20 ff.

32 Eindrücklich rapportiert im Kinofilm «Que sera?» von Dieter Fahrer (2004), der verschiedene Heimbewohner porträtiert. Siehe www.der-andere-film.ch/filme/filme/titel/pqrs/que-sera (Zugang 20.11.2014).

anderen nur noch zur Last? Es ist nicht nur die Aussicht auf den Tod, die den Heimbewohnern zu schaffen macht: es ist das Leben im Zwischenraum, das sie beschäftigt.[33] Wie lange muss ich noch warten? Welche Aufgaben habe ich noch zu erfüllen? Angesichts des letzten Übergangs verbindet sich mit dem Gottesdienst die Hoffnung, dass aus dem Schwellenraum ein Segensraum wird, in dem geklagt werden darf, Sprachlosigkeit ausgehalten, aber auch erste deutende Schritte auf dem Weg zum Lebensende gewagt werden können.[34]

Auf dieses Ziel hin gesehen erschliesst sich das Besondere der gottesdienstlichen Begehung. Anders als in der therapeutischen Begegnung stellt das gemeinschaftlich vollzogene Ritual eine symbolische Gestalt ins Zentrum, über die starke Emotionen wie Aggression oder Verzweiflung, aber auch Dankbarkeit abgelenkt und trianguliert werden. Der Gottesdienst macht für das Kollektiv explizit, was in der Seelsorge implizit geschieht: eine Dezentrierung auf Gott hin.[35] Die Figur «Gott» muss einiges aushalten, auf sich laden und in sich aufnehmen. Es ist die in Mitleidenschaft gezogene Gottesgestalt, über die weder in Wort noch in Kultgestalt verfügt werden kann, sondern die in der Person des gekreuzigten Auferweckten ein freies Gegenüber bildet.

4. Die formative Dimension des Gottesdienstes im Altersheim

4.1 Bewegung zwischen Progression und Regression

Die Offenheit und Mehrdeutigkeit der symbolischen Christus- oder Geistfigur als Gegenüber ist nicht mit Beliebigkeit zu verwechseln. Sie wird zum Bezugspunkt einer Beziehung, aus der auch die heilsame Wirkung der Liturgie schöpft. Die Freiheit dieses göttlichen Gegenübers ist keine Willkür, sondern rührt pneumatologisch gesprochen daher, dass derselbe Geist, der *in uns* seufzt, sich denen, die ihn anrufen, auch als *Geist der Stärke* zu erkennen gibt. Gott wird angerufen und nicht herbeizitiert. Nur so kann das Gegenüber den Widerstreit der Gefühle auffangen, ohne in Eindeutigkeiten zu verfallen. Hilfreich ist es, wenn dabei die

---

33 Der 90-jährige Altpfarrer Otto Streckeisen berichtete in Form von Kolumnen in der Reformierten Presse (2010 bis 2013) drei Jahre lang von seinen Eindrücken des Heimlebens. «Ich erlebe hier in aufdringlicher Weise etwas, was ich (trotz meines Pfarrberufes) ein Leben lang erfolgreich verdrängt habe: meine Endlichkeit.» Siehe: http://www.ref.ch/dossiers/otto-streckeisen-beruehrende-texte-eines-pfarrers-im-altersheim (Zugang 20.11.2014).

34 Felicitas Muntanjohl, Der letzte Umzug. Seelsorge bei Menschen im Pflegeheim, in: Kunz, Religiöse Begleitung (Anm. 20), 305 f. spricht von der Seelsorge als «Wegbegleitung ins Unbekannte».

35 Drechsel, Altenseelsorge (Anm. 29), 211 f.

Unterscheidung zwischen der regressiven und progressiven Grundbewegung der Psyche beachtet wird.[36]

Das Progressive steht für das aktive erwachsene Ich, das aufbricht zu neuen Ufern und sich den Herausforderungen der Fremde stellt. Das Regressive steht für das schutzsuchende Ich des Kindes, das sich zurückzieht unter die Flügel der Mutterhenne. Für den Bezug zur Liturgie ist wichtig, dass von einer *Wechselwirkung* von Regression und Progression zu sprechen ist. Man macht sich das am besten klar, wenn man an eine Ellipse mit zwei Polen denkt. Wird ein Pol zu stark, verliert der andere seinen Einfluss. Bei einer anhaltenden progressiven Bewegung kann es zu einer Überforderungssymptomatik kommen, bei einer übermässig forcierten Regression ist mit einer Realitätsverweigerung zu rechnen.

An beiden Polen kann es also zu einer unheilsamen oder malignen Entwicklung kommen. In der extremen Herausforderung eines (längeren) Krankenhausaufenthalts «wird der Patient oft zu einer einseitig progressiven Position genötigt, der er sich nicht immer gewachsen fühlt». Ähnliches lässt sich von einer durch Krankheit belasteten Alters- oder Pflegeheimexistenz sagen. Es ist nur wahrscheinlich, dass die Psyche auf eine solche Überforderung regressiv reagiert. Das Ziel des Gottesdienstes besteht darin, eine *benigne Regression* zu initiieren, «bei der nur eine vorübergehende Rückkehr zu vergangenen, bewährten psychischen Mustern stattfindet; sie wirkt als Energiequelle, bedeutet Rückhalt, fördert Initiative und Perspektive und wird zur Basis für eine neue progressive Bewegung».[37]

4.2 Predigt im Altersheimgottesdienst

Auf dem Hintergrund der Wechselwirkung zwischen Progression und Regression kann die heilsame Wirkung der gottesdienstlichen Spannung von Freiheit und bergender *communio* präziser bestimmt werden. Es wird deutlich, wie in der als Zeichen und Zeugnis für das Wirken des Parakleten verstandenen Liturgie die von Seiler geforderte benigne Regression spielt. Es fällt nicht schwer, dafür passende biblische Metaphern zu finden. Vom Paradies, über den Exodus bis zum himmlischen Jerusalem spannt sich ein Bilderbogen, der Progression und Regression mit dem grossen Heilsdrama verknüpft. Wenn also die psychologische Interpretation etwas darüber weiss, *wie* das gemeinschaftlich vollzogene Ritual seelsorgliche Qualität entfaltet, weiss das theologische Verständnis des Gottesdienstes etwas darüber, *woher* seine Kraft kommt.

36 Ich orientiere mich an Klaus Seiler, Wie eine Brücke, WzM 62, 2009, 543–560, 545 ff. der das Modell mit Blick auf den Krankenhausgottesdienst entfaltet. Seiler bezieht sich seinerseits auf Wolfram Lüders, Psychotherapeutische Beratung. Theorie und Praxis, Göttingen 1974, auf Klaus Winkler, Werden wie die Kinder? Christlicher Glaube und Regression, Mainz 1992 und auf Michael Balint, Therapeutische Aspekte der Regression, Hamburg 1973.

37 Seiler, Wie eine Brücke (Anm. 36), 545.

Für die Gottesdienstgestaltung ist nun die entscheidende Frage, wie das Potential des biblischen Bildspeichers genutzt werden kann. Das wirft Licht auf eine Spannung, die innerhalb der Liturgie zum Tragen kommt: die Spannung zwischen Ritual und Rede.[38] Dem einen Pol das Regressive zuzuhalten und dem andern das Progressive, würde das komplexe Ineinander unzulässig vereinfachen. Gleichwohl kann in der Auseinandersetzung, die ein Altersheimbewohner mit sich, Gott und der Welt führt, von der Predigt – mit der gebotenen Vorsicht – die Wirkung der *benignen Progression* erwartet werden. Sie kann die Türe öffnen, durch die der Hörer in den Segensraum der Liturgie eintritt. Sie kann das Interesse nähren und den Hunger wecken für die intellektuelle Auseinandersetzung und die aktive Pflege des spirituellen Raums.[39]

Der Begriff «*Reframing*» soll andeuten, in welcher Weise die seelsorgliche Funktion der Predigt als eine progressive Dynamik gedacht werden kann, eine Dynamik, die weniger auf die Bewältigung eines Traumas als vielmehr auf die Gestaltung der Gegenwart (und Zukunft) zielt.[40] Der Trost, den die Predigt spendet, ist mit der *Zumutung* verknüpft, sich den Realitäten zu stellen. Gemeint ist nicht die philosophische Einsicht, dass jeder Mensch einmal mit Endlichkeit und Tod konfrontiert wird. Es ist die existentielle Einsicht in die eigene fragmentarische Existenz, in die Tatsache, dass ich sterbe. Im Altersheim ist es *offensichtlich*. Und deshalb scheut sich die Predigerin nicht, über den *verborgenen Gott* zu sprechen.

In der Rede geht die Predigerin *mit* ihren Hörern ein Wegstück mit und begleitet sie vom Widerstand zur Ergebung – weiter in ein mögliches Neuland! Sie provoziert eine Auseinandersetzung mit Verdrängtem und errichtet einen Damm gegen die Flut der Selbstbemitleidung. Es ist ihre Form, den Leidenden gegenüber Respekt zu zollen. Denn in der Zumutung liegt auch das *Zutrauen* auf das Wirken des Geistes. Die Predigerin traut den Hörenden den aufrechten Gang zu. Sie bezeugt das Wirken des Parakleten und verweist auf einen Weg, der aus dem Niemandsland an einen *anderen Ort* führt. Sie würdigt am Übergangs-Ort Altersheim die besondere Herausforderung, der sich der alte Mensch gegenüber sieht.[41]

---

38 Vgl. dazu Michael Meyer-Blanck, Evangelium zeigen, in: Lars Charbonnier/Konrad Merzyn/Peter Meyer (Hg.), Homiletik – Aktuelle Konzepte und ihre Umsetzung, Göttingen 2012, 137–151, 138 f.

39 Stefan Huber, Spirituelle Räume. Ein Beitrag zur Phänomenologie des religiösen Erlebens und Verhaltens im Alter, in: Kunz, Religiöse Begleitung (Anm. 20), 45–71, bes. 69.

40 Vgl. dazu auch die Bemerkungen zur seelsorglichen Predigt von Manfred Haustein, Gottesdienst und Seelsorge, in: Hans-Christoph Schmidt-Lauber/Michael Meyer-Blanck/Karl-Heinrich Bieritz (Hg.), Handbuch der Liturgik, Göttingen ³2003, 655–664, bes. 661 ff.

41 Es gilt hier, was Drechsel, Altenseelsorge (Anm. 29), 191 f. als Grundhaltung postuliert: dass der Seelsorger den alten Menschen «zuerst einmal in ihrer Fremdheit und in der Folge mit grossem Respekt begegnet».

4.3 Altenbildung

Die *Würde des Menschen* dient nicht nur als gemeinsame ethische Basis aller Professionen, die im Altersheim zusammenarbeiten – sie bildet auch eine Grundlage für die Gestaltung des Gottesdienstes. Für die theologische Interpretation der Menschenwürde ist nämlich der *Gottesbezug*, der sich in der gottesdienstlichen Pflege der Beziehung zum Ausdruck bringt, das entscheidende Motiv. Wenn die Würde eines Menschen in seiner Ebenbildlichkeit mit Gott begründet ist, kommt dem Gottesdienst im Kontext des Altersheims eine wichtige Bildungsaufgabe zu. Im Gottesdienst bilden sich die Teilnehmenden Gott ein und Gott bildet sich in Christus Jesus dem Menschen ein. In der reziproken Einbildung eröffnet sich ein Beziehungsraum, in dem der Geist wirken kann. Die Liturgie als Zeugnis (Predigt) und Zeichen (Sakrament) dient dem Wechselverkehr zwischen Gott und Mensch. Das geschieht in jedem Gottesdienst und soll im Altersheimgottesdienst nicht anders sein, aber es geschieht gleichwohl als *präzise Unterbrechung* im Umfeld einer Organisation.[42]

Martina Plieth spricht deshalb von Gottesdiensten im Altersheim «als etwas besonders Besonderes».[43] Sie versteht den Gottesdienst als «Bildungsveranstaltung mit spiritueller Note»[44] und das Altersheimpastoral als religiöse Bildungsarbeit.

«Denn Bildung ereignet sich – mit *Wolfgang Klafki* gesprochen – dort, wo wirkliche Menschen mit menschlicher Wirklichkeit in Kontakt gebracht werden und wechselseitige Austauschprozesse in Gang kommen.»[45]

Die weite Verwendung des Bildungsbegriffs für das Pastoral im Altersheim geht bei Plieth über zu einer weiten Verwendung des Gottesdienst- und Seelsorgebegriffs. Das ist sachgemäss. Das Heim ist eine verdichtete Lebenswelt, in der sich – vergleichbar einer Kommunität – die Dimensionen (Diakonie, Zeugnis, Liturgie und Gemeinschaft) nicht mehr trennscharf unterscheiden lassen.[46]

---

42 Johann Baptist Metz, Glaube in Geschichte und Gesellschaft, Mainz 1984, 150 f. definiert Unterbrechung wie folgt: «Erste Kategorien der Unterscheidung: Liebe, Solidarität, die sich Zeit nimmt; Erinnerung, die nicht nur das Gelungene, sondern das Zerstörte, nicht nur das Verwirklichte, sondern das Verlorene erinnert und sich so gegen die Sieghaftigkeit des Gewordenen und Bestehenden wendet». Von einer heilsamen Unterbrechung des Alltags spricht auch Plieth, Gottesdienstkultur (Anm. 23), 171.

43 Ebd., 169 f.

44 Ebd., 170.

45 Plieth, Aspekte pastoraler Wirklichkeit (Anm. 9), 592 f.

46 Zur pastoralen Wirklichkeit des Heims gehören nach Plieth (ebd.) mehrperspektivische, ethisch-diakonisch verantwortete Sorge um leibhaftige Seelen mit unterschiedlichen Regungen und Strebungen, Seelsorge und/oder Verkündigung – häufig in alltäglichen, sozialkaritativen Bemühungen «verborgen», «lebendige Brückenarbeit» mitten im brüchigen Alltag, «(religiöse) Bildungsarbeit» und «Sinn-Sorge».

5. Zur Gestaltung der Liturgie und der Predigt im Altersheim

5.1 Formkonservativ mehrdimensional

Warum gibt es relativ wenig Literatur zum Thema Gottesdienst im Altersheim?[47] Man ist versucht, Gertrude Stein zu zitieren: Ein Gottesdienst ist ein Gottesdienst ist ein Gottesdienst. Die Altersheimliturgie ist keine Sonderform. Analog zur kritischen Anfrage an eine Altenseelsorge, die den alten Menschen als Problemfall ansieht, ist auch ein Konzept, das den Gottesdienst im Altersheim als Spezialfall behandelt, fragwürdig.[48]

Bei der Durchsicht der einschlägigen Ratgeberliteratur fällt auch sofort ins Auge, dass sich die Gestaltungsvorschläge für Seniorengottesdienste von anderen ähnlichen Sammlungen etwa für Familien- oder Jugendgottesdienste vor allem thematisch unterscheiden. Hinsichtlich der Form unterscheiden sie sich lediglich darin, dass bei den Alten auf die allenfalls eingeschränkte Rezeption der Teilnehmer Rücksicht genommen wird. Christian Schwarz nennt als Kennzeichen der Liturgie das Persönliche, Leibhafte und Wiedererkennbare. Kennzeichen der Predigt sei das Elementare, Anschauliche, Dialogische und Freie.[49] Eine ähnliche Kriteriologie bieten Plieth[50] und Schwier[51] an. Die meisten Kriterien gelten auch für den Normalgottesdienst oder Kinder- und Jugendgottesdienste.

Dass Predigt und Feier kontextsensibel zu gestalten sind, liegt dennoch auf der Hand. Der Ort und die versammelten Menschen lassen *in liturgicis* anderes in den Blick rücken, in der Predigt anderes ansprechen. Aber der Ausschnitt, der dann gesehen und gehört wird, muss weiterhin im Horizont des ganzen Lebens eingeordnet werden können. Sonst würde aus der Gemeinschaft der Alten eine Sekte und ihre Lebenserfahrung würde isoliert. Weil das nicht sein darf, wäre eine Änderung der gottesdienstlichen Ordnung unsinnig. Zu Recht betont darum Michael Heymel:

«Wir tun alten Menschen also keinen guten Dienst, wenn wir im Gottesdienst auf eine ausführliche Liturgie bzw. auf die traditionellen Stücke verzichten und Lobpsalmen und Loblieder nur spärlich erklingen lassen. Überhaupt sollten alte, vertraute Kirchenlieder nicht fehlen, weil auch Menschen, deren geistige Fähig-

---

47 Schwier, Homiletik (Anm. 5), 431 spricht gar von einem Schweigen.

48 Vgl. Ruth Lödel, Der Gottesdienst im Altenheim. Erfahrungen – Anregungen – Herausforderungen, Stuttgart 2011, 152.

49 Christian Schwarz, Gottesdienstpraxis, Serie B. Gottesdienste mit alten Menschen, Gütersloh 2009, 18–20.

50 Plieth, Gottesdienstkultur (Anm. 23), 179.

51 Schwier, Homiletik (Anm. 5), 439 f., 443.

keiten sonst sehr eingeschränkt sind, diese Lieder ganz selbstverständlich und oft auswendig mitsingen.»[52]

Der Hinweis auf die kognitive Behinderung demenzkranker Teilnehmer liefert denn auch kein Argument gegen den Predigtgottesdienst, sondern führt zur Frage, «inwiefern protestantische Sprachformen vervielfältigt werden können».[53] Martina Plieth gibt hilfreiche Hinweise. Sie arbeitet mit «Mitbringseln» und «Mitgebseln».[54] Ihre Grundregel lautet: möglichst viele Sinne ansprechen, die Liturgie klar gliedern und Erwartungssicherheit schaffen.[55]

5.2 Von Sprachbildern und Klängen

Von einer besonderen Herausforderung der Altersheimliturgie zu sprechen, bleibt also gerechtfertigt: einerseits mit Blick auf die unterschiedlichen Fähigkeiten und Bedürfnisse der Teilnehmenden und andererseits auf die Forderung, Predigt und Feier *kontextsensibel* zu gestalten. Manchmal vermisst man die Kontextsensibilität auch in der Ratgeberliteratur. Die Vorschläge für sogenannte *Seniorengottesdienste* wirken mitunter etwas betulich. Eine ältere Freundin (92-jährig) meinte einmal zum gutgemeinten Versuch eines Kollegen, empathisch auf ihre Schwächen einzugehen: «Dass ich öfters etwas vergesse, heisst noch lange nicht, dass ich eine Schraube locker habe, und dass ich nicht mehr gut höre, heisst nicht, dass ich das Gesagte nicht verstehe.»

Im Hinblick auf die Beteiligung der demenzkranken Menschen bedeutet Rücksicht u. a., auf die Ambivalenz der Gefühle zu achten, die in einer heterogenen Gruppe entstehen kann. Es ist durchaus damit zu rechnen, dass die emotionalen Antagonismen, die auch im Heimalltag auftreten können, in der liturgischen Situation intensiviert werden. Wo Angst *und* Vertrauen, Verlassensein *und* Gelassensein oder Verzweiflung *und* Hoffnung im Raum stehen, ist eine Sprache und sind Gesten gefragt, die dem Gefühlsgemisch begegnen, ohne es vorschnell aufzulösen. Nur eine bildhafte Sprache, die sich von der funktionalen und objektiven Sprache der Diagnostik unterscheidet, kann das leisten.[56]

Klaus Seiler betont in seinen Überlegungen zur Gestaltung der Krankenhausliturgie die Bedeutung der Sprachbilder – etwas, das sich auch auf den Gottesdienst im Altersheim beziehen lässt:

52 Heymel, Was alten Menschen heilig ist (Anm. 20), 286. Ähnlich auch Roy, Demenz (Anm. 21), 226: «Die Liturgie sollte nicht verkürzt werden.» Dass die Altenheimgemeinde keine anderen Gottesdienste feiert, bildet den Grundtenor bei Lödel, Gottesdienst, 153–224.

53 Andrea Fröchtling, «Und dann habe ich auch noch den Kopf verloren …». Menschen mit Demenz in Theologie, Seelsorge und Gottesdienst wahrnehmen, Leipzig 2008, 176.

54 Plieth, Gottesdienstkultur (Anm. 23), 172 f.

55 Ebd., 177–180.

56 Seiler, Wie eine Brücke (Anm. 36), 549.

«Sprachbilder beschreiben – doch sie legen nicht fest. Sie geben Raum für gegenwärtige Gefühle und sind offen für weitere kommende. Sie sprechen von mir und lassen sich gleichzeitig von mir allein weder besetzen noch besitzen.»[57] Dasselbe gilt auch von visuellen Bildern. Sie haben eine Sprache ohne Worte. Seiler arbeitet mit Bildern im Gottesdienst, weil sie die Eigenschaften des Symbols haben: die Möglichkeiten «der Mehrdeutigkeit, der Vielschichtigkeit, [...] der emotionalen Besetzungen sowie die Fähigkeit, einen religiösen Kommunikationsprozess zu eröffnen».[58] Anknüpfungspunkte bietet das Kirchenjahr mit den grossen Festen und den Jahreszeiten. Sie bieten «in der Verschränkung von erlebter Feier, erinnerter Festtradition und aktueller Festpredigt vielfältige Anlässe zur Auslegung elementarer biblischer Botschaften in lebensweltlicher und lebensgeschichtlicher Verbindung.»[59]

Das gilt selbstredend auch für die Abendmahlsfeier, die als integratives Erleben «zugleich leibliches, seelisches und geistiges Empfinden ermöglicht und verschiedene Möglichkeiten bietet, dem individuellen Glauben Ausdruck zu verleihen»[60]. In diesem Zusammenhang ist auch an die Musik zu denken, die mit und ohne Worte eine seelsorgliche Wirkung entfalten kann.[61]

5.3 Lebensgeschichte(n) als Brücke

Es wäre fatal, wenn man aus Rücksicht gegenüber den kognitiv eingeschränkten Gottesdienstteilnehmern die Predigt zu sehr kürzen oder gar auf sie verzichten würde.[62] Wenn ein altershomogener Gottesdienst seinen Sinn hat, gilt das auch für eine Veranstaltung, die für die geistig Wachen reserviert ist. Wenn die gemeinsame rituelle Heimat eine Gelegenheit ist, die Hausgemeinschaft zu erleben, bietet die Predigt eine Gelegenheit, sich intellektuell mit seinem und dem Schicksal der anderen auseinanderzusetzen. Auch hier kommen lebensphasenspezifische Interpretationsperspektiven stärker zum Zug, ohne dass sie zum Ausschluss anderer Perspektiven führen müssen.

Thomas Klie betont in seinem Essay zur alterssensiblen Liturgik, dass im Gottesdienst biografische Erinnerungen in Kontakt mit einem performativen Deu-

---

57 Ebd.
58 Ebd., 550 f. Seiler bezieht sich an dieser Stelle auf Joachim Scharfenberg, Einführung in die Pastoralpsychologie, Göttingen 1985, 60 ff.
59 Schwier, Homiletik (Anm. 5), 441.
60 Roy, Demenz (Anm. 21), 226.
61 Vgl. dazu Michael Heymel, Trost für Hiob. Musikalische Seelsorge, München 1999 und ders., Was alten Menschen heilig ist (Anm. 20), 289–291.
62 So auch Roy, Demenz (Anm. 21), 222.

tungs- und Referenzrahmen kommen.[63] Es kann zu einer Identifikation mit der erinnerten und gedeuteten Gottesgeschichte kommen:

«In der liturgischen Feier wird Zeit als ästhetisches Artefakt vergegenwärtigt; inszeniert wird eine dramaturgische Abbreviatur vielfältiger Zeiterfahrungen. Das gemeinsame darstellende Handeln im Gottesdienst hält Zeitverläufe präsent, deutet sie im Blick auf die Geschichte Gottes wie auf den Lebenslauf des Menschen und verdichtet sie zur Option auf religiöse Gewissheit.»[64]

Die Predigt als Deutungsarbeit ist – wie in jedem Gottesdienst, aber im Altersheim in besonderer Weise – durch die Biografien der Hörer herausgefordert. Ernst Langes Diktum, dass die Predigt ein Gespräch über das Leben des Hörers sei, bekommt in diesem Zusammenhang noch einmal einen ganz anderen Klang.

Sowohl aus der Warte der Homiletik wie der Poimenik ist die *Lebensgeschichte* eine Brücke, um das Evangelium ansprechend zu kommunizieren.[65] Insbesondere im altershomogenen Gottesdienst ist die Anknüpfung an die Erfahrung der Anwesenden mehr als nur ein Gebot der Höflichkeit: es ist die Regel. Wenn sich beim einen oder anderen Beitrag zur Altenseelsorge der Eindruck einer Überbetreuung einstellen kann, beschleicht einen bei der Lektüre der einschlägigen Hilfsliteratur auch einmal das Gefühl, hier werde den Senioren etwas gar wenig zugetraut und viel zugemutet.[66] Nichtsdestotrotz können Sammlungen von Geschichten, Rituale mit Symbolen und Predigtideen Inspiration für die eigene Praxis liefern[67] – solange dabei nicht vergessen geht, dass die zum Gottesdienstfeiern versammelte Schar in Freiheit zusammengekommen ist und ein Recht hat, in der Predigt die Sprache der Befreiung zu hören.[68] Ist das Altersheim ein War-

63 Thomas Klie, Liturgik. Alte im Gottesdienst – Gottesdienst für Alte, in: Klie/Kumlehn/Kunz, Praktische Theologie, 449–470, 454.

64 Ebd., 458.

65 Wilhelm Gräb, Lebensgeschichten, Lebensentwürfe, Sinndeutungen. Eine praktische Theologie gelebter Religion, Gütersloh 1998, 151 und Wolfgang Drechsel, Erinnerung. Lebensgeschichte im Alter, in: Klie/Kumlehn/Kunz, Praktische Theologie, 207–233. Siehe auch Gunda Schneider-Flume, Alter – Schicksal oder Gnade? Theologische Überlegungen zum demographischen Wandel und zum Alter(n), Göttingen 2008, 79–104. Die Brückenmetapher verwendet auch Plieth, Aspekte pastoraler Wirklichkeit (Anm. 9), 492.

66 Hilfreich sind Hinweise auf alternative Kommunikationsweisen. Man findet sie in der Regel unter der Rubrik Gottesdienst in Pflegeheimen oder Gottesdienst für Desorientierte. Vgl. Felizitas Muntanjohl, Ich will euch tragen bis zum Alter. Gottesdienste, Rituale und Besuche in Pflegeheimen, Bielefeld 2005 und Maria Pegel, Jeder Tag hat seine Würde. Gottesdienst mit dementen Menschen in Alten- und Pflegeheimen, Regensburg 2007.

67 Neben den schon erwähnten von Schwarz, Gottesdienstpraxis (Anm. 49), Serie B 2009 und 2013; Jürgen Gauer, Von allen Seiten umgibst Du mich. Symbolgottesdienste für Senioren, Ostfildern 2011 und Hanns Sauter, Du zeigst mir den Weg zum Leben. Neue Seniorengottesdienste, Regensburg 2007. Eine schöne Sammlung bietet Martina Plieth, Gnade ist bunt. Gottesdienste im Altenheim, Neukirchen-Vluyn 2008, 17–184.

68 Jüngel, Gottesdienst (Anm. 16), 309.

tesaal? Mit Unterstützung des Gottesdienstes wird es wenigstens von Zeit zu Zeit zum Heimspiel!

das alter
ein schiffbruch
doch was
kann schlimm daran sein
wenn gott der
OZEAN
ist
?

Kurt Marti[69]

69 Mit Genehmigung des Radius-Verlags entnommen aus: Kurt Marti, gott gerneklein. Gedichte. Radius-Verlag, Stuttgart 1995, 20. © 1995 by Radius-Verlag, Stuttgart.

Gottesdienst feiern im Gefängnis[1]

Isabelle Noth

1. Einleitung

Im Jahr 2013 befanden sich in der Schweiz insgesamt 7 072 Menschen im Gefängnis.[2] Ich habe die Zahl bewusst nicht gerundet und von «ca. 7 000» gesprochen, denn: Ein Freiheitsentzug ist aus rechtsstaatlicher Sicht ein massiver Eingriff in die Persönlichkeitsrechte und bedeutet für jeden einzelnen Betroffenen – nicht bloss für jene aus westlichen Demokratien – eine solch einschneidende Zäsur im Leben, dass die Zahl – 7 072 – genau genannt werden soll.

Es gibt in der Schweiz aktuell 110 Institutionen des Freiheitsentzugs mit 7 048 Haftplätzen.[3] Alle Insassen haben gemäss Art. 15 der Bundesverfassung und Art. 9 Ziff. 1 der Europäischen Menschenrechtskonvention (EMRK) das Recht darauf, ihre Religion allein oder in Gemeinschaft mit anderen auszuüben. Dieses Recht kann ihnen in Ausnahmefällen beschnitten werden, wenn es z. B. mit der Gewährleistung eines geordneten Anstaltsbetriebs kollidieren würde.[4]

Auch wenn im Gegensatz zur alten Bundesverfassung von 1874 die Kultusfreiheit in der neuen von 1999 nicht mehr explizit erwähnt wird,[5] so bedeutet dies – wie Verfassungsrechtler versichern – dennoch keine «Verminderung des Schutzniveaus», denn die Kultusfreiheit gilt als «Bestandteil und Ausfluss der Glaubens- und Gewissensfreiheit».[6] Diese umfasst u. a. gottesdienstliche Handlungen, deren Vollzug auch hinter Gittern gewährleistet sein muss.

Nun sind aber z. B. im Hochsicherheitsgefängnis Pöschwies gegenwärtig Insassen aus einer grossen Vielzahl unterschiedlicher Religionen und religiöser

---

1 Überarbeitete und aktualisierte Fassung eines Vortrags gehalten am 28. Mai 2010 an der Universität Zürich. Der Vortragsstil wird beibehalten.

2 Insassenbestand in Untersuchungshaft: 2104; vorzeitiger Strafvollzug: 766; Strafvollzug: 3667; Zwangsmassnahmen nach Ausländergesetz: 375 (Ausschaffungs- oder Auslieferungshaft); fürsorgerische Freiheitsentziehung und andere Haftgründe: 160. www.bfs.admin.ch/bfs/portal/de/index/themen/19/03/05/key/ueberblick/wichtigsten_zahlen.html (Zugang: 16.04.2014).

3 Vgl. ebd. Die Belegungsrate betrug 2013 100.3%.

4 Vgl. Art. 36 BV: Einschränkungen von Grundrechten.

5 Vgl. Art. 50 Abs. 1 aBV.

6 «Die geschriebenen Garantien der alten BV auf Wahrung der Religions- und Kultusfreiheit sind stark gekürzt worden, ohne dass allerdings in der Substanz eine Reduktion des verfassungsrechtlichen Schutzes stattgefunden hätte. [...] Die Bündelung zeigt die erhebliche Entkrampfung im Verhältnis zwischen Staat und Kirche [...] Eine Verminderung des Schutzniveaus geht damit nicht einher.» Andreas Kley, Das Religionsrecht der alten und der neuen Bundesverfassung, in: René Pahud de Mortanges (Hg.), Das Religionsrecht der neuen Bundesverfassung, Freiburger Veröffentlichungen zum Religionsrecht, Bd. 10, Freiburg, 9–31, 16.

Gruppen inhaftiert.[7] In den geschlossenen Anstalten machen Christen den Zahlen des Bundesamts für Statistik zufolge maximal 40 % der Insassen aus.[8] Die Zahl der Ausländer im Strafvollzug beträgt ca. 74.3 %, sie machen also beinahe ¾ der Insassen aus und stammen zu ca. 30 % aus Balkanstaaten und zu ca. 10 % aus afrikanischen Staaten.[9] 5.2 % aller Inhaftierten sind Frauen.

Obwohl im Strafvollzug weniger als 40 % Christen sind, haben faktisch dennoch nur Landeskirchen mit öffentlich-rechtlichem Status – dank ihrer in langwierigen historischen Prozessen erworbenen Pluralitäts- und Demokratiefähigkeit – Zugang zu staatlich-institutionalisierter Seelsorge. Zwischen der religiösen und weltanschaulichen Vielfalt in Gefängnissen einerseits und der Monopolstellung der Landeskirchen andererseits besteht also eine Spannung. Sie führt dazu, dass Seelsorger/-innen – ich zitiere Christoph Morgenthaler – «als Anlaufstellen für religiöse Fragen und Bedürfnisse zuständig erklärt [werden], die weit über ihren bekenntnismässigen Hintergrund hinausgehen. Wie sie mit der paradoxen Situation umgehen, die sich daraus ergibt, ist eine der spannenden Zukunftsfragen der Poimenik».[10]

Diese paradoxe Situation hat zweifellos starke Auswirkungen auf die Seelsorge, sie hat jedoch – so meine These – auch liturgisch-homiletische Folgen. Mein Interesse gilt der Frage, wie sich vor dem Hintergrund dieser Spannung, nämlich der gesetzlich verankerten Vorrangstellung trotz der eigenen zahlenmässigen Minderheit, im Gefängnis Gottesdienst feiern lässt.

Mein Vortrag hat fünf Teile:

Nachdem ich im Anschluss an diese Einleitung in einem zweiten Teil zuerst auf die spezifischen Rahmenbedingungen der Gefängnisseelsorge eingehe, die zum Verständnis der gottesdienstlichen Feier vonnöten sind, wende ich mich in einem dritten Teil sog. Gefängnisgottesdienst-Credos von Gefängnisseelsorgern/-innen zu, die sie im Rahmen der Schweizer Langzeit-Weiterbildung «Seelsorge im Straf- und Massnahmenvollzug»[11] verfasst haben. Nach deren Analyse widme ich

---

7 Der Auskunft von Pfr. Frank Stüfen zufolge, leitender Pfarrer der ref. Zürcher Gefängnisseelsorgenden und Seelsorger JVA Pöschwies, beruhen die Zahlen auf Selbstaussagen der Insassen und ergeben ein wenig differenziertes Bild. Der Statistik von 2013 gemäss bezeichneten sich 27 % der Insassen als römisch-katholisch und 30 % als Moslems, E-Mail vom 17.04.2014.

8 In den offenen Anstalten überwiegt der Anteil der Christen leicht. Mitteilung bzw. Schätzung von Dr. theol. h. c. Willi Nafzger, E-Mail vom 12.04.2010. Laut dem Chef der Schweizer. Kriminalstatistik werden Daten zur Konfession nicht mehr erfasst. Er war jedoch so freundlich, mit dem Verantwortlichen für die Volkszählung Kontakt aufzunehmen, da dort alle Inhaftierten, die länger als drei Monate im Vollzug sind, unter «Kollektivhaushalt» aufgeführt werden. Diese Zahl beruht also auf der Volkszählung von 2000. Sie wird inzwischen leicht abgenommen haben.

9 Vgl. Andrea Baechtold, Strafvollzug. Straf- und Massnahmenvollzug an Erwachsenen in der Schweiz, Kriminalität, Justiz und Sanktionen, Bd. 11, Bern, 2009², 197.

10 Christoph Morgenthaler, Seelsorge, Lehrbuch Praktische Theologie, Bd. 3, Gütersloh 2009, 304.

11 Vgl. www.aws-seelsorge.ch/ssmv/ (Zugang 20.11.2014).

mich in einem vierten Teil konkreten Gottesdienstformen im Gefängnis und formuliere vor diesem Hintergrund unter 5. – im Rahmen eines Ausblicks – eigene Thesen zum Gefängnisgottesdienst.

2. Strukturelle und institutionelle Rahmenbedingungen: Gefängnisseelsorge im Spannungsfeld von Kirche, Gesellschaft und Justiz/Strafvollzug

a) Gottesdienst feiern als Teil des kirchlichen Grundauftrags im Gefängnis

Gottesdienste zu feiern, gehört mit zum kirchlichen Grundauftrag in Gefängnissen. Die Bezeichnung Gefängnis*pfarrer* wäre deshalb angebrachter als Gefängnis-*seelsorger*. Mit Gefängnis*seelsorge* wird zwar zweifellos die zeitintensivste und am meisten in Anspruch genommene Tätigkeit bezeichnet, doch drohen weitere Aufgaben wie z. B. diakonische, erwachsenenbildnerische und eben auch homiletisch-liturgische bei der Engführung auf die seelsorgliche Funktion in Vergessenheit zu geraten. Wilfried Härle vermutet dahinter die Erinnerung an die ursprüngliche Aufgabe von Gefängnis-Geistlichen, nämlich «die Begleitung des zum Tode Verurteilten in seinen letzten Stunden und auf dem Weg zur Hinrichtung».[12] Was nach längst vergangenen Zeiten klingen mag, ist für Gefängnispfarrer in den USA noch heute bittere Realität, die *uns* zum Glück erspart bleibt, die ich aber dennoch wenigstens am Rande erwähnen will.

Wie häufig, wann und sogar ob überhaupt in einem Gefängnis in der Schweiz Gottesdienst gefeiert wird, hängt von verschiedenen Faktoren ab. Im Kantonalgefängnis Frauenfeld z. B. gibt es gar keinen Pfarrer, im Regionalgefängnis Thun sind es zwei, aber sie feiern keine Gottesdienste[13], im früheren Basler Schällemätteli wurde damals nur an Ostern und Weihnachten Gottesdienst gefeiert, im Regionalgefängnis Bern gibt es sowohl eine katholische Seelsorgerin als auch einen reformierten Pfarrer, aber gottesdienstliche Feiern bedeuten aus Sicht der Institution jeweils auch einen organisatorischen Mehraufwand. Gerade in der Untersuchungshaft führt die Kollusionsgefahr dazu, dass man eine Feier in der Regel mindestens zweimal durchführen muss, damit Insasse X nicht mit Insasse Y zusammentrifft. Die Gefahr des Informationsaustausches ist jedoch auch dann nicht gebannt, denn sogar der Buchrückenzwischenraum einer Bibel eignet sich, um eine kleine Nachricht zu hinterlassen!

Was uns fehlt, ist eine repräsentative empirische Studie, die über die aktuelle Situation und auch Aussenwahrnehmung der Tätigkeit von Gefängnispfarrern/

---

12 Wilfried Härle, Theologische Vorüberlegungen für eine Theorie kirchlichen Handelns in Gefängnissen, in: Zeitschrift für Evangelische Ethik 32, 1988, 199–209, 199.
13 Mündliche Auskunft von Pfrn. Brigitte Siegenthaler vom 09.05.2010.

-innen in der Schweiz z. B. von Seiten der Insassen verlässlich Auskunft geben könnte.

Eine im Frühling 2010 via E-Mail und telefonisch durchgeführte informelle Umfrage unter zehn amtierenden Gefängnispfarrern/-innen ergab, wie immens die Unterschiede sind 1. hinsichtlich der Häufigkeit von Gottesdiensten (von keinmal bis allwöchentlich), 2. der Raumfrage, die auch vom Gefängnistyp abhängt (von Verhörraum über Cafeteria bis eigener Kapelle), 3. der Teilnehmerzahl (von 1 bis «full house»), 4. des Gefühls der Wertschätzung von Seiten der Gefängnisleitung (von ablehnend bis «très bonne!») und 5. der konkreten Gottesdienst-Gestaltung (darauf komme ich in Teil 4).

Fazit: Auch wenn die Gesetzeslage klar ist, so ist die Realität alles andere als eindeutig. Zur Umsetzung des kirchlichen Grundauftrags ist man als Pfarrer/-in im Gefängnis angewiesen auf das Wohlwollen der Leitung und der Aufseher, denen der kirchliche Dienst *auch* gilt, weshalb wir nicht von *Gefangenen-*, sondern von Gefängnisseelsorge sprechen – analog zur *Spital-* und nicht etwa *Patienten*seelsorge.

b) Die Ausführung des Grundauftrags als spannungsreiches Privileg
Pfarrer/-innen sind konfessionell gebunden und dennoch privilegiert in einer Institution, in der die Mehrheit gerade nicht dieser Konfession angehört.

Die Ausübung des kirchlichen Grundauftrags bedeutet auch in liturgischer Hinsicht zunehmend eine Gratwanderung. Es kommt zu noch nie dagewesenen Verschiebungen, die ich in einem ersten Schritt anhand der Schilderung einer Studentin über ihren allerersten Besuch im Hochsicherheitsgefängnis Pöschwies zeigen möchte. Sie berichtet darüber in einer Semesterarbeit, die sie an der Theologischen Fakultät der Universität Bern verfasst hat:

> «Wir kommen zum Sozialzentrum, in dem sich des Pfarrers Büro und auch der Andachtsraum befindet. [...] Neben der Eingangstür hängen fünf Symbole: ein Halbmond, ein Davidsstern, ein Yin-Yang-Zeichen, ein achtspeichiges Rad und ein Kreuz [...] In einem halbrunden Bogen verläuft eine Bank aus hellem Holz an der Wand entlang [...] Weitere Stühle sind im Halbkreis aufgestellt, in der Mitte des Raumes steht ein frischer Strauss Blumen. [...] An der Wand hängt ein grosses Kruzifix. Auch beim muslimischen Freitagsgebet blieb es lange hängen. Inzwischen wird es abgehängt und in den Nebenraum gebracht, wo auch der rollbare Altar hinkommt und die unterschiedlichen Gewänder der Seelsorger hängen.»[14]

Wir sehen hier in Pöschwies den Versuch, der Religionsvielfalt durch symbolischen Ausdruck kultisch gerecht zu werden. Als Schritte in Richtung Gleichstel-

---

14 Bianka Boyke, Besuch eines Gefängnisgottesdienstes im Schweizer Hochsicherheitsgefängnis Pöschwies am 12. Juni 2005, www.unischaft.gmxhome.de/archiv/0205/40.html (Zugang 20.11.14).

lung sind das Auf- und Abhängen des Kruzifixes und der Roll-Altar zu verstehen. Jeden Sonntag von 8.45 h bis 9.30 h findet im Wechsel ein reformierter Gottesdienst in deutsch und englisch und französisch oder eine katholische Kommunions- bzw. – wenn ein Priester anwesend ist – Eucharistiefeier noch in weiteren Sprachen statt. Von den ca. 440 Insassen besuchen jeweils etwa 20 den reformierten Gottesdienst. Weiter gibt es viermal pro Jahr eine orthodoxe Messe und jede Woche das muslimische Freitagsgebet. Einmal im Jahr findet eine interreligiöse Feier statt. In den meisten Gefängnissen kann von einer Vielfalt an religiösen Feiern, wie sie Pöschwies aufweist, keine Rede sein.

Dabei wurde in diesem Zusammenhang schon 1987 eine staatsrechtliche Beschwerde geführt gegen die Justizdirektion des Kantons Zürich. Das Bundesgericht befand mit Verweis auf «die religiöse Neutralität des Staates», dass der damalige Entscheid der Zürcher Justizdirektion, muslimischen Gefangenen das Freitagsgebet zu verweigern, gegen die Kultusfreiheit verstosse.[15] Es sei auf eine «grundrechtskonform ausgestaltete Gottesdienstordnung» zu achten.[16] Dieser Bundesgerichtsentscheid ist vielen unbekannt, dabei hätte er für Gefängnispfarrer/-innen gerade in liturgischer Hinsicht eine entlastende Bedeutung.

Für weniger Entlastung sorgen die Versuche, die erwähnte strukturelle Spannung bzw. bis in die professionelle Identität von Gefängnispfarrern/-innen reichende Ambivalenz zu lösen.

2009 erschien eine allererste «Analyse der kulturellen, theologischen und sozialen Spannungen» der evangelischen Gefängnisseelsorge in der sich wandelnden ostdeutschen Gesellschaft. In der 30-seitigen Studie, die im *International Journal of Practical Theology* veröffentlicht wurde,[17] sprechen die Autoren/-innen Irène Becci und Joachim Willems von einem «double-bind»: Gefängnispfarrer seien «einerseits der eigenen Konfessionskirche verantwortlich, andererseits werde an sie der Anspruch gestellt, sich an alle zu richten, sich ‹also nicht-konfessionell› zu verhalten. Um sich nicht paralysieren zu lassen, versuchen die Akteure diesen Widerspruch zu lösen».[18] Es gilt, eine Antwort auf die Frage zu finden, «warum gerade sie [die amtierenden Pfarrer] als *evangelische* Seelsorger besonders dazu befähigt sind, alle im Gefängnis Anwesenden seelsorgerlich zu begleiten.»[19]

Die Studie untersucht via Interviews Argumentationsmuster ostdeutscher Gefängnisseelsorger. Ihre Strategie zur Bewältigung des Dilemmas bestehe darin, ein

---

15 Vgl. BGE 113 IA 304.

16 Als «zulässig» wurde befunden, «Angehörige verwandter Konfessionen auf interkonfessionelle Feiern zu verweisen». Moslems hingegen könnten «selbstredend» nicht auf christliche Feiern verwiesen werden. Ebd.

17 Irène Becci / Joachim Willems, Gefängnisseelsorge in Ostdeutschland im gesellschaftlichen Wandel, in: International Journal of Practical Theology, 13, 2009, 90–120.

18 Ebd., 102.

19 Ebd., 104.

weites Seelsorgeverständnis und Offenheit für alle Menschen unabhängig von ihrer Konfessionszugehörigkeit zum Merkmal der evangelischen Gefängnisseelsorge zu erklären, ja sogar als Teil der eigenen Identität zu deklarieren. Mit dem Hinweis, Seelsorge hätte es mit Beziehung zu tun, und zwar mit einer, «die keine Voraussetzung hat», rekurrierten sie indirekt auf das *sola gratia*. Die Rechtfertigungslehre diene den Gefängnispfarrern zur apologetischen Fundierung ihres Monopols.

Die Autoren/-innen schlussfolgern: «Toleranz bedeutet dann, andere in den eigenen Raum einzubeziehen, und nicht, ihnen einen eigenen Raum zu ermöglichen.»[20]

Die Autoren/-innen stellen fest, dass die Gefängnisseelsorger es vehement ablehnen, ihren Dienst in irgendeiner Weise als missionarischen zu verstehen und fragen deshalb logisch: «Spielt das konfessionelle Moment in ihrer Tätigkeit keine Rolle [...] warum werden sie dann nicht ersetzt durch nichtkirchliche Beraterinnen und Berater?», um schliesslich im Fazit ihr eigentliches Anliegen offenzulegen und plötzlich und unvermittelt den bisher nicht erwähnten Berufsstand des Psychologen einzuführen.[21]

Der Hauptdruck auf das Privileg der Landeskirchen kommt meiner Beobachtung zufolge tatsächlich nicht von religiöser Seite, sondern von fachpolitischer. Ich vermute, es ist nur eine Frage der Zeit, bis der Verteilungs- und Kompetenzkampf, v. a. zwischen Theologen/-innen und Psychologen/-innen offen ausbricht. Musste man in den vergangenen Jahrzehnten Theologen/-innen erklären, dass sie für die Durchführung von Psychotherapien nicht ausgebildet seien, so muss man heute Psychologen/-innen klar machen, dass sie keine Fachleute für Religion sind.

Das Ergebnis der Studie erklärt sich u. a. auch aus ihrer Fokussierung auf den seelsorgerlichen Dienst von Gefängnispfarrern und dem Ausblenden sämtlicher weiterer Aufgaben. Wer die Seelsorge aus dem praktisch-theologischen Gesamtzusammenhang herauslöst und meint, sie von Gottesdienst, Unterricht, Diakonie usw. trennen oder Letztere ihr einfach einverleiben zu können, begeht m. E. einen wissenschaftstheoretischen und -praktischen Fehlschluss. Der Weg zur Annahme, man könne den Pfarrer durch einen Psychologen ersetzen, wird so zumindest geebnet.

Doch wie sehen das Gefängnispfarrer/-innen selber? Ich komme zu Teil 3.

---

20 Ebd., 105.

21 «Religionspolitisch läge es daher näher, konfessionelle und überkonfessionelle Seelsorgerinnen und Psychologen entsprechend der Religionszugehörigkeit der Inhaftierten einzustellen und damit dem Recht der Inhaftierten auf positive (und negative) Religionsfreiheit zu entsprechen.» Ebd.

3. Gefängnisgottesdienst-Credos

In einem Weiterbildungsmodul im Rahmen des Studiengangs «Seelsorge im Straf-
und Massnahmenvollzug» wurden die Teilnehmenden gebeten, ihr persönliches
Gefängnisgottesdienst-Credo zu formulieren. Über diese Begrifflichkeit liesse sich
wohl streiten. Von der Sache her handelt es sich bei den zwölf Texten nicht um
Glaubensbekenntnisse, sondern um Gottesdienstverständnisse.[22]

Ich habe die sog. Credos unter dem Blickwinkel meiner eingangs gestellten
These gelesen, dass sich die Spannung zwischen religiöser Vielfalt und Monopolstellung im Gefängnis auch liturgisch-homiletisch auswirke, und finde auf Anhieb
verschiedenste Hinweise dafür in Aussagen zum Gefängnisgottesdienst:

> «Ich will keinen interreligiösen Spagat machen, um möglichst alle[n] religiösen An-
> sprüche[n] gerecht zu werden.»

> «In unterschiedlicher Form und zeitlichem Rahmen ziehe ich Jesus Christus in die Got-
> tesdienste ein und erwähne ihn. Sein Leben, Sterben und die Auferstehung sind für
> mich in der christlichen Botschaft zentral, aber auch im Koran sticht er als spezieller
> Prophet heraus.»

Ich habe aus den Statements zwei verschiedene, sich aber auch überschneidende
Grundtypen des Gefängnisgottesdienst-Verständnisses mit jeweils zwei Subtypen
ausmachen können, nämlich ein seelsorglich-erbaulich orientiertes und ein mystagogisch-spirituell orientiertes Gottesdienst-Verständnis.

a) Gefängnisgottesdienst als Seelsorge und Erbauung

1. Untertyp: Der Gefängnisgottesdienst als explizit christlicher Gottesdienst
und als Seelsorge an sich

Einige Statements halten ausdrücklich fest, dass es sich beim Gefängnisgottesdienst um einen christlichen Gottesdienst handelt, auch wenn ab und zu z. B.
Muslime oder Buddhisten teilnehmen. Ich interpretiere dies als eine religiöse
Identitäts- und Abgrenzungsaussage bzw. Standortbestimmung, die sich von der
herrschenden religiösen Pluralität her erklären lässt. Ein Beispiel dafür:

> «Der Gefängnisgottesdienst ist ein christlicher Gottesdienst. Er nimmt die religiösen
> Hintergründe der Teilnehmenden ernst und ist von Offenheit gegenüber anderen Reli-
> gionen geprägt.»

Dem folgt die Bestimmung:

---

22 Ich danke Dr. theol. h. c. Willi Nafzger, bis 2012 Studienleiter des Weiterbildungsstranges «Seelsorge im Straf- und Massnahmenvollzug», für die Zurverfügungstellung.

«Der Gefängnisgottesdienst an sich ist Seelsorge und somit ein nicht wegzudenkender Bestandteil der Gefängnisseelsorge.»

In dieser wesensmässigen Bestimmung des Gefängnisgottesdienstes finden wir ausdrücklich die schon monierte Dominanz des Seelsorgeparadigmas wieder. Der Gottesdienst wird unter Seelsorge subsumiert.

2. Untertyp: Der Gefängnisgottesdienst als Ort der Erfahrbarkeit von Angenommensein

Auch wenn der Gefängnisgottesdienst nicht als explizit christlicher Gottesdienst bezeichnet wird, so spielen dennoch die eigene konfessionelle Herkunft bzw. reformatorische Tradition der betreffenden Pfarrer/-innen eine Rolle. Sie widerspiegeln sich in ihrer Bestimmung des Gefängnisgottesdienstes als Ort, an dem das *sola gratia* erlebbar wird. Dies zeigen z. B. Aussagen wie die folgenden:

«Im Gefängnisgottesdienst soll ein grundsätzliches Angenommensein, ein ‹Berührtsein von der Liebe Gottes› (verbal und rituell) erfahrbar gemacht werden.»

«Die Teilnehmer sollen im Gottesdienst erfahren, dass Gott sie nicht abgeschrieben hat.»[23]

«Die Insassen sollen ein vorbehaltloses, unvoreingenommenes und wertfreies Angenommensein durch die Begegnung mit mir, durch die Begegnung untereinander und durch die Auseinandersetzung mit biblischen Gottesbildern erfahren.»

b) Gefängnisgottesdienst als Begegnung mit dem Heiligen und Raum zur individuellen Spiritualitätspflege

1. Untertyp: Der Gefängnisgottesdienst als Ort des Erlebens von Gottes Gegenwart bzw. des Heiligen

Der Gefängnisgottesdienst kann losgelöst von jeder christlichen Tradition – institutions- und geschichtslos – als Zusammenkunft bestimmt werden, die der eigenen Sammlung bzw. dem Erleben Gottes oder des Heiligen dient. Der Pfarrer findet seine Rolle zwischen Meditationslehrer und Mystagogen.

Dann wird der Gefängnisgottesdienst bestimmt als «Ankommen im Heiligen, bei uns selbst und im Göttlichen».

Eine Person hat ihrem Credo eine sog. «buddhistische Weisheit» vorangestellt:

«There is no way to happiness. Happiness is the way!»

---

23 «Ich will weitergeben, dass für Gott [das einschlägige Gefängnis; I. N.] oder ein Delikt kein Abstellgleis ist und eine Beziehung mit ihm möglich bleibt oder sogar neu öffnen kann.»

Denken und Sein schliessen sich aus. Im Gottesdienst geht es mir nicht um ein Nachdenken über, sondern um ein Erleben der göttlichen Gegenwart.»

Hier wird ein Gegensatz zwischen Intellekt und Gefühl konstruiert. Im Gottesdienst nachzudenken, scheint diesem nicht angemessen zu sein. Dies lässt erahnen, welches Gewicht der Predigt beigemessen wird.

2. Untertyp: Der Gefängnisgottesdienst als schützendes Dach zur Pflege
individueller religiöser/spiritueller Bedürfnisse
In dieser Ausprägung orientiert sich der Gottesdienst ausschliesslich an den Bedürfnissen der Insassen und findet seine Bestimmung von ihrer Lebenswelt her. Er ist ein Auffangbecken bzw. Ermöglichungsraum individueller spiritueller Betätigung.

«Die Erfahrungen der Gefängnisinsassen in ihrer ganzen Bandbreite und Tiefe sind allein Inhalt und Anlass des Gefängnisgottesdienstes.»

Die Aussage provoziert die Frage, ob es – wenn die Erfahrungen der Insassen allein Inhalt und Anlass des Gottesdienstes sind – dann nicht besser wäre, z. B. eine therapeutische Gruppensitzung, die ohne Offenbarung Gottes auskommt, durchzuführen?

«Der Gefängnisgottesdienst soll jedem die Möglichkeit bieten, die eigene Spiritualität einzubringen.»

Der Gottesdienst hat keinerlei *spezifisches,* sondern ein *multi-*religiöses/spirituelles Profil. Spiritualität als «Leitbegriff postmoderner Religiosität»[24] lässt ein eigenes konfessionelles Profil überflüssig erscheinen. Lässt sich dies ebenfalls als Reaktion u. a. auf die Spannung zwischen der eigenen Vormachtstellung im Kontext religiöser Vielfalt verstehen? Dazu würde die Betonung der anabatischen Dimension des Gottesdienstes passen und die Rolle des Pfarrers als Moderator und Animator:

«Ich will den Insassen die Möglichkeit bieten, ihren Glauben zu feiern. Ich will ihnen einen Raum für Anbetung, Stille, Fragen [...]. Fürbitte und Segenshandlungen bieten. Insassen sollen sich einbringen können, aber ich leite den Gottesdienst und trage die Verantwortung dessen, was wir tun.»

c) Fazit
Bei allen Statements lässt sich höchst positiv das grosse Anliegen hervorheben, dass sich die Insassen im Gottesdienst wohl fühlen, gestärkt werden und Respekt

---

24 Ulrich H. J. Körtner, Wiederkehr der Religion? Das Christentum zwischen neuer Spiritualität und Gottvergessenheit, Gütersloh 2006, 17.

erfahren sollen. Ein Typ Bekehrungsmodell, das wir v. a. von US-amerikanischen Evangelikalen her kennen, kommt nicht vor.

Der Gottesdienst scheint insgesamt kaum Ort der Auseinandersetzung mit eigener Schuld oder sozialpolitischen Verhältnissen zu sein, sondern Hilfe zur Lebensbewältigung.

Was lese ich aus diesen sog. Credos im Hinblick auf den Gottesdienst im Gefängnis heraus?[25]

Bei der ersten Lektüre der Credos war meine Spontanreaktion, dass es sich beim Gefängnisgottesdienst um ein liturgisch-homiletisches Notstandsgebiet handeln muss. Da wird manchmal Jesus – fast möchte man ergänzen: an den Haaren – herbeigezogen, dann begegnet man plötzlich Buddha, einmal soll man nicht denken, dafür kommt man entweder bei sich, bei Gott oder im Heiligen an, und schliesslich sollen noch alle ihre Spiritualität vorbeibringen usw.

Mit der Zeit lernte ich die Credos jedoch auch als Versuche verstehen, die durch die eigene konfessionelle Privilegierung erzeugte Spannung zu bearbeiten. Sowohl das seelsorglich-erbaulich als auch das mystagogisch-spirituell orientierte Gottesdienst-Verständnis können u. a. als Reaktion auf den religiösen und weltanschaulichen Pluralismus, der gerade im Gefängnis in konzentrierter Form begegnet, interpretiert werden.

Heute entnehme ich den Credos, dass der Gefängnisgottesdienst Vorbote dessen ist, was uns theologisch zu reflektieren sowieso aufgetragen ist, dem Gemeindegottesdienst noch erst recht blühen wird und mit Stichworten wie Interkulturalität oder Anschlussfähigkeit angesichts religiösen Analphabetismus bezeichnet werden kann. Wie unter einem Brennglas lassen sich die Probleme im Gefängnisgottesdienst studieren, die kirchlich und theologisch auch grossflächig bearbeitet werden müssen.

Um die sog. Credos als Reflexionen auf den Gefängnisgottesdienst wirklich würdigen zu können, müssen sie im Zusammenhang mit konkreten Gestaltungen von Gefängnisgottesdiensten gesehen werden. Ich habe z. T. von denselben, von denen die Credos stammen, und z. T. von weiteren Kollegen/-innen zehn exemplarische Gottesdienst-Abläufe erhalten und bin damit bei Teil 4.

4. Konkrete Gefängnisgottesdienste – liturgische Überlegungen

Sowohl das seelsorglich-erbauliche als auch das spirituell-mystagogische Gottesdienst-Verständnis der Credos stehen in Einklang mit einer stiltypischen Zuordnung der konkreten Gefängnisgottesdienste. In Aufnahme eines Vorschlags von

---

25 Vgl. Karl-Friedrich Wiggermann, Krankenhaus-, Altenheim-, Militär- und Gefängnisgottesdienst, in: Hans-Christoph Schmidt-Lauber / Michael Meyer-Blank / Karl-Heinrich Bieritz (Hg.), Handbuch der Liturgik. Liturgiewissenschaft in Theologie und Praxis der Kirche, Göttingen 2003³, 846–855.

David Plüss, vier verschiedene Gottesdienst-Stiltypen zu unterscheiden, nämlich einen traditions-, einen erfahrungs-, einen situations- und einen inszenierungsbezogenen Typ, lassen sich die Gefängnisgottesdienste entweder mehr einem erfahrungsbezogenen Stil eines seelsorgerlichen Gottesdienst-Typs oder eher einem «inszenierungsbezogenen» Stil zuordnen. Ersterer verfolge liturgisch-theologisch die Absicht, «Selbsterfahrung und Gottesbegegnung» zu ermöglichen. Die Rollenidentität des Liturgen sei die eines «Trösters», eines «Mitmenschen» und eines «Freundes». Im zweiten Stiltyp werde der Gottesdienst mit einem «ästhetisch wie spirituell sensiblen» Liturgen als «veränderndes Ereignis» gefeiert.[26]

Die Kreativität, die Sorgfalt, der Aufbau der Gottesdienste im Gefängnis stehen keineswegs im Widerspruch zu den Credos, zeigen im Gegenteil, dass zwischen der theologischen Reflexionskompetenz und der liturgisch-homiletischen Praxis eine gewisse Spannung besteht, eher zugunsten der Praxis.

Nehme ich das der Zürcher Liturgie entstammende Fünfschritt-Phasen-Modell als Orientierungsperspektive,[27] so vermitteln mir die Gottesdienste folgendes Bild:

1. Sämtliche Gefängnisgottesdienst-Modelle – und dies entspricht ihrer seelsorglichen und spirituell-mystagogischen Orientierung – weisen einen ausgeprägten Sammlungsteil auf, zuweilen sogar mit eigenen Atemübungen. Liturgisch drückt sich darin das Bewusstsein aus, dass die Schwelle vom Raum des Gefängnisses in den ihn transzendierenden – heterotopen[28] – Raum des Gefängnisgottesdienstes noch etwas höher ist als gewöhnlich. Oder in den Worten von Benita Joswig: «Eine Kirche in einem Gefängnis ist ein Ort, der trotz der vergitterten Fenster und abgeschlossenen Türen eine Raumdimension öffnet, die die von Menschen gemachten Raumgrenzen überschreitet.»[29]

2. Lobpreis oder Anbetung begegnen zwar, werden jedoch nicht stark gewichtet. Drückt die Stimmung zu schwer im Gefängnis, oder zeigt sich darin die Schwierigkeit, angesichts der verschiedenen kulturellen, musikalischen und sprachlichen Hintergründe z. B. in einen gemeinsamen Gesang einzustimmen?

---

26 Vgl. David Plüss, Liturgie ist Stilsache. Eine stiltheoretische Typologisierung ganz normaler Gottesdienste, in: Praktische Theologie 38, 2003, 275–28. Plüss unterscheidet hier zwischen folgenden vier Stiltypen: traditionsbezogener, erfahrungsbezogener (seelsorglich, tröstend), situationsbezogener (sozial engagiert) und inszenierungsbezogener (spirituell interessiert, erlebnisorientiert; charismatisch) Stiltyp.

27 Vgl. Ralph Kunz, Der neue Gottesdienst. Ein Plädoyer für den liturgischen Wildwuchs, Zürich 2006, 17–26.

28 Michel Foucault spricht auch von anderen Räumen, von «Zwischen- und Gegenräumen» oder von «Orten jenseits der anderen Orte», vgl. Ulrike Wagner-Rau, Räume. Theoretische Zugänge, in: Klaus Eulenberger/Lutz Friedrichs/Ulrike Wagner-Rau (Hg.), Gott ins Spiel bringen. Handbuch zum Neuen Evangelischen Pastorale, Gütersloh 2007, 15–22, 20 f.

29 Benita Joswig, Wenn Räume Flügel setzen – Gottesdienst im Knast. Entwurf für einen Gottesdienstraum, in: Zeitschrift für Gottesdienst und Predigt 4, 2005, 23–25, hier 24.

3. Die Verkündigung ist i.d.R. kurz gehalten, und der inhaltliche Schwerpunkt liegt auf der seelsorgerlichen Zuwendung, dem Trost, der Hoffnung der Bibeltexte. Oder es findet im Sinne einer stärker partizipatorischen Form und insbesondere bei wenigen Anwesenden ein Gespräch statt über einen einfachen Symbolgegenstand wie Stein, Blume, Sujetkarte, Bild.

4. Zuweilen stösst man auf einen Fürbitteil, manchmal sogar auf das Unservater, oder gerne auch auf spezielle Rituale wie z.B. Kerzenrituale.

5. Immer begegnet man jedoch einem ausführlichen Segensteil. Anfang und Schluss bilden eine gewichtige Inklusion.

Interessanterweise bilden Gebets- und Fürbitteil keine wirklichen Schwergewichte, obwohl davon ausgegangen werden kann, dass kaum irgendwo bei uns so intensiv gebetet wird – auch von kirchlich Distanzierten – wie im Gefängnis; das Abendmahl begegnet auch nur an hohen Feiertagen. In der Teilnahme von Muslimen wird kein Problem erkannt.

Ich möchte zum Schluss im Rahmen eines Ausblicks sieben Thesen über den Gefängnisgottesdienst formulieren. Sie sollen zeigen, wo ich gegenwärtig selber stehe:

5. Ausblick: Thesenreihe

1. Die Frage der Angemessenheit der landeskirchlichen Monopolstellung (nicht nur) im Gefängnis ist zuallererst ein gesellschaftspolitisches und verfassungsrechtliches Problem[30] und kein kirchliches. Sie lässt sich nicht auf der Ebene der beruflichen Identität lösen, z.B. durch Ausblenden der eigenen konfessionellen Gebundenheit.[31] Reformierte Pfarrer/-innen sollen um ihrer Wahrhaftigkeit willen nichts anderes zu sein versuchen, als sie sind, nämlich ordinierte *Verbi Divini Ministri et Ministrae* ihrer jeweiligen Landeskirchen.

2. Als Diener/-innen am göttlichen Wort brauchen sie sich des Evangeliums nicht zu schämen, sondern sollen die biblisch bezeugte Wahrheit auch in einem multireligiösen Umfeld reflektiert vertreten und verkündigen – im Wissen, dass dies etwas anderes ist, als sie aufzuoktroyieren oder überzustülpen.

3. Als Pfarrer/-innen im Gefängnis nehmen sie den kirchlichen Grundauftrag in seinen verschiedenen, nicht nur seelsorgerlichen Facetten wahr. Die Feier von Gottesdiensten gehört unumstösslich mit zur Umsetzung des Auftrags, weshalb

---

30 Vgl. z.B. Diskriminierungsverbot (Art. 8 Abs. 2 BV).

31 Vgl. Christoph Morgenthaler, Ambivalenzen der Seelsorge: Kirche und Gesellschaft, in: Kramer, Anja/Ruddat, Günter/Schirrmacher, Freimut (Hg.): Ambivalenzen der Seelsorge. Michael Klessmann zum 65. Geburtstag, Neukirchen-Vluyn, 2009, 145–158, hier 152: «Je mehr sich Seelsorge auf ihre kirchliche Wurzeln bezieht, desto weniger kann sie ihren Institutionsbezug halten; je mehr sie sich auf die Institution [...] mit ihren Erwartungen einlässt, desto mehr verliert sie ihre christliche Identität.»

sie auf dessen regelmässige Durchführung in möglichst mehreren Sprachen und unter aktiver Mitbeteiligung der Insassen achten sollen.

4. Im Gefängnis ist aus liturgietheologischen und kirchenhistorischen Gründen der Feier des Abendmahles besonderes Gewicht zuzumessen.

4.1 Aus liturgietheologischen Gründen, weil die Feier des Abendmahls erstens eine zur zutiefst schmerzlichen Ablehnungserfahrung der Insassen kontrafaktische Einladungserfahrung vom Herrn an seinen Tisch ist, zweitens von ihren Familien und Freunden getrennte und oft äusserst einsame Gefangene aus der Vereinzelung heraus in die Gemeinschaft mit Christus und miteinander hineinholt und drittens von Beschämung, Wiederholung und Ausweglosigkeit befreit, indem sie Straffällige lehrt, sich selbst, ihre Tat und ihre Mitmenschen im Licht des Evangeliums neu zu sehen.

4.2 Die Feier des Abendmahls legt sich nicht nur aus theologischen Überlegungen nahe, sondern drängt sich aus kirchenhistorischen Gründen geradezu auf.

Gefangenen wurde das Abendmahl – u. a. aufgrund der Abschaffung der Beichte – aus einem moralischen Verständnis der Symbolhandlung heraus, noch bis Ende des 18. Jahrhunderts vorenthalten. Man missbrauchte das Sakrament, indem man sich Leib und Blut Christi verfügbar und zum Austragungsort von Kirchenzucht machte. In Fortführung einer fehlgeleiteten Abendmahlstheologie wurde Schuld zum Kriterium des Ausschlusses statt im Gegenteil Anlass zur Notwendigkeit der Teilnahme.

Paul Wernle schrieb dazu in seiner berühmten dreibändigen Geschichte des Schweizerischen Protestantismus: Bern «lehnte 1759 und wieder 1770 die Kommunion der Gefangenen im Schellenhaus oder doch Einzelner von ihnen glatt ab, gestützt auf die symbolischen Bücher und auf den Usus aller protestantischen Länder. Eine humanere Praxis gestattete zuerst Zürich, dank der Bemühungen der asketischen Gesellschaft; man glaubte hier Segen von dieser Kommunion zu spüren.» Basel, das «schon 1785 [...] eine milde Stellung eingenommen hatte, liess sich 1790 durch das Zürcher Beispiel dazu erweichen, dem Pfarrer [...] zu erlauben, wenigstens in der Schulstube oder der Stube des Waisenhauses bussfertigen Gefangenen das Abendmahl zu geben [...]. Das humane Zürich, das vorsichtig milde Basel, das starrköpfige, staatskirchliche Bern, jedes lässt bei dieser Gelegenheit seine Eigenart erkennen.»[32]

Wenn ich irgendwo eine gewisse Diskrepanz zwischen den Credos und ihren konkreten Umsetzungen sehe, dann hier: Sowohl die Intention des seelsorglich-erbaulichen als auch des spirituell-mystagogischen Gefängnisgottesdienst-Verständnisses führte m. E. theologisch geradewegs zum Abendmahl, das in den Credos und den Abläufen jedoch kaum je erwähnt wird. Worin liesse sich denn

---

32 Paul Wernle, Der schweizerische Protestantismus im XVIII. Jahrhundert, Bd. I, Tübingen 1923, 66 f.

im Gottesdienst Angenommensein liturgisch besser vermitteln und das Heilige stärker erfahren als in der gemeinsamen Feier des Abendmahls?

5. Die Feier des Abendmahls legt sich demnach nicht bloss im Blick auf die Insassen nahe, sondern auch im Blick auf uns selbst. Mit der Feier des Abendmahls im Gefängnis bekennen wir als Pfarrer/-innen unser eigenes Angewiesensein auf Vergebung und darauf, selber an genau jenen Tisch eingeladen zu werden, den frühere in unserer Funktion anderen vorenthalten haben. Wir anerkennen, dass auch wir nicht mehr, aber auch nicht weniger als Gäste am Tisch Jesu Christi sind.

6. Gefängnispfarrer/-innen haben neben ihrer seelsorgerlichen, diakonischen und liturgisch-homiletischen Funktion auch einen religionspädagogischen Auftrag. In Aufnahme u. a. der Postulate in der Stellungnahme des Rats der Religionen «Für ein Zusammenleben der Religionen in Frieden und Freiheit» vom 26. August 2009 suchen sie den Kontakt zu den Vertretern anderer Religionen, schaffen Dialogsituationen, fördern interreligiöse Gesprächskreise im Gefängnis und initiieren Möglichkeiten gemeinsamer Feiern.

7. Gefängnispfarrer/-innen nehmen schliesslich eine gesellschaftskritische Funktion wahr und mischen sich im Rahmen des «Schweizerischen Vereins für Gefängnisseelsorge»[33] öffentlichkeitspolitisch ein. Sie machen auf die Situation der 7 072 Menschen hinter Gittern und ihrer ungezählten Opfer aufmerksam. Sie halten die Diskussion über Nützlichkeit und Schädlichkeit von Gefängnissen und Strafen wach – und ebenso den Traum, eines Tages Gottesdienst dort zu feiern, wo es seiner letztlich einzig würdig ist – nämlich in Freiheit.

---

33   Vgl. www.gefaengnisseelsorge.ch/de/ (Zugang 20.11.2014).

Unterbrechung des Krankenhausalltags: Gottesdienste im Inselspital Bern

Hubert Kössler / Pascal Mösli

1. Ausgangslage

Die gottesdienstlichen Formen, um die es im Folgenden gehen soll, haben ihren Sitz im Inselspital, dem Universitätsspital in Bern mit rund 1000 Betten und 7000 Mitarbeitenden. Die Seelsorge an diesem Spital wird durch ein ökumenisches Team von acht Theologinnen und Theologen wahrgenommen. Deren Kernaufgabe besteht darin, Patientinnen und Patienten bei Erkrankung, Unfall und Sterben, insbesondere in Krisensituationen und bei Sinn- und Identitätsfragen, seelisch-geistig und religiös-spirituell zu unterstützen.

Fünf Seelsorgende gehören der evangelisch-reformierten, drei der römisch-katholischen Landeskirche an (was in etwa die konfessionelle Situation im Kanton Bern abbildet); die reformierten Seelsorgenden sind ordinierte Pfarrer und Pfarrerinnen; die katholischen Theologinnen und Theologen sind ausgestattet mit der Missio des Bischofs von Basel. Damit ist die Kirchlichkeit der Seelsorgenden gewährleistet: Sie treten als Vertreter und Vertreterinnen ihrer Landeskirche auf und werden auch so wahrgenommen. Anstellende Behörde ist jedoch das Universitätsspital und nicht die Kirche. Die Seelsorgenden unterstehen dem Direktionspräsidium des Spitals und legen diesem gegenüber Rechenschaft über ihre Arbeit ab. Sie kommen also nicht «von aussen» in das Krankenhaus, sondern sind Teil des Systems «Spital»; sie nehmen etwa an interdisziplinären Rapporten teil und stehen in engem Austausch mit anderen Professionen und Disziplinen im Spital.

Die Dienstleistungen der Seelsorge stehen nicht nur den Mitgliedern einer Landeskirche oder Christen, sondern allen Patienten, Patientinnen, Angehörigen und Mitarbeitenden – unabhängig von deren Konfession oder Religion – offen. Auch Menschen, die aus einer Kirche ausgetreten sind, Agnostiker oder Atheisten, können seelsorgerliche Begleitung in Anspruch nehmen.

Entsprechend breit ist das Angebot der Seelsorge am Inselspital gefächert; und entsprechend flexibel müssen die einzelnen Seelsorgenden intervenieren können und über eine komplexe spirituelle und religiöse Kompetenz verfügen; sie müssen sowohl an traditionelle Frömmigkeitsformen als auch an nichtchristliche Frömmigkeitsformen anschliessen können. Dieser Anspruch hat in den letzten Jahren zugenommen und wird den zu erwartenden demographischen Entwicklungen gemäss noch weiter zunehmen.

2. Der Sitz im Leben des Gottesdienstes im Spital

Patienten und Patientinnen werden durch einen Spitalaufenthalt oftmals in eine Krise gestürzt. Bisherige Lebensdeutungen werden in Frage gestellt; gewohnte Bewältigungsmechanismen greifen nicht mehr. Vielleicht werden Lebenspläne erschüttert; Beziehungen gefährdet. Enttäuschungen müssen verarbeitet werden. Man muss sich von Gewohntem verabschieden; dabei ist oft nicht klar, wie es weitergehen kann. Schmerz und Angst, Hoffnung und Trost liegen nahe beieinander, werden intensiv erlebt, wechseln sich jäh ab, entziehen sich der Kontrolle.

Der Alltag der Patientinnen und Patienten ist angefüllt mit verschiedenen medizinischen Interventionen: Pflege, Untersuchungen, Therapie. Das dichte Programm bietet oft wenig Gelegenheit zum Innehalten und Zu-sich-Kommen. Der Tagesablauf folgt strengen Abläufen, die der Patient, die Patientin kaum beeinflussen kann: Wann man geweckt wird, wann man gewaschen, untersucht wird; wann und was gegessen wird – all das gibt das System «Krankenhaus» vor. Der Patient kann diese Vorgaben nicht verändern; er ist ihnen ausgeliefert. In diesem Sinn ist das Spital eine «Heterotopie», ein «anderer Ort», in dem die üblichen Abläufe und Regeln der Gesellschaft ausser Kraft gesetzt sind.[1] Es liegt auf der Hand, dass Unterbrechungen innerhalb dieses Mikrokosmos eine besondere Bedeutung zukommen.

Was bedeutet der so beschriebene systemische Kontext des Spitals für den Gottesdienst? Zunächst einmal kann ein Gottesdienst in einem solchen Kontext und mit einer solchen Auftragsstruktur nicht einfach eine Kopie eines Gottesdienstes in einer Kirchgemeinde oder Pfarrei sein: Der Gottesdienst im Krankenhaus bewegt sich in einem «Zwischenraum»; er ist angesiedelt zwischen dem kirchlichen Gemeindegottesdienst und dem Spitalalltag. Der Gottesdienst im Krankenhaus teilt mit dem Gemeindegottesdienst viele spirituelle, liturgische, sprachliche Elemente. So kommt die Patientin, die den Spitalgottesdienst besucht, auf liturgische Weise mit der Glaubensgemeinschaft der Kirche in Kontakt und steht mit ihr in Beziehung.[2] Andererseits ist der Spitalgottesdienst nicht ein normaler Gemeindegottesdienst, der einfach in einer Kapelle im Spital gefeiert wird. Die Menschen, die an ihm teilnehmen, teilen keine gemeinsame gemeindliche Erfahrung, sondern sie teilen die existentielle Erfahrung ihrer Betroffenheit durch Krankheit. Der Spitalgottesdienst berücksichtigt diesen Kontext; manchmal wendet er sich ausdrücklich den Themen «Krankheit, Leiden, Sterben, Gesundheit und Heilung» zu; manchmal greift er aber auch ganz andere Themen auf und kann gerade dadurch entlastend sein und Normalität einbringen.

---

1   Vgl. Michel Foucault, Andere Räume (1967), in: Karlheinz Barck (Hg.), Aisthesis: Wahrnehmung heute oder Perspektiven einer anderen Ästhetik, Leipzig ⁵1993.

2   Vgl. Dietrich Stollberg, Seelsorge und Gottesdienst, in: Michael Klessmann (Hg), Handbuch der Krankenhausseelsorge, Göttingen 1996, 205–212.

Der Spitalgottesdienst ist zwar im Spital angesiedelt, dennoch ist er nicht einfach Bestandteil des üblichen Spitalalltags. Er entzieht sich der im Spital sonst wirksamen Leitkodierung «gesund – krank», er ist darum nicht ein weiteres therapeutisches Angebot, sondern in ihm soll ein Raum entstehen, in dem Menschen, seien sie krank oder gesund, mit einer Wirklichkeit in Verbindung kommen können, welche diese Leitunterscheidung transzendiert und hinterfragt; ein Freiraum, in dem auch Distanz erlebt und gedeutet werden kann zu der Organisation des Spitals mit all ihren impliziten und expliziten Normen. Der Spitalgottesdienst ist darum nicht einfach ein zusätzliches Angebot innerhalb der Palette der Angebote des Spitals, er lässt sich nicht einfach ins Krankenhausgefüge integrieren, sondern steht – wie die Spitalseelsorge insgesamt – in einer bleibenden, wesentlichen Spannung dazu[3]. Er steht «zwischen Kirche und Krankenhaus»[4]. Was Johann Baptist Metz vom Gottesdienst gesagt hat – nämlich dass er wesentlich «Unterbrechung» sei[5] – gilt in besonderem Mass für den Spitalgottesdienst: Er «unterbricht» den Spitalalltag, indem er einen Freiraum ermöglicht, in dem nichts geschehen muss, in dem im Spital sonst üblicherweise marginalisierte Dimensionen des Lebens ins Zentrum rücken – die Abhängigkeit, die Verletzlichkeit, die Grenzen der menschlichen Kontrolle und Machbarkeit, aber auch die Dankbarkeit und die Bitte um den Segen, den wir Menschen uns nicht selbst zu geben vermögen. Gerade diese Unterbrechung ist eine wichtige Dimension seiner besonderen Identität.

Neben der grossen «Unterbrechungsfeier», dem Gottesdienst in den Kapellen, finden im seelsorglichen Alltag viele alltägliche Unterbrechungen statt durch kleine liturgische Formen wie beispielsweise dem Gebet, dem Abendmahl, dem Krankensakrament und dem Segen. Diese seelsorglich alltäglichen Unterbrechungen bilden den eigentlichen ‹Sitz im Leben› des Gottesdienstes in der Spitalseelsorge. In ihnen werden die Erfahrungen der Patientinnen und Patienten aufgenommen und mit Formen der Tradition in Beziehung gesetzt und verschränkt. Darin kann es für Patientinnen und Patienten möglich werden, sich selber in einer Gemeinschaft anderer Menschen wiederzufinden, die beispielsweise mit Schmerzen konfrontiert waren. Es wird vielleicht möglich, Abstand zu nehmen von den einengenden Grenzen der eigenen Gefühlslage, und neue Sichtweisen auf die eigene Wirklichkeit können entstehen. Zugleich verändern sich oft auch die traditionellen, liturgischen Formen bzw. diese werden in konkreten Situationen weiter- oder neu entwickelt. Es entstehen neue Abschiedsrituale, Psalmworte werden

---

3 Vgl. Isolde Karle, Perspektiven der Krankenhausseelsorge. Eine Auseinandersetzung mit dem Konzept des Spiritual Care, Wege zum Menschen 62, 2010, 537–555.

4 Christoph Morgenthaler, Seelsorge, Gütersloh 2009, 333.

5 Vgl. Johann Baptist Metz, Unzeitgemässe Thesen zur Apokalyptik, in: ders., Glaube in Geschichte und Gesellschaft, Mainz 1984, 149–158.

paraphrasiert, Abendmahlsfeiern auf eine konkrete Situation zugespitzt. «Das Seelsorgliche im Sinn eines Wahrnehmens und Achtens des anderen transformiert das ‹Liturgische› (Thurneysen) im Sinn eines offenen Prozesses.»[6]

3. Gottesdienstliche Dimension der seelsorgerlichen Begleitung

Die Hauptaufgabe der Seelsorgenden ist das seelsorgerliche Gespräch; entsprechend ist der «Hauptarbeitsplatz» das Patientenzimmer, der Besprechungsraum oder das Wartezimmer. Die meisten Gespräche werden am Krankenbett geführt. Andere Aufgaben, beispielsweise die Mitwirkung in Lehre und Unterricht, Projekten und Fachgremien, Öffentlichkeitsarbeit – und damit verbunden andere Arbeitsplätze – sind demgegenüber subsidiär.

Die liturgische Dimension kommt ins Spiel, wo in einem solchen Gespräch geklagt, gedankt, gebetet, gesungen wird. Diese Dimension, die durch die Seelsorgebewegung in den 70er Jahren teilweise kritisiert wurde,[7] wird seit einigen Jahren wieder als wichtige Ressource entdeckt. «Mit der Rehabilitierung kleiner liturgischer Formen in der Seelsorge scheint die Hoffnung verbunden, Einseitigkeiten der Entwicklung der Seelsorge auszugleichen: ihre theologische Spracharmut, ihre Leibvergessenheit, ihr Winkeldasein im intimen Raum ‹unter vier Augen›, ihr ästhetisch-liturgischer Dilettantismus.»[8] Zudem haben psychologische und ethnologische Ansätze der Ritualforschung wie auch die sogenannten *ritual studies* die Wirkung von Ritualen eindrücklich aufgezeigt.

In der seelsorglichen Praxis im Spital begegnet von Patienten und Patientinnen her oft eine grosse Offenheit für rituelle, liturgische Formen. Diese Offenheit kann daher kommen, dass der Patient in einer Tradition verwurzelt ist oder dass die Patientin für sich selbst neue rituelle Formen gefunden hat und im Alltag praktiziert. Wir erleben aber auch immer wieder, dass Menschen, die selbst nicht (mehr) einer Tradition verbunden sind, in persönlichen Grenzerfahrungen wieder für frühere, für sie damals stützende Rituale offen sind. Schliesslich ist es auch möglich, dass liturgische Formen für Menschen in der besonderen Spitalsituation als neue Möglichkeit überhaupt erst erschlossen werden. Die Vielfalt von möglichen Vorerfahrungen und Erwartungen an Rituale fordert von Seelsorgenden im Prozess der Klärung eine transparente und sensible Vorgehensweise, damit die liturgische Gestaltung der seelsorglichen Begegnung an der Situation wie auch an

---

6 Lutz Friedrichs, Beten, in: Klaus Eulenberger/Lutz Friedrichs/Ulrike Wagner-Rau (Hg.), Gott ins Spiel bringen. Handbuch zum Neuen Evangelischen Pastorale, Gütersloh 2007, 187.

7 Beispielsweise von Joachim Scharfenberg, Seelsorge als Gespräch. Zur Theorie und Praxis seelsorglicher Gesprächsführung, Göttingen ⁵1991.

8 Christoph Morgenthaler, Rituale, in: Eulenberger et. al., Gott ins Spiel bringen (Anm. 6), 175.

den liturgischen Erfahrungen des Patienten oder an seiner Offenheit, solche zu machen, anknüpft.

Manchmal besteht die ausdrückliche Erwartung, einen Gottesdienst am Krankenbett zu gestalten – oft dann, wenn der Patient die liturgischen Formen einer bestimmten Konfession kennt und für sich auch selbst praktiziert (oder bei bestimmten Gelegenheiten praktiziert hat):

Eine Patientin bittet um den Besuch des Seelsorgers, weil sie die Kommunion empfangen möchte. Als der Seelsorger kommt, hat die Patientin alles vorbereitet: Sie sitzt aufrecht im Bett; das Beistelltischchen ist leergeräumt; der Seelsorger kann das Hostiengefäss, ein Buch und eine Kerze, dort ablegen. Nach der Begrüssung und der Frage nach dem Befinden erklärt die Patientin, dass man beginnen könne. Der Seelsorger spricht einen liturgischen Gruss, liest das Tagesevangelium. Die Patientin stimmt in das Vater Unser ein. Beide kennen den Ablauf; beiden ist er vertraut. Das Gewohnte verleiht Sicherheit und Halt im sonst fremden, vielleicht auch bedrohlichen Spitalkontext.

In der Tasche, die der Seelsorger bei sich hat, sind Gerätschaften, um Gottesdienste am Krankenbett spontan zu feiern und zu gestalten (z. B. Kerze, Bibel, Hostiengefäss, Kreuz); für andere Feiern, z. B. eine Abendmahlsfeier mit mehreren Teilnehmenden, steht an einem zentralen Ort ein Koffer mit Krug, Bechern, Tuch usw. zur Verfügung.

Manchmal gibt es keine solche vorherige Erwartung und Vereinbarung. Die liturgische Dimension entsteht spontan, sie taucht unerwartet auf, entsteht während des Gesprächs:

Die Seelsorgerin wird zu einem Patienten gerufen, der am nächsten Tag operiert wird und nach dem Eindruck der Pflegenden unruhig ist. Bei der Begegnung stellt sich heraus, dass der Patient, der zwar schon lange keinen Kontakt mehr mit der Kirche hatte, sich wünscht, von der Seelsorgerin gesegnet zu werden. Das Ritual greift seine Angst und Zweifel, aber auch seine Hoffnung und sein Vertrauen auf. Es gestaltet die Realität des Patienten symbolisch und bringt sie zeichenhaft zur Sprache. Zu einer solchen rituellen Symbolhandlung hat der Patient Zugang, sie entspricht ihm und seiner gegenwärtigen Situation. Der Segen ist eine klassische Form der Tradition, aber erst in der besonderen Situation greift der Patient auf sie zurück.

Solche Gottesdienste können, je nach Situation, kurz oder lang, wortgewaltig oder still, klagend oder dankend sein. Sie können an die kirchliche Tradition anknüpfen (beispielsweise bei der Taufe eines Kindes), sind dann aber jeweils geprägt durch den Spitalkontext (Krisensituation). Oder aber sie werden der Situation angepasst entwickelt, und die Beteiligten gestalten frei und kreativ eine der Situation angepasste liturgische Feier. Von der Seelsorgerin ist bei der Vorbereitung des Rituals gefordert, dass sie sowohl die persönliche Betroffenheit der einzelnen Beteiligten wie auch die Beziehungen der Beteiligten untereinander (wie auch zu wichtigen Abwesenden) in dieser Situation wahrnimmt und diese Wahrnehmungen im Ritual so zur Sprache bringen kann, dass die Beteiligten sich angesprochen fühlen und den liturgischen Weg mitgehen können.

Ein Elternpaar hat ein Kind verloren: Das Frühgeborene ist nach einem mehrwöchigen Aufenthalt auf der Intensivstation der Kinderklinik gestorben. Die Eltern stehen seit der Geburt des Kindes in einem engen Austausch mit der Seelsorgerin und bitten sie nach dem Tod des Kindes, ein Abschiedsritual zu gestalten.

Die Seelsorgerin weiss, dass der Vater des Kindes katholisch erzogen wurde und offen ist für traditionelle Zeichen und Sprache. Die Mutter fühlt sich keiner religiösen Tradition verpflichtet. So schlägt die Seelsorgerin vor, die Mutter könnte einen Abschiedsbrief an das verstorbene Kind schreiben und diesen während des Rituals vorlesen. Der Vater wird eine Kerze mit Wachsplatten gestalten und zur Feier mitbringen. Dann klärt die Seelsorgerin ab, ob die Eltern die Anwesenheit von weiteren Personen wünschen: Tatsächlich möchten die Eltern, dass die beiden Geschwister des verstorbenen Kindes, seine Grosseltern sowie die Onkel und Tanten, die in der Nähe wohnen, dabei sind. Ausserdem laden sie zwei Pflegende, die ihnen in dieser Zeit besonders nahe waren, ein. Die Eltern ermuntern die Eingeladenen, ein symbolisches Geschenk für das Kind mitzubringen. Die Feier soll nicht in einer Kapelle, sondern im sogenannten «Sternenraum», der in der Kinderklinik für Abschiedssituationen zur Verfügung steht, durchgeführt werden.

Zur vereinbarten Zeit treffen die etwa 15 Personen ein; die Seelsorgerin ist verantwortlich für den Ablauf der Feier: Sie begrüsst die Anwesenden, die sich um das Kinderbett gruppiert haben. Sie lädt den Vater ein, die Kerze anzuzünden. Sie erzählt von der Geburt, den ersten Lebenswochen und vom Sterben des Kindes. Dann bittet sie die Mutter, den Abschiedsbrief vorzulesen. Dieser äusserst konzentrierte, intensive Moment, wird mehrfach durch Schluchzen der Mutter und anderer Anwesender unterbrochen. Es folgt eine Zeit der Stille. Anschliessend werden die Anwesenden eingeladen, ihre mitgebrachten Symbolgeschenke beim Bettchen des Kindes abzulegen. Wer möchte, kann dies durch ein erklärendes Wort kommentieren. Schliesslich spricht die Seelsorgerin ein offen formuliertes Segensgebet und erklärt, dass das Kind am nächsten Tag, im Beisein der Eltern und Geschwister, auf dem Friedhof bestattet werden wird.

Einige Wochen später erhält die Seelsorgerin einen Brief. Die Eltern danken für die Begleitung während der schwierigen Zeit; vor allem die Feier sei für sie und für die anderen Anwesenden wichtig gewesen, um von ihrem Kind Abschied nehmen zu können.

4. Gottesdienst in liturgischen oder Spital-Räumen

Die bisher dargestellten Gottesdienste entstehen spontan und sind nicht öffentlich, sondern privat. Im Unterschied dazu gibt es am Inselspital auch geplante, zum Teil einmalige, zum Teil regelmässig wiederkehrende, öffentliche Gottesdienstangebote, die nicht im Patientenzimmer, sondern im liturgischen Raum der Kapellen oder in anderen Spitalräumen stattfinden.

4.1 Abschiedsgottesdienste für verstorbene Mitarbeiter und Mitarbeiterinnen des Inselspitals

Die Spitalseelsorge übernimmt viele liturgischen Aufgaben, die das Gemeindepfarramt wahrnimmt, nicht: Sie feiert keine Taufen (ausser unaufschiebbare Taufen in Krisensituationen), sie führt keine Trauungen oder Beerdigungen durch. Diese Aufgaben sind Aufgaben der zuständigen örtlichen Kirchgemeinde, die ja auch für die Begleitung der Betroffenen nach dem Spitalaufenthalt zuständig ist. Eine Ausnahme von dieser Regelung betrifft Abschiedsfeiern für verstorbene Mitarbeiter und Mitarbeiterinnen des Krankenhauses: Wenn eine Spitalmitarbeiterin gestorben ist, kann eine Kasualhandlung im Spital die angemessene Form darstellen, damit Mitarbeitende am Arbeitsort von der Kollegin Abschied nehmen können.

Frau N. war Mitarbeiterin in der Klinik für Intensivmedizin des Inselspitals. Sie war nach einer kurzen, schweren Krankheit verstorben – für viele ihrer Kolleginnen und Kollegen ein schmerzhaftes Ereignis. Die Stationsleiterin nimmt Kontakt mit der für diese Station zuständigen Seelsorgerin auf; die beiden treffen sich zu einem Gespräch, um zu überlegen, was in der Situation angemessen wäre.

Sie beschliessen, dass in der Krankenhauskapelle eine Kerze zum Andenken an die Verstorbene brennen soll. Zudem soll ein Kondolenzbuch aufgelegt werden. Im Informationsschreiben der Spitalleitung wird darauf hingewiesen, dass man sich in diesem Buch eintragen kann. Darüber hinaus wird eine Abschiedsfeier geplant, zu der die Kolleginnen und Kollegen der Verstorbenen eingeladen werden.

Diese Abschiedsfeier findet in einer Spitalkapelle statt. Ein grosses Foto der Verstorbenen wird im Chorraum aufgestellt. Die Vorgesetzte erinnert in einer kurzen Ansprache an die Verstorbene. Sie lädt die Anwesenden ein, ihre Ansprache spontan durch eigene Gedanken und Erlebnisse zu ergänzen. Tatsächlich sprechen einige Kollegen einen kurzen Dank oder ein spontanes Segensgebet aus. Eine Kollegin, der der Tod von Frau N. offenbar sehr nahe gegangen ist, erzählt eine Begebenheit, in der das Wesen der Verstorbenen deutlich wird.

Im Anschluss daran lädt die Seelsorgerin alle Anwesenden ein, nach vorne zu kommen und vor das Bild der Verstorbenen zu treten. Während dieser Prozession, an der sich fast alle Anwesenden beteiligen, herrscht Schweigen. Manche stehen in Stille einen Moment vor dem Foto; andere verneigen sich kurz davor. Abschliessend spricht die Seelsorgerin einen selbst formulierten Text, der sich in dreigeteilter Form an die Schöpfungsmacht, an die menschliche Geschwisterlichkeit und an die Kraft der geistigen Energie wendet. Aus Rücksicht auf anwesende nicht-christliche Teilnehmende (manche Kolleginnen der Verstorbenen sind Mus-

*lima oder gehören keiner Glaubensgemeinschaft an) ist die Seelsorgerin mit aus-
drücklich christlichen Elemente zurückhaltend. Der Ehemann teilt am Ende der
Feier mit, dass die eigentliche Abdankungsfeier am darauffolgenden Tag in der
römisch-katholischen Pfarrei, der die Verstorbene angehört hat, stattfinden wird.*

4.2 Gedenkfeier für verstorbene Kinder und Jugendliche

Eine besonders schwierige und erschütternde Erfahrung machen Eltern, deren
Kinder im Spital sterben: Ein Frühgeborenes verstirbt wenige Stunden nach der
Geburt; ein schwerkrankes Kind kann trotz Operationen nicht gerettet werden;
ein Jugendlicher verunfallt im Strassenverkehr und erliegt seinen Verletzungen.
Solchermassen «verwaiste» Eltern, Geschwister und Angehörige brauchen vielfältige Unterstützungssysteme. Eine wichtige Unterstützung besteht für viele Betrof-
fene in einer Selbsthilfegruppe und im Austausch mit anderen Menschen, die
ähnlich schmerzhafte Erfahrungen gemacht haben. Eltern können hier erleben,
dass sie nicht allein sind, dass andere auch schon diesen tiefsten Kummer erfahren haben und diese Last mittragen werden.[9]

Eine Gedenkfeier im Spital kann eine liturgische Möglichkeit darstellen, das
Erfahrene in Worten und Zeichen auszudrücken; sich zu erinnern, Klage und
Hoffnung zu teilen und so Schritte hin zu einer «Verarbeitung» zu gehen. Auch
hier soll die Erfahrungskompetenz von Betroffenen im Mittelpunkt stehen:

*Die Feier steht unter dem Motto «Gott hält Leben und Erde in der Hand».
Die Erde symbolisiert einerseits den abweisenden, kühlen, unbarmherzigen Boden und andererseits den fruchtbaren, wohlriechenden und weichen Nährboden.
Die Anwesenden haben zweimal die Möglichkeit, nach vorne zum Altarraum zu
gehen: Das erste Mal legen sie eine Tonscherbe, auf die sie vorher den Namen
ihres verstorbenen Kindes geschrieben haben, in einem grossen Gefäss voll Erde
nieder. Das Symbol «Scherbe» steht für die schmerzlichen Erfahrungen, die die
Angehörigen gemacht haben. In einem späteren Teil können sie nach vorne
kommen und eine Kerze anzünden und ebenfalls in diesem Gefäss voll Erde ablegen. Die Kerzen stehen für die Hoffnung, die die Angehörigen erfüllen soll. Am
Ende werden also sehr viele (an der Feier nehmen je ca. 150 Personen teil) Scherben abgelegt sein – Scherben, neben denen ein Licht flackert.
Zentral sind die Erlebnisberichte von betroffenen Eltern, die erzählen, wie sie
mit der Erfahrung des Verlustes eines Kindes umgegangen sind, was diese Erfahrung in ihnen ausgelöst hat, wie sie sich im Lauf der Zeit verändert hat. Diese
Mütter und Väter erzählen, wie sie durch die Trauer hindurch wieder Hoffnung
in sich spüren konnten und was ihnen Halt und Kraft zum Weiterleben gegeben
hat. Die Berichte der Eltern sind unterschiedlich, weil der Tod der Kinder unterschiedlich lange zurückliegt und weil jeder Todesfall und alle Bewältigungsmus-*

---

9   Vgl. www.verein-regenbogen.ch mit weiterführenden Literaturhinweisen (Zugang 20.11.2014).

ter unterschiedlich sind. Aber allen Berichten gemeinsam ist deren besondere Authentizität und Glaubwürdigkeit.

Manche Eltern kommen einmalig, andere, die ihr Kind schon vor einiger Zeit verloren haben, besuchen diese besonderen Erinnerungsfeiern seit Jahren regelmässig.

4.3 Weihnachtsfeiern auf der Bewachungsstation und in der Kinderklinik

In der inselinternen Gefängnisabteilung («Bewachungsstation») liegen Insassen aus verschiedenen Strafvollzugsanstalten der gesamten Schweiz. Wenn z. B. ein Straftäter aus einem Regionalgefängnis einen aufwendigen operativen Eingriff braucht, wird er in die Gefängnisabteilung des Inselspitals verlegt und dort behandelt. Für die Patienten und Patientinnen, die über Weihnachten in der Bewachungsstation hospitalisiert sind, bietet die Inselseelsorge zusammen mit der Heilsarmee einen Gottesdienst an. Die Häftlinge sitzen im Stuhlkreis in einem Therapieraum. Jene Patienten, die das Bett nicht verlassen können, werden im Krankenbett geholt; diese Betten werden hinter dem Stuhlkreis aufgestellt. Auch Aufsichtspersonal, Pflegende und Ärzte und Ärztinnen nehmen an der Feier teil. Die Musiker der Heilsarmee spielen weihnächtliche Musik; die Seelsorgenden lesen die Weihnachtsgeschichte und richten einen spirituellen Impuls an die Anwesenden. Der Gottesdienst wird nach Möglichkeit simultan übersetzt; im Anschluss gibt es Gebäck und ein kleines Geschenk.

Obwohl der Gottesdienst auf klassisch christliche Lieder, Texte und Gebete zurückgreift und die Teilnahme selbstverständlich freiwillig ist, nehmen oft alle derzeit Inhaftierte, und darunter oft auch nicht-christliche Patienten, daran teil. Vielleicht wegen der Abwechslung; vielleicht weil es gut tut, einfach einmal das Einer- oder Zweierzimmer zu verlassen. Vielleicht auch, weil die Geschichte von der Geburt in der Fremde, an die sich eine unfreiwillige Flucht in ein anderes Land anschliesst, etwas Tröstliches für die Anwesenden hat? Jedenfalls äussern viele Gefangene, die am Weihnachtsgottesdienst teilgenommen haben, anschliessend den Wunsch, mit einem Seelsorgenden ein persönliches Gespräch zu führen.

Auch die Feier am Heiligabend in der Kinderklinik wird von Kindern mit den unterschiedlichsten religiösen und kulturellen Hintergründen und deren Eltern besucht. Die Seelsorgerinnen der Kinderklinik bereiten die Feier vor. Am Nachmittag des Heiligen Abends kommen dann die Kinder zusammen mit ihren Eltern und Angehörigen in den Aufenthaltsraum der Klinik. Sie singen Weihnachtslieder, hören eine weihnächtliche Geschichte, es gibt eine kleine Bescherung. Die Pflegenden schätzen die Tradition dieses Gottesdienstes sehr; bringt sie doch für jene Kinder, die das Krankenhaus über die Feiertage nicht verlassen können, etwas Feierlichkeit in ihre derzeitige Lebenssituation. Diese Feier ist so beliebt, dass sie am Heiligen Abend zweimal durchgeführt wird.

4.4 Spezielle Feiern
Vereinzelt wird das Team der Seelsorgenden eingeladen, eine Feier in einem bestimmten Spitalkontext durchzuführen.

Als die neuen Räume der Abteilung Radiologie in Betrieb genommen werden, wird von Mitarbeitenden dieser Abteilung angeregt, eine Feier zur Einweihung dieser Räume durchzuführen. Die Seelsorge übernimmt die Koordination bei der inhaltlichen Konzeptionierung und Durchführung dieser Feier. Die Klinikleitung stellt die finanziellen Mittel zur Verfügung.

Zur Feier selbst lädt der Klinikchef ein; er begrüsst und hält eine kurze Ansprache. Im Mittelpunkt steht ein Durchgang durch die (mit Blumen, Kerzen und Bildern speziell geschmückten) neuen Räume. In jedem Raum liest ein Mitarbeiter, eine Mitarbeiterin der Abteilung einen Text vor, der von Mitarbeitenden mit muslimischem, hinduistischem oder christlichem Hintergrund formuliert wurde. Man stellt sich zum Beispiel die Frage, was ein Patient im Wartezimmer wohl für Ängste und Hoffnungen haben könnte, oder mit welcher Erfahrung eine Untersuchung im MRI wohl vergleichbar sei. Anschliessend können die Besuchenden ihre Gedanken, z. B. Wünsche und Erwartungen, auf vorbereitete Karten schreiben und in aufgestellten Gefässen deponieren. Ein Musiker spielt nach der Ansprache des Klinikchefs und während des Rundgangs. Zuletzt sind alle zum Apéro in den Klinikräumen eingeladen.

Ein solcher Anlass ist kein «Gottesdienst» im traditionellen Sinn. Dennoch könnte man die Wünsche und Erwartungen, die ausgesprochen werden, als Variationen von Gebeten deuten und die Anwesenheit des Seelsorgenden als spirituelles Signal. So nimmt die Seelsorge ihren Auftrag, für alle Mitarbeitenden, unabhängig von ihrer Konfession oder Religion da zu sein, als spezifisch seelsorgerliche Aufgabe wahr.

5. Regelmässige Gottesdienste

5.1 Wöchentlicher Gottesdienst: bisherige Form
Es gibt im Inselspital eine reformierte und eine katholische Kapelle – materieller Ausdruck der ursprünglich konfessionell getrennten Seelsorge. Von den 1990er Jahren an wurde die konfessionell getrennte Seelsorge zunehmend und konsequent ökumenisiert:[10] Die beiden Teams wurden unter einer Leitung zusammengelegt. Die Zuständigkeit der Seelsorgenden wurde nicht mehr nach Konfession, sondern – dem Aufbau des Spitals folgend – nach «Departementen» aufgeteilt. Seitdem besuchen die Seelsorgenden also nicht mehr die Patienten und Patientin-

---

10 Vgl. Plasch Spescha, Ökumenische Spitalseelsorge, in: Schweizerische Kirchenzeitung 42, 2009, 709–711 und 43, 2009, 726–732.

nen ihrer Konfession, sondern sie besuchen jene, die auf dem ihnen zugeteilten «Departement» behandelt werden.[11] Die Ökumenisierung fand auch in der Liturgie des Gottesdienstes ihren Niederschlag: Während bis dahin in den beiden Kapellen an jedem Sonntag je ein konfessioneller Gottesdienst gefeiert worden war, gibt es seitdem sonntags einen gemeinsamen, ökumenischen Gottesdienst in einer der beiden Kapellen, dem jeweils einer der acht Seelsorgenden vorsteht.

Die Gottesdienste werden über eine Mikrofonanlage in die Patientenzimmer übertragen, so dass die Patienten und Patientinnen den Gottesdienst über den Kopfhörer live im Zimmer mithören können. Manche nehmen die – im Vergleich zu den im Radio und Fernsehen ausgestrahlten Gottesdiensten – schlechtere technische Qualität in Kauf, weil es ihnen wichtig ist, mit dem Gottesdienst, der in der Spitalkapelle gefeiert wird, verbunden zu sein. Andere schätzen es, dass sie den Seelsorger, die Seelsorgerin, mit der sie in der vergangenen Zeit Gespräche geführt haben, nun auch in der Funktion des Predigers, der Predigerin erleben können.

Der Aufbau dieser Sonntagsgottesdienste entspricht in vielem den ökumenischen Feiern, wie sie auch sonst in den Gemeinden gefeiert werden. Besonders ist, dass jedes Mal am Anfang, nach Begrüssung und Eröffnungslied, vier Kerzen angezündet werden und dabei jeweils einer bestimmten Gruppe (Geheilte, Verstorbene, chronisch Kranke, Spitalmitarbeitende) gedacht wird. Diesem «Kerzenritual» schliesst sich ein Moment der Stille, in dem die Anwesenden auch an weitere Gebetsanliegen denken können.

Es folgen Gebet, Schriftlesung und Predigt. In der Auswahl des Bibeltextes sind die Liturgen und Liturginnen frei; oft halten sich die reformierten Seelsorgenden an die «Losungen» während die katholischen eine Lesung oder das Evangelium auswählen, welches die liturgische Ordnung für diesen Tag vorsieht.

Nach Orgelspiel, Fürbitten und Lied werden die Anwesenden zur gemeinsamen Agapefeier eingeladen (wer kann und möchte, stellt sich im Halbkreis um den Altartisch); alle beten das Vater Unser; anschliessend werden Brot und Traubensaft geteilt. Dankgebet, Mitteilungen, Orgelmusik und Segen schliessen den Gottesdienst ab. Dieser Aufbau ist allen Gottesdienstfeiern gemeinsam; ebenso die Bestimmung des Kollektenzwecks über ein Quartal hin sowie ein «Monatslied», das jeweils einen Monat lang in allen Inselgottesdiensten gesungen wird. Die Feier findet sonntags um 09.45 Uhr statt und dauert 40–50 Minuten; oft nutzen Teilnehmende die Gelegenheit, um hinterher mit dem Seelsorger, der Seelsorgerin zu sprechen oder ein Gespräch zu verabreden.

---

11 Die Organisationsform «Departement» orientiert sich an Körperregionen bzw. Krankheiten, z. B. steht «DURN» für «Departement für Urologie, Rheumatologie und Nephrologie» oder werden im «DOLS» Onkologiepatientinnen und -Patienten behandelt.

Wegen der geringen Besuchszahl hat dieser Gottesdienst in der letzten Zeit zu einer internen Diskussion innerhalb des Seelsorgeteams geführt. Die Diskussion entzündete sich vor allem an folgenden Fragen:

Wie wichtig ist die Anzahl der Teilnehmenden am Gottesdienst? Ist Quantität hier ein relevantes Kriterium? Die Teilnahme am Sonntagsgottesdienst war in den letzten Jahren gering. Zeigt nun die geringe Teilnahme Änderungsbedarf an; oder besteht die widerständige Dimension des Glaubens auch darin, dass sie sich dem Leistungsdruck «Erhöhung der Teilnehmerzahl» gerade nicht unterwirft?

Ist der Wochentag diskutabel? Könnte man den wöchentlichen Gottesdienst im Krankenhaus auch an einem Werktag feiern? Hier wurde einerseits geltend gemacht, dass die christliche Tradition am Sonntag Gottesdienst feiert und wir als christliche Seelsorgende in dieser Tradition stehen (wollen). Andererseits argumentierte man, dass dies zwar für Gemeindegottesdienste gelte; für das Krankenhaus jedoch sei der krankenhausinterne Rhythmus die wichtigere Referenzgrösse. Deshalb sei hier zu fragen: An welchem Tag und zu welcher Uhrzeit können Patienten und Patientinnen am ehesten an einer solchen Feier teilnehmen?

Muss der Gottesdienst eine liturgische Feier sein? Wäre zum Beispiel ein monatlich stattfindendes Konzert, evtl. ergänzt durch einen spirituellen Impuls durch die Seelsorgenden, ein adäquateres, attraktiveres Angebot in einem Spital? Hintergrund ist die Erfahrung, dass an jenen Konzerten zum Beispiel eines Gospelchors, die in den Inselkapellen durchgeführt wurden, die Teilnehmenden offensichtlich tief berührt und ergriffen waren – durchaus eine Erfahrung des tröstlichen, göttlichen Geheimnisses. Käme eine solche Form nicht auch der zunehmend multireligiösen Herkunft der Patienten und Mitarbeitenden im Universitätsspital entgegen?

Wenn die Kernaufgabe der Seelsorge im Spital in der Begleitung von Menschen in Krisensituationen besteht – wie viel Zeit und Ressourcen dürfen Seelsorgende dann in die Vorbereitung und Durchführung von Gottesdiensten investieren? Geht diese Aufgabe zulasten der (wichtigeren?) Seelsorge? Oder ist gerade umgekehrt der Gottesdienst Ausdruck und Manifestation gelungener Seelsorge?

5.2 Leitlinien

Am (vorläufigen) Ende eines langen, intensiv geführten Teamprozesses sind für uns als Co-Leiter der Seelsorge im Inselspital folgende Aspekte entscheidend:

Der Gottesdienst im Inselspital ist *Spital*gottesdienst; er steht im Dienst der Patientinnen und Patienten, der Angehörigen und Mitarbeitenden. Ihre Erfahrungen und Fragen im Kontext von Krankheit, Leiden, Gesundheit und Heilung stehen im Mittelpunkt. Denn Liturgie und Diakonie gehören zusammen; die liturgische Feier und der Gottesdienst des Lebens (vgl. Röm 12,1) sind aufeinander verwiesen.[12]

Der Gottesdienst soll für die Menschen im Spital eine «Unterbrechung» des Spitalalltags ermöglichen, so dass er neben der Spitalroutine, den klinischen Abläufen ein anderes, den Spitalkontext sprengendes Thema einbringt. Hier können Patientinnen Gesang, Gebet, Stille erfahren; hier knüpfen sie an andere Traditionen und Geschichten an; hier wird eine andere Sprache gesprochen.

Gleichzeitig steht der Gottesdienst in einem wesentlichen Bezug zum Spital: Er wird weiterhin in die Patientenzimmer übertragen; Patienten im Rollstuhl oder Spitalbett, die dies wünschen, werden zur Kapelle gebracht.

Gelingende Kommunikation, die Ermöglichung von Gemeinschaftserfahrung wie auch der Anspruch, dass der Gottesdienst im Spitalkontext ein öffentliches Signal der Unterbrechung einbringt, setzt eine gewisse Anzahl Teilnehmende voraus: Wir streben eine regelmässige Teilnahme von mindestens zehn Teilnehmenden[13] an.

Der Gottesdienst ist der jüdisch-christlichen Tradition verpflichtet; er lebt aus den biblischen Texten des Ersten und Zweiten Testaments; er bezieht sich auf den sonntäglichen Gottesdienst, der in der Kirche gefeiert wird. Insofern steht er in der Tradition der «pastoral care»; er ist nicht Ausdruck von allgemeiner spiritueller, sondern von explizit religiöser Kommunikation.[14]

Der Gottesdienst ist nicht nur Konzert oder literarische Lesung, sondern er ist *religiöse* Feier. Sie greift den religiösen Code, die Unterscheidung von Immanenz und Transzendenz, auf, und ermöglicht so eine andere, neue Perspektive auf Krankheit und Gesundheit, auf die Welt hin.[15]

Der Gottesdienst muss den Gegebenheiten des Spitals gerecht werden und darf sich deshalb vom Modell des Gemeindegottesdienstes unterscheiden. Der Spitalgottesdienst muss z. B. nicht am Sonntag stattfinden, wenn sich zeigt, dass Patienten am Werktag besser teilnehmen können. Andererseits soll er sprachlich und thematisch so gestaltet sein, dass sich auch Menschen ohne kirchliche Gottesdiensterfahrung gut zurechtfinden und angesprochen fühlen.

---

12 Vgl. Gunda Brüske, Liturgie und Ethik, Schweizerische Kirchenzeitung 35, 2013, 519–522.

13 Bei dieser Anzahl orientieren wir uns am «Minjan» (hebräisch: מנין), welches in liberalen Gemeinschaften des Judentums das Quorum von zehn oder mehr im religiösen Sinne mündigen Juden und Jüdinnen meint. Dies ist nötig, um einen vollständigen Gottesdienst abzuhalten.

14 Vgl. Armin Nassehi, Spiritualität. Ein soziologischer Versuch, in: Eckhard Frick / Traugott Roser (Hg.), Spiritualität und Medizin. Gemeinsame Sorge für den kranken Menschen, Stuttgart 2009, 35–44.

15 Vgl. Karle, Perspektiven (Anm. 3), 543.

5.3 Wöchentlicher Gottesdienst: Neugestaltung

Entsprechend diesen Leitlinien sind für die Zukunft folgende Änderungen vorgesehen: Der Gottesdienst im Inselspital wird nicht mehr sonntags, sondern werktags gefeiert. Jeden Mittwoch wird um 13.00 Uhr (nach dem Mittagessen, vor der Besuchszeit durch Angehörige) eine kurze, etwa halbstündige Feier in einer der beiden Inselkapellen angeboten. Dadurch soll es mehr Patientinnen möglich werden, an diesem Gottesdienst teilzunehmen. Liturgisch wird – wie bisher – jeweils ein Mitglied des ökumenischen Seelsorgeteams der Feier voranstehen. Auf eine klassische Predigt und auf die Agapefeier wird verzichtet. Im Zentrum soll ein kurzer Impuls stehen; daneben gibt es Musik, Gebet und Stille. Die schon bestehende Gruppe des französischsprachigen Besuchsdienstes wird eingebunden, indem deren Mitglieder die französischsprachigen Patienten und Patientinnen auf das Angebot dieses Gottesdienstes hinweisen und sie zur Teilnahme einladen. Texte werden nicht nur auf Deutsch, sondern auch auf Französisch gelesen, um so den französischsprachigen Patienten im Universitätsspital, das an der Sprachgrenze liegt, ein «Stück Heimat» zu vermitteln.

Diese neue Form des Gottesdienstes soll sich noch weniger als bisher am sonntäglichen Gemeindegottesdienst anlehnen und noch mehr als bisher ein spezifischer *Spital*gottesdienst sein. Die Patienten und Patientinnen mit ihrer gegenwärtigen Lebenswirklichkeit stehen inhaltlich im Mittelpunkt; ihren Möglichkeiten und Grenzen wird auch durch die zeitliche Rahmung Rechnung getragen. Zudem wird der Gottesdienst mit der Einbindung der Freiwilligen auf eine breitere Basis von Mitwirkenden gestellt. Besonders geglückt ist dieses Anliegen, wenn die Freiwilligen nebst liturgischer Beteiligung auch ihre Erfahrungen in den Gottesdienst einbringen können und den Gottesdienst auch in ihrem eigenen Verständnis mittragen.

6. Gottesdienstliche Gastfreundschaft

Bisher haben wir Gottesdienste vorgestellt, die von den Seelsorgenden des Inselspitals (mit-)gefeiert werden. Daneben gibt es im Inselspital auch gottesdienstliche Feiern, denen andere Liturgen vorstehen.

Am Inselspital geniessen die rumänisch-orthodoxe und die griechisch-orthodoxe Gemeinde Gastrecht: Die Griechisch-Orthodoxen feiern einmal im Monat, die Rumänisch-Orthodoxen zweimal im Monat Gottesdienst in einer der beiden Inselkapellen. Ikonen werden aufgestellt, Weihrauch wird entzündet; die sonoren Gesänge der orthodoxen Kantoren erfüllen den Raum.

Manchmal werden wir von nicht-christlichen, z. B. muslimischen Angehörigen, gefragt, ob wir die Kapelle für eine Abschiedsfeier zur Verfügung stellen. Das ist gut möglich unter den gleichen Voraussetzungen, die auch für Anfragen von christlichen Angehörigen gelten: Wenn keine Vernetzung mit einer Organisation im Raum Bern besteht (z. B. weil der verstorbene Patient ein Tourist aus dem

Ausland war), können wir die Kapellen für solche Zwecke zur Verfügung stellen. Falls den nicht-christlichen Angehörigen die christliche Kapelle jedoch nicht angemessen erscheint, empfehlen wir die religiös und konfessionell neutral gestalteten «Räume der Stille» im Inselspital.

Eine junge Frau aus Taiwan verunglückt bei einem River-Rafting-Unglück im Berner Oberland so schwer, dass sie an den Folgen der Verletzungen verstirbt. Die aus Taiwan, Kanada und England angereisten Angehörigen, die alle noch nie in der Schweiz waren und keine der hiesigen Landessprachen beherrschen, sind sehr dankbar, dass ein Mitglied des Seelsorgeteams sich um sie kümmert. Unter anderem stellt es im Sinn der interreligiösen Triage den Kontakt zu einer buddhistischen Nonne in Genf her. Diese feiert ein Abschiedsritual, zu dem auch die Polizeibeamten, die den Unfall untersucht hatten, die Pflegenden und Ärzte aus der Intensivstation sowie der Seelsorger eingeladen sind. Für das buddhistische Ritual wird der relativ grosse «Raum der Stille» in der Frauenklinik reserviert und passend eingerichtet. Ein stufenförmiger Tisch bietet Platz für Blumen und Esswaren, die im Ritual eingesetzt werden. Auf dem Boden gibt es Halterungen für Räucherstäbchen; ein Foto der Verstorbenen steht auf einer Staffelei. Den Angehörigen erscheinen die beiden Kapellen dafür nicht angemessen; im Raum der Stille aber erleben sie während der Abschiedsfeier ein Stück weit Vertrautheit in der fremden Umgebung, in der sie von der jungen Frau Abschied nehmen müssen.

7. Schlussbemerkung

Der Gottesdienst im Krankenhaus spiegelt die besondere Rolle der Spitalseelsorge wider: Diese ist nicht einfach ein von aussen kommendes und aussen bleibendes «Anderes», sondern sie ist einbezogen und verschränkt mit der Umgebung, in der sie angesiedelt ist. Sie inszeniert sich nicht als unabhängig, sondern sucht den Anschluss an die Institution. Sie nutzt die Räume und Gefässe der Institution und berücksichtigt die in der Institution geltenden Regeln und Abläufe.

So ist auch der Spitalgottesdienst klar eingebettet in die Welt des Krankenhauses; er bezieht sich auf die Situation von Patienten und Patientinnen, Angehörigen und Spitalmitarbeitenden. Ohne diesen «Sitz im Leben» gäbe es ihn gar nicht. Spitalgottesdienste entstehen spontan am Krankenbett, wenn ein Patient um den Segen vor einer bevorstehenden Operation bittet. In Spitalgottesdiensten werden frühgeborene Kinder getauft und in Spitalgottesdiensten gedenken Angehörige ihrer verstorbener Patienten und Patientinnen. Spitalmitarbeitende kommen in der Kapelle des Krankenhauses zusammen, um von verstorbenen Kolleginnen und Kollegen Abschied zu nehmen. Menschen, die die Feiertage im Krankenhaus verbringen müssen, feiern im Spitalgottesdienst Weihnachten und Ostern.

Trotz dieser institutionellen Einbettung und Identität durchbricht die Seelsorge den Spitalalltag mit seinen innewohnenden Regeln und Abläufen: Sie spricht eine andere Sprache als die im Spital sonst herrschende Sprache; sie stellt andere Themen und Interpretationen zur Verfügung. Der Patient erhält von der Seelsorgerin keine Diagnose, sondern erzählt ihr seine Geschichte; mit ihr zusammen schweigt, betet und klagt er. Vielleicht stellt sie ihm ein Bild, eine Geschichte zur Verfügung: Wie haben andere solche Situationen gedeutet? Welche Interpretation will der Patient übernehmen, welche weist er zurück?

Auch der Gottesdienst ist keine medizinische oder therapeutische Massnahme. Er ist ein Angebot, das der Patient, die Angehörige wahrnimmt, um ihrer Situation einen symbolischen Ausdruck zu verleihen. Und gerade durch diese symbolische Vergegenwärtigung geschieht etwas Neues: Der Gottesdienst spricht nicht nur über Klage, Bitte, Dank, Gemeinschaft, Segen, sondern in ihm erleben die Feiernden Klage, Bitte, Dank, Gemeinschaft, Segen.

Die Seelsorge kommt von der Kirche her; die Seelsorgenden sind Theologinnen und Theologen. Sie nimmt indes wahr, dass sie von einer konfessionell und religiös vielschichtigen Welt umgeben ist. Sie pflegt keinen Binnenraum, sondern setzt sich den Erfahrungen und Hintergründen der Patienten und Angehörigen aus und lässt sich davon anregen. Seelsorge spricht eine religiöse, ökumenisch offene Sprache und ist fähig, vom eigenen Standpunkt aus authentisch die (andere) Tradition und Sprache des Gegenübers aufzunehmen.

So stehen auch dem Gottesdienst biblische Texte und das Gebets- und Liedgut der Kirche zur Verfügung. Mit diesen «Instrumenten» wendet er sich der individuellen Situation zu und gestaltet ein angepasstes liturgisches Angebot. Die Fokussierung auf die konkrete Situation und die Flexibilität in der Gestaltung eröffnen einen grossen Freiraum. Das macht die Aufgabe, Gottesdienste im Spital zu feiern, anspruchsvoll und einfach, herausfordernd und befriedigend zugleich.

Auf die Mitte hin: Gottesdienst feiern im Kontext einer psychiatrischen Klinik

Barbara von Sauberzweig

Einleitung

Moderne Psychiatrie und Psychotherapie, wie sie heute in psychiatrischen Kliniken praktiziert werden, sind in einem Klima entstanden, in dem naturwissenschaftliches Denken vorherrschte. Nachprüfbares Wissen, gewonnen aus Experimenten, stand im Vordergrund. Demgegenüber erschien der Glaube als eine eher untergeordnete Art menschlichen Verhaltens, die möglichst durch Wissen ersetzt werden sollte. Die Seele galt lediglich als ein Steuerungsorgan des Körpers, während die Religion dagegen als eine nicht immer behandelbare «Restneurose» verstanden wurde. So entstand ein Spannungsverhältnis zwischen Theologie und Psychiatrie/Psychotherapie.

Dieses Verhältnis hat sich in den letzten Jahren glücklicherweise entspannt. Heute herrscht weitgehend Einigkeit darüber, dass sich das ärztliche, psychotherapeutische und seelsorgerische Angebot in einer psychiatrischen Klinik sehr gut ergänzen und alle Angebote zur Heilung und dem Wohl der Patientinnen und Patienten beitragen. Denn gerade in der Krise verspüren viele Patientinnen und Patienten das Bedürfnis nach Überschreiten der Krankheitsgrenze nach innen zur Mitte, in einen heiligen Raum, der sie entlastet und trägt.

Anders als medizinische Fachpersonen kann die Seelsorge nebst Gesprächen auch mit Ritualen, Gebeten, Liedern und dem Gottesdienst als liturgischem Gesamtkunstwerk den innerlich zerrissenen und verwundeten Menschen auf seinem Weg zur inneren Mitte begleiten. Dabei spielt der sonntägliche Gottesdienst eine besonders wichtige Rolle, die im folgenden Artikel aus verschiedenen Blickwinkeln beleuchtet werden soll. Wie später erläutert, stellt das Ökumenische Zentrum der Universitären Psychiatrischen Kliniken (UPK) mit seiner Stiftung als «spiritueller Raum» eine Besonderheit unter den schweizerischen psychiatrischen Kliniken dar, weshalb sich gewisse Aspekte rund um den Gottesdienst auch nur auf das Beispiel der UPK beziehen lassen.[1]

---

1 An dieser Stelle danke ich auch den Patientinnen und Patienten, den medizinischen Fachpersonen und meinem Vorgänger Pfarrer Erwin Anderegg herzlich für die Interviews, die ich mit ihnen im Hinblick auf diesen Artikel führen durfte. Durch ihre Aussagen hat sich für mich selbst die Bedeutung des Gottesdienstes in einer psychiatrischen Klinik in vielerlei Hinsicht erweitert und vertieft.

Die psychiatrische Klinik als Kontext des Gottesdienstes[2]

Kurze geschichtliche Entwicklung der UPK Basel
Der Bereich der Psychiatrie hat sich wie die gesamte Humanmedizin in den letzten Jahren stark verändert. Aus einer Versorgungseinrichtung mit teilweise mehr als 600 Betten entwickelten sich die ehemaligen «Anstalten» zu modernen psychiatrischen Kliniken.

So geschah es auch in Basel: Aus der ehemals im Jahre 1886 eröffneten «Irrenanstalt Friedmatt», die als erste Anstalt in der Schweiz in einem Pavillonsystem erbaut wurde, entwickelte sich bis heute eine hochspezialisierte psychiatrische Universitätsklinik.

Wichtige Etappen in dieser Entwicklung stellte 1953 die Einführung der Neuroleptika dar, mit denen man Angst- und Spannungszustände behandeln konnte. 1956 wurden die Psychopharmaka eingeführt, die in der Behandlung von Depressionen eingesetzt werden. Zudem wurde in diesen Jahren auch die Mauer niedergerissen, die das gesamte Klinikareal umfasste. Damit wurde auch die äusserliche Abschottung und Abgrenzung der psychisch leidenden Menschen aufgehoben.

Unter der Klinikleitung von Prof. Dr. Paul Kielholz entwickelte sich Basel in den 60er Jahren zu einem Zentrum internationaler Depressionsforschung. Zu diesem Zeitpunkt wurde die Klinik in «Psychiatrische Universitätsklinik PUK Basel» umbenannt, um damit die wissenschaftliche Forschung und Ausrichtung der Klinik zu unterstreichen.

Ebenso wurden unzählige psychotherapeutische Formen und Behandlungsmöglichkeiten stark weiterentwickelt. Im Verlaufe der Psychiatriereform der 1990er-Jahre wurde der Personalbestand erweitert, um diese therapeutischen Behandlungsstrategien auszubauen, wobei gleichzeitig die Bettenzahl reduziert wurde. Auch wurde neben den eigentlichen Psychotherapien und den medikamentösen Behandlungen die Soziotherapie mit ihren erfolgreichen Techniken zur Alltagsbewältigung eingeführt. Infolge der Entwicklung dieser Behandlungsmöglichkeiten reduzierte sich die Aufenthaltsdauer der Patientinnen und Patienten in einer Klinik über die Jahre enorm.

Mit der Verselbständigung der staatlichen Spitäler in Basel begann ab 1. Januar 2012 auch die Umwandlung der Psychiatrischen Uniklinik Basel in eine neue öffentlich-rechtliche Organisation. Gleichzeitig beeinflussen Faktoren wie die neue Spitalfinanzierung und die freie Spitalwahl die Ausrichtung der Klinik, weil damit der Wettbewerb der verschiedenen Institutionen im Gesundheitswesen ermöglicht wird.

---

2   Zur Seelsorge in der Psychiatrie allgemein siehe bspw. Doris Nauer, Kirchliche Seelsorgerinnen und Seelsorger im psychiatrischen Krankenhaus?, Münster 1999.

Zu den «Universitären Psychiatrischen Kliniken UPK Basel» gehören heute die stationäre, die teilstationäre und die ambulante Erwachsenenpsychiatrie EPK, die Kinder- und Jugendpsychiatrische Klinik KJPK, die forensische Klinik FPK und die Privatklinik PK. Zudem ergänzt die geschützte Werkstätte Spektrum das Angebot der Klinik.[3]

Die psychiatrische Klinik als Schutz- und Heilungsort
Welche diagnostische Bezeichnung das seelische Leiden auch immer trägt, meistens reisst die psychische Krise in vielen Patientinnen und Patienten nicht nur viele seelische Wunden auf, sondern geht oft mit einer tiefen Sinnkrise einher. Plötzlich geht es nicht mehr so weiter wie bisher. Nie geahnte Abgründe tun sich auf. Dunkle Gedanken kreisen unablässig im Kopf, verhindern den erholsamen Schlaf. Die Verzweiflung lässt keinen Ausweg mehr erkennen. Das unablässige Kämpfen macht die Menschen im wahrsten Sinne des Wortes lebensmüde. Plötzlich ist den Betroffenen alles, was ihnen bisher als selbstverständlich und normal galt, «ver-rückt». Man versteht die Welt nicht mehr, und wird selbst von der Umwelt nicht mehr verstanden.

Es gibt immer wieder Menschen, die in diesen seelischen Strudeln beinahe zu versinken drohen. Aber gerade in diesem seelischen Absturz kommt manchmal etwas in Bewegung, das zu einer entscheidenden Weg- und Selbstfindung aus der Krise führt. Einige schilderten dieses Erleben als «Wendepunkt» ihres Lebens oder als eine ganz besondere «Gotteserfahrung».

Die meisten Patientinnen und Patienten sind freiwillig in der Klinik, da sie in der Krise den Schutz und die professionelle medizinische und therapeutische Behandlung brauchen. Daneben gibt es einige Menschen, die sich aufgrund einer FU (Fürsorgerische Unterbringung) in der Klinik aufhalten und nicht freiwillig eingetreten sind.

Bei einer grossen Zahl von seelischem Leid Betroffenen sind die Abstürze nicht so abgrundtief. Sie sind freiwillig in die Klinik eingetreten. Neben den eigenen psychischen Ressourcen gibt es im Umfeld gute Stützen, die Orientierung und Halt geben: ambulante psychiatrische Hilfe, therapeutische Begleitung, ein verlässliches soziales Umfeld, geschützte Arbeitsplätze. Das alles trägt dazu bei, dass sie lernen, mit diesen unberechenbaren Abgründen auf die Dauer selbstverantwortlich umzugehen und sie ins eigene Leben zu integrieren.

Auf verschiedenen Abteilungen, die ganz bestimmten Zentren zugeordnet werden, können sich heute Patientinnen und Patienten stationär, teilstationär und ambulant behandeln lassen, sofern eine Hospitalisierung aufgrund eines seelischen Leidens angezeigt ist. In der Erwachsenenpsychiatrie werden die unterschiedlichsten Erkrankungen behandelt: Abhängigkeitserkrankungen, Psychosen,

---

3 www.upkbs.ch (Zugang 01.11.2014).

Schizophrenien, Ängste, Phobien, Zwänge, Depressionen, Bipolare Störungen, Burnout, Essstörungen, Persönlichkeitsstörungen, Schlafstörungen, Glücksspiel-, Internet-, Sex- und Kaufsucht usw. Zur UPK Basel gehören auch die Alterspsychiatrie und die Forensik. Letztere befasst sich mit juristisch relevanten Auswirkungen psychischer Störungen.

Der Gottesdienst

Ökumenisches Zentrum
Der Gottesdienst in der UPK Basel findet im «Ökumenischen Zentrum» statt, dessen Gründungsgeschichte und Existenz im Vergleich zu allen anderen psychiatrischen Kliniken in der Schweiz einmalig ist. Im August 1973 wurde das Ökumenische Zentrum der Universitären Psychiatrischen Kliniken im Herzen der Klinik, auf dem heutigen Zentralplatz, eingeweiht. Gebaut wurde es in der Mitte der symmetrisch angelegten Klinikanlage, zwischen dem Männer- und dem Frauentrakt.

In den Jahren davor stand der Hörsaal der Klinik für die Gottesdienste der beiden Konfessionen zur Verfügung. Der Raum lag für behinderte Patientinnen und Patienten äusserst ungünstig, war er doch nur über eine steile Treppe erreichbar. Zudem war er meistens durch andere Veranstaltungen belegt. Ende der 60er Jahre wurde im Wissen darum die Schaffung geeigneter Räume für den Gottesdienst in das Bauprogramm der Klinik aufgenommen.

So begeisterten sich viele engagierte Menschen, denen Seelsorge in der Psychiatrie und gelebte Ökumene ein Anliegen waren, für die Idee des damaligen reformierten Seelsorgers der Klinik, Pfarrer Erwin Anderegg. Sie wollten die Dinge selbst in die Hand nehmen, um unbürokratisch einen juristisch provisorischen Ort des Gottesdienstes, der Seelsorge und der Begegnung innerhalb der Klinik zu schaffen. Diese engagierten Menschen schafften es tatsächlich, innert kürzester Zeit, die erforderliche Bausumme aufzubringen und ein «Provisorium» durch den Architekten Rainer Senn zu erstellen. Viele standen hinter dem Projekt: die Klinikleitung, die Aufsichtskommission, der Gesamtregierungsrat, das Bau- und das Sanitätsdepartement, der evangelisch-reformierte Kirchenrat, der Vorstand der römisch-katholischen Kirche.[4]

Ende März 2006 ist das Ökumenische Zentrum ins Gebäude L umgezogen, wo es nun seinen definitiven Standort gefunden hat. Der Architekt Lorenzo Guetg hat aus den Räumlichkeiten einer ehemaligen Patientenabteilung einen grossen und schonen spirituellen Raum gestaltet. Nebst dem Andachtsraum befinden sich im Parterre die «Bibliothek für alle», ein Angebot für Patientinnen und Patienten, Mitarbeitende und alle Interessierten, und die Räumlichkeiten der Seelsorgerinnen.

---

4   Festschrift zum 30-jährigen Jubiläum des Ökumenischen Zentrums PUK, August 2003.

Zum Ökumenischen Zentrum gehört eine Stiftung. Als beim Bau des Zentrums etwas Geld übrig blieb, wurde dieses in die neu gegründete «Stiftung für das Ökumenische Zentrum» überführt. Der Stiftungsrat, gegründet 1975, sorgt seither laut Statuten «für die Unterstützung von Veranstaltungen im Interesse der Patientinnen und Patienten und die Verwaltung des Stiftungskapitals». Die gute Durchmischung von Stiftungsratsmitgliedern von innerhalb und ausserhalb der Klinik ermöglicht ein gemeinsames Tragen des Zentrums mit seinen vielseitigen Anliegen, die sich vor allem in kulturellen Veranstaltungen im Rahmen des «BeKuMi»-Programms – Begegnung und Kultur am Mittwoch – widerspiegeln.

Raum
Die sehr gelungene Gestaltung des Raumes im Ökumenischen Zentrum trägt zum Erleben des Gottesdienstes bei. Ein Raum bedeutet mehr als seine vier Wände, die ihn begrenzen. Ein Raum lebt. Er hat eine Seele, die Begrenzungen aufheben kann. Dies war auch unsere Erfahrung, als wir Seelsorgerinnen in diesen neuen Raum zogen. Trotz seiner Ästhetik war der Raum noch nicht «beseelt». Es fehlte ihm an Menschen, die ihre Geschichte in diesen Raum einbringen. Es fehlte das Lachen, die Tränen, die Ängste, die Hoffnungen und die Gebete, die an diesen Raum gebunden werden und seine Grenzen übersteigen sollen. Es fehlte das Erlebnis der Bewegung im Raum und das Erleben der Lichtführung durch den Raum.

«Hier finde ich Ruhe», hören wir oft von regelmässigen Besucherinnen und Besuchern des Raumes. Und: «Die strenge Anordnung der Fenster gibt mir Halt, wenn das Chaos mich zu überwältigen droht. Der Blick ins Grüne beruhigt mich.»

Der Raum lädt zum Entdecken ein. Es gibt «Lieblingsorte» im Raum: Eine Besucherin sucht stets Schutz in einer unbeobachteten Ecke. Eine andere Frau setzt sich andächtig vor das Fresko-Bild der Heiligen Familie von Hans Stocker. Einen Besucher zieht es jeweils in den kleineren Raum der Stille, der ihm Geborgenheit schenkt. Manche kommen, um sich ihre innere Verfassung auf dem Klavier von der Seele zu spielen, oder zum Singen und Musizieren.

Obwohl der Raum bewusst auf eine Mitte hin konzipiert ist – die Mitte des Bodenparketts entspricht der Mitte der Deckenlampenspirale –, öffnet er sich durch seine vielen Fenster nach aussen. Besucherinnen und Besucher, die sich von der Spirale der Deckenlampen leiten lassen, entdecken dort einen Weg zur Mitte oder von der Mitte zum Rand. Auch hier fliessen Innenschau und Aussenschau ineinander über und durchbrechen Grenzen.

Den Gottesdienstraum in einer psychiatrischen Klinik auf die Mitte hin zu gestalten, ist durchaus sinnvoll. Nicht nur der religiöse Weg ist ein Weg der Suche und der Erfahrung auf eine Mitte hin, sondern es gehört auch zu den Kernaufgaben einer psychiatrischen Klinik und in ihr besonders auch zur Seelsorge, dass sie seelisch tiefverletzte Menschen darin unterstützt, wieder zu ihrer eigenen Mitte zu finden.

Wie wichtig dieses Raumerleben ist, beschreibt eine Patientin mit folgenden Worten: «Im Gottesdienst ist für mich auch dieses Raumgefühl sehr wichtig. Die Geborgenheit des Raumes, das Licht und die Lichtführung, seine Betonung auf die Mitte hin beeinflussen mich in meinem Gottesdiensterlebnis.»

Eine andere Besucherin des Ökumenischen Zentrums beschreibt den Raum als einen «Licht-Ort». Sie sagt: «Mit dem Ökumenischen Zentrum verbinde ich Licht, Helligkeit und Luft. Besonders eindrücklich erlebe ich den Kontrast zwischen dem üppigen Grün des Parks und der lichtdurchflutenden Helligkeit des Zentrums. Der Kontrast bewirkt ein Mischlicht von ‹grün-weiss›. Die Leichtigkeit des ‹luftigen› Raums lässt mich Atem holen. Der Innenraum des Zentrums bietet mir die Möglichkeit, überall zu sein. Das ‹Wohlsein› betrifft den ganzen Raum. Als besonders wohltuend erlebe ich die Ordnung im Zentrum, gerade angesichts eines weitverbreiteten Chaos in der Klinik. Wer das Zentrum betritt, bleibt nicht Betrachterin oder Betrachter. Er wird erlebend berührt durch die Wirkung, die der Raum ausstrahlt. Sobald ich den Raum betrete, werden die Töne leiser. Ganz besonders im Raum der Stille beginnt eine ‹leise Stimme des Lichts› zu reden. Diesen Ort erlebe ich als ‹Licht-Raum› und ‹Heiliger Raum›. Das Licht berührt mich.»

Ein anderer Patient beschreibt das Ökumenische Zentrum als offenen und kommunikativen Ort und meint offenbar auch die von der Seelsorge und der «Bibliothek für Alle» mitgetragenen kulturellen und religiösen Veranstaltungen: «Ich erlebe das Ökumenische Zentrum als einen offenen Ort. Die Schwellenängste, den Raum zu betreten, sind nicht mehr so gross. Das heisst, man muss nicht ‹religiös› sein, um sich im Zentrum ‹Willkommen› zu fühlen. Das Angebot des Zentrums erlebe ich als kreativ und kommunikativ. Ich spüre als Besucher, dass ich Wertschätzung erfahre und werde von der dort herrschenden Lebenslust angesteckt.»

Zeit

Der Gottesdienst in den UPK Basel findet jeden Sonntag um 10.00 Uhr statt. Der Gottesdienstbesuch von Patientinnen und Patienten ist beeinflusst von Abläufen in der Klinik und auf den Abteilungen. So gibt es Abteilungen, die am Sonntagvormittag einen Brunch oder andere Gruppenaktivitäten organisieren, welche die Gottesdienstzeit «konkurrieren».

Wie in allen Spitälern ist der Personalbestand in der Klinik am Wochenende reduziert. Das hat grossen Einfluss auf diejenigen Patientinnen und Patienten, die aus Krankheitsgründen begleitet werden müssen. So kann es vorkommen, dass der Wunsch einiger Betroffener, den Gottesdienst besuchen zu können, nicht immer erfüllt werden kann. Die Begleitung durch freiwillige Personen scheitert an der rechtlichen Zuständigkeit der Begleitpersonen (Suizid- und Fluchtgefahr!).

Ökumene

Menschen, die sich aufgrund einer psychischen Erkrankung über kürzere oder längere Zeit in einer psychiatrischen Klinik befinden, leiden unter unerträglichen Spannungen, Krisen, Spaltungen und Schicksalsschlägen. Glaube und Religion sollten solche Spaltungen an diesem Ort nicht durch konfessionelle und religiöse Spannungen verstärken. «In einem solchen Spital wächst deshalb Ökumene aus der Tiefe des Leidens empor; sie ist nicht einfach Ausdruck von Beschlüssen oder Nichtbeschlüssen oberster kirchlicher Gremien, sondern Ausdruck der Sehnsucht nach Eins-Werden, die nach Erfüllung schreit», so Erwin Anderegg im Gespräch.

Ökumene heisst also nicht das Trennende zu kultivieren, sondern die gemeinsame Suche der Menschen nach «Ganz-Werden» zu betonen. Zu dieser Suche gehört alles, was zu einer Heilung beiträgt, sie schützt und fördert. Ausdruck dieser gelebten Ökumene sind die sonntäglichen Gottesdienste, die alternierend von der reformierten und der katholischen Seelsorgerin in einem ökumenischen Geist gefeiert werden. Alle Menschen, unbesehen ihrer konfessionellen und religiösen Angehörigkeit, sind dazu eingeladen und nehmen daran teil. So kommt es auch öfters vor, dass muslimische, hinduistische und buddhistische Patientinnen und Patienten den Gottesdienst besuchen. Regelmässig im Jahr finden auch ökumenische Gottesdienste, wie beispielsweise Salbungsgottesdienste, statt, welche die beiden Seelsorgerinnen der UPK zusammen leiten.

Gottesdienstbesucherinnen und Gottesdienstbesucher

Den Gottesdienst in der Klinik besuchen einerseits Patientinnen und Patienten, die akut in der Klinik weilen. Obwohl ein Gottesdienstplan auf jeder Abteilung aushängt, ist die Besucherzahl auch davon abhängig, wie das Personal – insbesondere die Mitarbeitenden der Pflege – einen Gottesdienstbesuch unterstützen. Dabei hängt das «Aufmerksam-Machen» oft von der persönlichen Einstellung des Personals zur Kirche, zur Spiritualität, zu religiösen Erfahrungen und vom Interesse der Mitarbeitenden am Thema Religion ab. Es fällt auf, dass oftmals die gleichen Mitarbeitenden als Begleitung von Patientinnen und Patienten eingesetzt werden. Diese sind in der Regel religiösen und spirituellen Themen gegenüber offen und interessiert.

Patientinnen und Patienten, die infolge einer FU in der Klinik weilen oder auf einer der forensischen Abteilungen untergebracht sind, dürfen je nachdem nicht oder nur nach Bewilligung und in Begleitung von Personen, die rechtlich dazu befugt sind, den Gottesdienst besuchen.

Der Gottesdienst in der Klinik wird auch von vielen ehemaligen Patientinnen und Patienten besucht. Hierin macht sich der «Dorfcharakter» der Klinik bemerkbar. Im Gottesdienst und im Klinikcafé bietet sich die Gelegenheit, sich mit ehemaligen Weggefährten und Schicksalsgenossinnen zu treffen und auszutauschen.

Der Gottesdienst in der UPK ist öffentlich und wird auch in der allgemeinen und kirchlichen Presse angezeigt. So besuchen auch Menschen aus der Nachbarschaft regelmässig den Gottesdienst und nützen manchmal danach die Zeit für den sonntäglichen Spaziergang im weitläufigen, biozertifizierten Park mit wunderbaren alten Bäumen, die geradezu als erlebte Psalmen des «Ersten Testamentes» bezeichnet werden können.

Der Gottesdienst in einer psychiatrischen Klinik zieht auch seelisch leidende Menschen an, die nie in der Klinik hospitalisiert waren: So besucht ein Mann den Gottesdienst in der UPK über Jahrzehnte hinweg nur dann, wenn er depressiv ist. Er möchte nicht in lange Gespräche verwickelt werden, sondern sucht in dieser schwierigen Zeit seines seelischen Leidens die Solidarität, Geborgenheit und den Trost in einer Gemeinschaft von Menschen, denen er sich dann ganz besonders nahe und verbunden fühlt.

In den fünfzehn Jahren, seit ich als Psychiatrieseelsorgerin in der UPK Basel arbeite, ist es immer wieder vorgekommen, dass mich Menschen um ein Gespräch baten, die nie zuvor etwas mit der Klinik zu tun hatten. Menschen mit psychischen Problemen schämen sich häufig für ihre Erkrankung und fühlen sich aufgrund ihrer Diagnose stigmatisiert und von der Gesellschaft unverstanden und ausgegrenzt. Deshalb wird von der Klinikseelsorge erwartet, dass ihr kein menschliches Thema fremd ist. Vielleicht ist neben der Erfahrung von Geborgenheit diese Sehnsucht nach «Erkannt- und Verstanden-Werden» von Gott und Menschen im Sinne von Psalm 139 mit ein Grund, warum dieser Mann in seinen seelischen Krisen jeweils den Gottesdienst in der Klinik besucht.

Erwartungen der Patientinnen und Patienten

Wer seelisch leidet, sehnt sich nach Heilung. So kann der Gottesdienst, je nach Krankheitsbild oder Krankheitsgrad, ganz konkrete Erwartungen auslösen. Beispielsweise ist die Hoffnung gross, dass allein schon der Gottesdienstbesuch eine Besserung hervorruft, vielleicht sogar noch am gleichen Tag. Eine Patientin drückt dies mit folgenden Worten aus: «Ich komme, um Ruhe zu finden und friedlicher mit mir selbst umgehen zu können. Der Gottesdienst ist für mich ein ‹anhaltender Augenblick›, in dem ich zur Ruhe komme, und das hält an bis Sonntagabend.»

Die Person, die den Gottesdienst leitet, muss sich dieser Erwartungen bewusst sein. Es ist wichtig, dass die Seelsorgerinnen und Seelsorger diese Sehnsucht, diese Erwartungen und Bedürfnisse ernst nehmen, auch wenn sie sie nicht absolut erfüllen können.

Diese Sehnsucht ernst zu nehmen, bedeutet in diesem Falle, sie inhaltlich immer wieder implizit oder explizit thematisch aufzugreifen und ihr Sprache zu verleihen. Dies hat wiederum Einfluss auf den Inhalt des Gottesdienstes. Auf diese Weise kann der Gottesdienst dazu beitragen, die Verzweiflung und die

Hoffnungslosigkeit, die oft mit psychischen Erkrankungen einhergeht, zu relativieren.

Gerade weil psychische Erkrankungen bis heute noch oft mit einem Stigma belegt sind, fühlen sich viele Patientinnen und Patienten durch ihre Diagnose diskriminiert. Aber sie wollen nicht auf eine Diagnose reduziert, sondern als vollwertige Menschen von Gott und der Welt geachtet sein. Der Gottesdienst kann den unter dieser Stigmatisierung leidenden Menschen die Erfahrung von Gottes «unbedingtem Ja» und seiner Liebe zu ihnen schenken und ihnen mit Wertschätzung begegnen.

Eine Mitarbeiterin, die Patienten regelmässig zum Gottesdienst begleitet, antwortete auf die Frage, was sie vom Gottesdienst erwarte: «Ich erwarte, dass Themen aufgegriffen werden, welche die Menschen in der Klinik betreffen und ihnen in der Krise Hoffnung geben. Der Gottesdienst kann Impulse geben, gewisse Probleme und offene Fragen von einer ganz anderen, neuen Seite anzuschauen.» Ähnlich formuliert es eine Patientin, die während ihres Aufenthaltes in der Klinik den Gottesdienst besucht: «Es gibt mir die Gelegenheit, einmal anders über mich zu reflektieren. Der Gottesdienst ist für mich ein Ort der Meditation. Er ist für mich ein Ort, innerlich zur Ruhe zu kommen, gerade wenn ich in der Krise unruhig bin. Der Gottesdienst hilft mir, über Themen nachzudenken, denen ich mir vorher noch nicht bewusst war.»

Inhaltliche Gestaltung des Gottesdienstes
Der Klinikalltag einer Psychiatrieseelsorgerin oder eines Psychiatrieseelsorgers besteht vor allem aus Einzelgesprächen mit Betroffenen. Es geschieht oft, dass aus solchen Begegnungen der Anstoss bzw. die Idee für eine Predigt entsteht. Immer wieder gibt es Zeiten, in denen gewisse Problemfelder verdichtet in der Seelsorge zur Sprache kommen. Der Gottesdienst bietet dann eine gute Gelegenheit, diese Problemfelder und wiederkehrenden Fragen aufzunehmen und ihnen in der Öffentlichkeit Sprache zu verleihen.

Die Bibel ist voll von Geschichten, in denen von Menschen erzählt wird, die seelisches Leiden kennen. Auch zu biblischer Zeit waren Menschen verzweifelt, kamen an ihre Grenzen und wurden von vielen Fragen umgetrieben. Hier denke ich zum Beispiel an den depressiven Saul oder an den lebensmüden Elia, der im heutigen Sinn an einer Erschöpfungsdepression gelitten hat. Die Bibel berichtet noch von anderen Menschen mit aussergewöhnlichen Erlebnissen: Der Apostel Paulus wurde bis in den dritten Himmel entrückt. «Engel» erscheinen den Hirten mitten in der Nacht auf dem Feld, und ihnen wird geglaubt. Jesus selber soll vom Teufel von seiner wahren Bestimmung weggelockt werden, den Jüngern in Emmaus erscheint der lebendige Christus. Zu biblischer Zeit wurde in Ermangelung heutiger differenzierter medizinischer Diagnostik alles befremdende, unverständliche Verhalten eines Menschen unter der Diagnose «von Dämonen besessen» subsumiert. Aber vielleicht sind diese Erlebnisse auch vergleichbar mit dem, was heute Menschen in der «Psychose» erleben.

Auch von Jesus wissen wir, dass er tiefste seelische Abgründe durchgestanden hat: Kurz vor seiner Festnahme wird im Lukasevangelium erzählt, wie er völlig verzweifelt und in quälender Todesangst seinen Vater im Gebet am Ölberg bittet, dass dieser ihn vor seinem bitteren bevorstehenden Schicksal verschone. Doch Gott nimmt ihm sein Schicksal nicht ab, sondern er schickt einen Engel, der ihm neue Kraft schenkt, damit er sein Schicksal zu ertragen vermag.

Die Ursachen psychischer Krisen und psychischer Erkrankungen sind so vielfältig wie die Menschen, die Schutz und Hilfe in einer Klinik suchen. In psychischen Krisen gibt es viele Themen, welche die Menschen buchstäblich besetzen. Zerstörerische Gedankenspiralen, die gerade in der akuten Phase der Erkrankung die Menschen zwanghaft in ihrem Bann halten, kreisen oft um Themen und Erfahrungen von Angst, Verzweiflung, Hoffnungslosigkeit, von Schuldgefühlen, versiegenden Kräften, Scham, Überforderung, Perfektionismus und zermürbender Selbstkritik.

Manchmal kommen während eines Klinikaufenthaltes auch in der Seelsorge erstmals traumatische Erlebnisse, wie etwa sexuelle Übergriffe, zur Sprache. Es reissen alte Wunden auf, die verstanden, geschützt und in die persönliche Biografie eingeordnet werden wollen.

Manche Menschen treffen grausame Schicksalsschläge, die sich jeglichem Verstehen entziehen. Dann ist es gut, sie in aller Unverständlichkeit im Gebet in Gottes Hände übergeben zu dürfen. Nicht jedes Unrecht, das Menschen angetan wird, lässt eine Versöhnung zu. Es werden Menschen in ihrer tiefsten Seele verletzt, die vielleicht ein Leben lang keine Aussöhnung mit ihrem Schicksal finden und daran sogar zerbrechen. Andere wiederum ringen oftmals Jahre und Jahrzehnte lang in einem schmerzvollen Prozess um inneren Frieden.

Der Gottesdienst kann der Ort sein, dieses Unrecht öffentlich anzusprechen und das Ringen und innere Kämpfen, aber auch die Wut und die Verzweiflung dieser leidenden Menschen zu thematisieren, natürlich unter Wahrung der Anonymität. Im Gottesdienst kann der Ohnmacht, die diese Traumatisierungen auslösen, Sprache verliehen werden. Er schenkt die Gelegenheit, den tief verletzten Menschen Mut zuzusprechen, ohne Schuldgefühle «unversöhnlich» sein zu dürfen. Denn es gibt nicht wenige Menschen, die sich für ihre unversöhnliche Haltung schämen. Obwohl ihnen schlimmes Unrecht angetan wurde, schämen sie sich, weil diese Unversöhnlichkeit nicht einem weit verbreiteten christlichen und moralischen Ideal entspricht. Als Seelsorgerin bin ich zutiefst überzeugt davon, dass es ein «Recht auf Untröstlichkeit» gibt, das jedoch nicht mit Rache identisch ist. Im Gottesdienst kann dieses öffentlich bestätigt werden.

Dass im Gottesdienst all diese Themen aufgegriffen werden, welche die Patientinnen und Patienten unmittelbar betreffen, kann ihnen aber auch helfen, sich von diesen Themen zu distanzieren und sie von einer ganz anderen Seite zu reflektieren, so wie es eine Patientin formuliert: «Ich komme auch deshalb in den Gottesdienst, damit ich geschützt werde vor mir selbst. Das ‹kritische Erwachsenen-Ich› und das ‹Kind-Ich› kämpfen oft innerlich sehr zerstörerisch gegeneinander. Ich erlebe und fühle im Gottesdienst wie diese beiden ‹Ich› wieder in einen liebevollen Dialog miteinander treten.»

Es kann für manche Patientinnen und Patienten auch ein echter Trost sein aus der biblischen Botschaft zu erfahren, dass es schon immer Menschen gegeben hat, die eine sensible und verletzliche Seele haben und denen wie ihnen der Boden unter den Füssen weggebrochen ist. Im Gottesdienst kann berichtet werden, wie Jesus und Gott ihre Beziehung zu Menschen gestaltet haben, die tiefe Brüche in ihrem Leben erlitten haben. Was hat den «biblischen Patientinnen und Patienten» damals in dieser Begegnung Hoffnung, neuen Mut und Kraft geschenkt? Wie sind sie wieder innerlich und äusserlich in Bewegung gekommen? Gerade zu solchen Fragen kann der Gottesdienst neue Denkimpulse schenken.

Liturgische Gestaltung des Gottesdienstes

Seelisch leidende Menschen werden besonders in der akuten Phase der Erkrankung oftmals von einer starken Unruhe angetrieben, und gleichzeitig ist ihr Konzentrationsvermögen eingeschränkt. Es kommt vor, dass Menschen so unruhig sind, dass sie im Gottesdienst hinter der letzten Stuhlreihe hin- und herlaufen oder immer wieder den Raum verlassen, um nach kurzer Zeit zurückzukehren. Deshalb versuche ich den Gottesdienst möglichst kurz zu gestalten, so dass er in der Regel nicht länger als 35 bis 40 Minuten dauert.

Überhaupt ist der Gottesdienst in der Psychiatrie meist sehr bewegend in einem umfassenden Sinne. Durch vorhergehende Seelsorgegespräche kenne ich viele Gottesdienstbesucherinnen und Gottesdienstbesucher persönlich und weiss um ihre Ängste und Bedürfnisse. So erlebe ich mich im Gottesdienst auch immer wieder als eine «Moderatorin». Da ich vor dem Gottesdienst allen Eintretenden die Hand zur Begrüssung gebe, versuche ich bereits dann, gewisse Dynamiken und Spannungen wahrzunehmen. Das hilft mir während dem Gottesdienst dafür zu sorgen, dass Sammlung, Ruhe und Einkehr möglich werden, auch wenn gleichzeitig spontane Äusserungen von Patientinnen und Patienten das Gottesdienstgeschehen beeinflussen. Dann gilt es für mich als Moderatorin, dies nicht als «Störung» zu erleben, sondern als einen belebenden Beitrag zum gesamten Gottesdienst. Diese Spontanreaktionen erfordern eine hohe Präsenz und Reaktionsfähigkeit der «Moderatorin». Sie müssen manchmal in einem «guten Sinne» aufgefangen und so umgewandelt werden, dass die Gottesdienstbesucherinnen und -besucher wieder zur Mitte des Gottesdienstes zurückfinden. Es gilt also diese spontanen Beiträge in das Gottesdienstgeschehen zu integrieren, ohne dass ein Chaos entsteht, welches die bereits Verunsicherten noch mehr verunsichert. Oder mit anderen Worten: Die Schutzbedürftigen müssen Geborgenheit finden und die allzu Dominanten eine Grenze erfahren.

Als «Moderatorin» erlebe ich im Psychiatriegottesdienst immer wieder eine ganz besondere Nähe zu «meiner» Gottesdienstgemeinschaft, die ich in einem Kirchgemeindegottesdienst so nie erfahren habe. Wie bereits erwähnt, erfordert dies eine hohe Präsenz und Authentizität derjenigen Person, die den Gottesdienst gestaltet. Eine Patientin formulierte das so: «Für mich ist das Miteinbeziehen der Gottesdienstbesucher ganz wichtig. Die Verbindung zwischen Moderatorin und Anwesenden muss stimmen. Es darf kein ‹Dienst nach Vorschrift sein› oder ein ‹Vorlesen› eines Textes ohne Kontakt zu den Anwesenden. Ich möchte aufsaugen, was präsentiert wird.»

Das Abendmahl – auch Christusmahl genannt – ist ein fester Bestandteil der Liturgie, das entgegen der reformierten Tradition in der UPK Basel in jedem Gottesdienst gefeiert wird. Damit habe ich eine Tradition aufgenommen, die bereits mein Vorgänger, Pfarrer Erwin Anderegg, in der Psychiatrischen Klinik Basel begründet hat.

Die Mahlfeier erinnert nicht nur an das Leben und Sterben Jesu. In der gemeinschaftlichen, ritualisierten Feier des Abendmahls verdichten sich viele Anliegen der Gläubigen: Es ist Befreiung und Stärkung zugleich, es ist Frieden mit Gott und der Gemeinschaft untereinander; es ist Vergebung der Sünden und Feier der Hoffnung auf eine neue, kommende Welt. Das Abendmahl ist aber auch Trost in der Einsamkeit. Es ist Ausdruck der Dankbarkeit für einen Gott, der mit uns ist, auch in den dunklen Stunden des Lebens.

Die Atmosphäre während des Abendmahls im Gottesdienst der Psychiatrischen Klinik ist jeweils sehr konzentriert und ergreifend. Es scheint, als hätten Menschen, die in ihrer Seele zutiefst verwundet und sensibel sind, einen besonderen Zugang zum Erleben des Abendmahls. Es kommt nicht selten vor, dass Menschen mit Tränen in den Augen «Brot und Saft» empfangen. Es scheint, als seien sie von diesem tiefen «Mysterium», von Gottes Gegenwart, ganz unmittelbar berührt und ergriffen.

An hohen Feiertagen gestalten wir den Gottesdienst oft mit Symbolen. Beispielsweise wird jeweils am Karfreitag im Sakralraum ein mannhohes Holzkreuz neben dem Altar aufgestellt. Der Fuss des Kreuzes wird sorgfältig von den Gärtnern der Klinik mit Steinen, altem Holz und Moos dekoriert. Um das Kreuz rankt sich ein verdorrter, dorniger Rosenzweig. Während der Liturgie am Karfreitag laden wir die Gottesdienstbesucherinnen und Gottesdienstbesucher ein, Steine und Stacheldraht (der natürlich unter der Woche wegen suizidaler Verletzungsgefahr weggeräumt wird) als Bild für all das, was belastet und dornig ist, unter das Kreuz zu legen.

Für den Ostergottesdienst wird das Kreuz mit Tulpen und Osterglocken geschmückt. Im Rahmen der Osterliturgie weihen wir nicht nur die Osterkerze mit gesegnetem Wasser, sondern alle tragen ein Licht vor das blühende Kreuz und stellen es zwischen den Stacheldraht und die Steine. Zudem werden diejenigen, die es wünschen, mit dem Osterwasser gesegnet.

Die jährliche Wiederholung dieser Rituale scheint wie das sonntägliche Abendmahl die seelisch tief verletzten und sensiblen Menschen unmittelbar zu berühren. So sagte eine regelmässige Gottesdienstbesucherin einmal Anfang Januar zu mir: «Ich freue mich schon jetzt auf den Karfreitagsgottesdienst, wenn wir wieder die Steine und den Stacheldraht zum Kreuz bringen können.»

Hier wird spürbar, wie Symbole den Menschen auf einer tiefen seelischen Ebene unmittelbar ansprechen. So wie auch Paul Tillich das Wesen der Symbole zusammengefasst beschreibt: Die Symbole haben Teil an der Wirklichkeit, auf die sie hinweisen.[5] Symbole haben also die Fähigkeit, eine Wirklichkeit zu verdeutlichen, die der «nichtsymbolischen Redeweise unzugänglich ist.»[6] Gleichzeitig aber haben Symbole eine ungeheure Kraft und sie können die tieferen Schichten der Seele öffnen.[7]

Musik

«Im Gottesdienst berühren mich neben den Impulsen, die ich durch die Predigt erhalte, auch die Gemeinschaft, die Musik, die Lieder, die Texte der Lieder, die gesamte Atmosphäre und der Blick nach aussen in die Bäume.»

Diese Äusserung einer Patientin bringt es auf den Punkt: Die Musik gehört nicht nur traditionell, sondern auch wesentlich zum Gottesdienst. Sie berührt den Menschen ganzheitlich, das heisst, sie berührt Gefühl, Verstand und Sinne zugleich. Die Musik kann Botschaften in tiefe Schichten der Seele des Menschen tragen, in die der Intellekt nicht einzudringen vermag. Die Musik beruhigt und ermuntert. Sie kann Tränen in die Augen treiben und begeistern. Sie tröstet und lindert Schmerzen. Aus der Musik können wir seelischen Halt und Lebensmut tanken. Gelingt der Pianistin, dem Pianisten diese «musikalische Berührung» der Seelen in einem Klinikgottesdienst, so wird ihr oder ihm das meistens durch einen spontanen Applaus verdankt.

Das gemeinsame Singen fördert die Gemeinschaft und birgt eine heilende Kraft in sich. Was kirchlichen Kreisen, in denen das Singen praktiziert wurde, schon immer bewusst war, wird heute auch mit neuesten wissenschaftlichen Forschungen belegt: Singen macht glücklich und wirkt wie ein «Antidepressivum». Deshalb ist das gemeinsame Singen mit einer Musiktherapeutin auch integraler Bestandteil des Therapiekonzeptes auf der heutigen Verhaltenstherapieabteilung der UPK Basel. Im Gottesdienst tragen die Lieder zur Verkündigung bei und stiften Gemeinschaft.

---

5 Paul Tillich, Recht und Bedeutung religiöser Symbole (New York 1961) in: Ders., Gesammelte Werke, Bd. 5, Stuttgart 1964, 238.

6 Paul Tillich, Das Wesen der religiösen Sprache (New York 1959), in: Ders., Gesammelte Werke, Bd. 5, Stuttgart 1964, 215.

7 Ebd., 216.

Fazit: Wirkung des Gottesdienstes

Vorurteile abbauen

Wie in allen Spitalgottesdiensten besuchen den Klinikgottesdienst auch Menschen, die im Alltag keine regelmässigen oder gar keine Kirchgängerinnen und Kirchengänger sind. Natürlich begegnen wir – wie alle Pfarrerinnen und Pfarrer – den Vorurteilen vieler Menschen gegenüber der Kirche oder werden mit den schlechten Erfahrungen, welche die einzelnen mit «Kirchenvertretern» gemacht haben, konfrontiert.

Manchen Patientinnen und Patienten dient der Besuch des Gottesdienstes auch der «Prüfung» der Pfarrerin, ob sie für allfällige Seelsorgegespräche in Frage kommt. Eine Patientin sagt das so: «Für mich ist es wichtig, wer den Gottesdienst leitet. Ich bin sehr ‹personenabhängig›.» Bei solchen Gottesdienstbesucherinnen und Gottesdienstbesuchern wird der Gottesdienst zum «Anknüpfungspunkt» einer Seelsorgebeziehung, die oft zeitlich unmittelbarer und näher entsteht als in einem Gemeindegottesdienst. Ist der direkte Seelsorgekontakt entstanden, können in den darauffolgenden Gesprächen der Gottesdienst und sein Inhalt eine fruchtbare Basis werden.

Die positive Erfahrung aus Gottesdienst und Seelsorge von Patientinnen, Patienten und von Mitarbeitenden wecken eine neue Offenheit zur Spiritualität, zur Kirche, kurz, zu religiösen und christlichen Themen insgesamt. So sagte kürzlich eine Psychologin zu mir: «Seit ich mit dir zusammenarbeite, habe ich einen neuen Zugang zur Religion gefunden. Vorher konnte ich damit gar nichts mehr anfangen.»

Schicksalsgemeinschaft erfahren

Von Beginn an verbindet eine Gemeinsamkeit alle Gottesdienstbesucherinnen und Gottesdienstbesucher in einer psychiatrischen Klinik: Alle haben die «Schwelle der Klinik» übertreten. Das seelische Leiden verbindet alle, schenkt Geborgenheit und trägt zu einer ganz besonders sensiblen Form von Gemeinschaftsgefühl bei. Eine Mitarbeiterin schildert diese Atmosphäre der Geborgenheit und des Geschützt-Seins so: «Gefühle können hier besser ausgelebt werden. Die Tränen dürfen sein, ohne dass man sich ihrer schämen muss. In diesem geschützten Rahmen dürfen alle Emotionen zugelassen werden.»

Wie tragend diese Gemeinschaft sein kann, erlebte ich einst, als eine Patientin zu Beginn des Gottesdienstes ohnmächtig zu Boden sank. Ich alarmierte den Notfallarzt der Klinik, der sich kurz darauf dieser Frau annahm. Bis die Frau via Ambulanz ins Universitätsspital von Basel gebracht wurde, musste ich natürlich mit dem Beginn des Gottesdienstes warten, der sich etwa um eine halbe Stunde verzögerte.

Aufgrund der bereits beschriebenen Unruhe vieler Patientinnen und Patienten erwartete ich, dass die innere Sammlung auf den Gottesdienst durch diesen Zwischenfall bestimmt verloren ginge. Doch entgegen all meinen Befürchtungen blieb während der ganzen Zeit die Atmosphäre ruhig und konzentriert. So konzentriert, wie sie sonst manchmal während des ganzen Gottesdienstes nicht war. Es schien, als ob diese feinfühligen Menschen diese schwierige Situation mit einem tiefen Verständnis für das Schwierige im Leben im Gebet mitgetragen haben. Es war für mich eine ganz besondere Erfahrung von wahrer Solidarität. Gerade solche Erfahrungen sind es, die den Gottesdienst in der Psychiatrie prägen und das Erleben verdichten. Sie sind Kostbarkeiten gegenseitiger menschlicher Anteilnahme und vermitteln ein «Mitgetragen-Sein» in einem ganzheitlichen Sinn.

Am Schluss meiner Ausführungen zum Gottesdienst in einer psychiatrischen Klinik möchte ich betonen, das gerade an diesem Ort, wo viel seelisches Leid zusammenfliesst, eine Schicksalsgemeinschaft erfahrbar ist, die über Abgründe hinweg trägt. Diese Gemeinschaft enthält eine hohe Qualität an Solidarität, die so in unserer individualisierten Gesellschaft nicht mehr oft anzutreffen ist. Der Klinikgottesdienst kann damit einigen Menschen eine wichtige Sinnerfahrung ermöglichen, denen gerade in Zeiten der Krise das Leben besonders brüchig und sinnlos erscheint. Sie erfahren sich als Teil dieser Gemeinschaft, in der Achtung, Respekt, gegenseitiges Verständnis und die Wertschätzung jedes Einzelnen in seiner Andersartigkeit gewährleistet ist.

Inklusive Gottesdienste in Institutionen

Bernhard Joss-Dubach

Einleitung

Wie leben Menschen in Institutionen, z. B. in einem Heim für Menschen mit einer Behinderung? Welche Rolle spielt in ihrem Leben der Gottesdienst? Anhand eines Gangs durch verschiedene Lebensabschnitte Stephans, eines Mannes mit Downsyndrom, möchte ich einige Hinweise geben, wie sich die Frage der Inklusion von Menschen mit einer Behinderung in den vergangenen Jahren verändert hat, und wie sich Gottesdienstformen im Zuge dieser Entwicklung wandeln.

Erste Phase

Stephan ist ein Mensch mit Downsyndrom. Vor über zwanzig Jahren lernte ich ihn im Rahmen meiner Seelsorgetätigkeit mit Menschen mit Behinderung kennen. Mit ihm erlebte ich Gottesdienste verschiedenster Art. Das Heim, in dem er damals lebte, war eine prägende Institution der Stadt. Bezeichnenderweise lag sie damals am Stadtrand gleich neben der Psychiatrischen Universitätsklinik. Sie war dazu bestimmt, Menschen mit einer Behinderung auszubilden, in einer geschützten Werkstätte zu beschäftigen, ihnen begleitetes Wohnen zu ermöglichen und sie in ihrer Freizeit zu animieren.

Eine solche Integration aller Lebensbereiche an einem Ort weckt Fragen. Erving Goffman hatte Anfang der siebziger Jahre – ausgehend von der psychiatrischen Klinik seiner Zeit – idealtypisch die «totale Institution» beschrieben.[1] Er formulierte damit eine Sicht, an der sich bis heute Institutionen kritisch messen lassen müssen. Institutionen in der Bandbreite vom Gefängnis bis zum Altersasyl erfüllen nach Goffman bestimmte Funktionen und haben vergleichbare Kennzeichen:

— Das Leben findet in all seinen Bereichen an einem Ort und unter einer Autorität statt.
— Alle Phasen der täglichen Arbeit werden in der grossen Gruppe von Mitbewohnern und Mitbewohnerinnen verrichtet, sie werden gleich behandelt und arbeiten gemeinsam.

---

1 Erving Goffman, Asyle. Über die soziale Situation psychiatrischer Patienten und anderer Insassen, Frankfurt a. M. 1973, 17 ff.

– Die Abschnitte des Arbeitstages sind geplant und wechseln zu einem bestimmten Zeitpunkt. Für die Tätigkeit gelten formale Regeln, die von oben bestimmt werden.

– Die organisierten Tätigkeiten sind Teil eines übergreifenden Planes, der hilft, die Ziele der Institution zu erreichen.

– «Insassen» und Personal sind fundamental getrennt. «Insassen» haben nur beschränkten Kontakt zur Aussenwelt, das Personal hat Arbeitszeiten und lebt in der Aussenwelt.

– Eine totale Institution ist quasi ein «Zwitter», sie ist Wohn- und Lebensgemeinschaft und gleichzeitig formale Organisation.[2]

Wo sollte ich als Pfarrer hier die Leute kennen lernen und Gottesdienst feiern? So fragte ich mich am Anfang meiner Tätigkeit in der erwähnten Institution. Ich siedelte mich bei der Freizeitarbeit an. Mit dem Leiter der Freizeitarbeit verstand ich mich sehr gut. Ich machte dort beim Malen und Basteln aktiv mit, anschliessend feierten wir oft einen Gottesdienst in einer Baracke. Einen eigenen Gottesdienstraum hatte es im Gegensatz zur Psychiatrischen Universitätsklinik am selben Ort nie gegeben.

«Beschäftigung und Unterbringung» hatten als Kernaufgaben das Konzept der Bauten bestimmt. Mit dem Hochhaus mit einer grossen Kantine, Aufenthaltsräumen im Erdgeschoss und hotelmässigen Wohngeschossen wollte man in den siebziger Jahren den zukünftigen Bedürfnissen Rechnung tragen. Im 10. Stock feierten wir ab und zu Gottesdienst in einer Mischung aus Cheminée-Raum, Sitzungssaal und Esszimmer. Doch dann bevorzugten wir die Baracke. Wir mussten unsere eigenen Formen entwickeln, um wirklich Gemeinschaft zu erleben, die Räume unterstützten uns wenig. Eine Form war, dass wir uns auf Initiative der Menschen mit geistiger Behinderung beim Unser Vater gegenseitig die Hände gaben.

Stephan trug seine Ideen und seine Inszenierungen von Anfang in den Gottesdienst ein. Er war ein grosser Beter, obwohl seine Worte nicht allen verständlich waren. Sein Gebet schloss immer mit «Halleluja, Amen». Er freute sich auf jeden Gottesdienst, der war «action und fun» für ihn. Wie andere scheute er sich nicht, zu unterbrechen, wenn ihm etwas wichtig war. Er spielte gerne die Rollen des Priesters und des Musikanten. Bald hiessen die Gottesdienste *Palaver-Gottesdienste,* weil sich viele gleichzeitig beteiligten und wir viel lachten. «Wann kommst du wieder?», so verabschiedete Stephan mich jedes Mal. Es war für ihn ein Ort, wo er sich vom Werkstättenalltag ein wenig distanzieren konnte und neu Lebenskräfte schöpfte. Es war für ihn oft auch ein Rückgang ins Paradies der Kindheit. Der Glaube hatte dort eine wichtige Rolle gespielt. Er war vertraut mit

---

2 Ebd., S. 23.

biblischen Erzählungen. Seine sich liebevoll um ihn kümmernden Eltern waren an allen grossen Festen im Heim dabei. Aber sie wurden älter und starben – ein schwerer Moment für Stephan. Er betete stundenlang in seinem Zimmer, er vermisste sie schmerzlich. Die Trauerarbeit dauerte lange. Seine Schwester, die Betreuenden und ich als Pfarrer begleiteten ihn. Der Gottesdienst war ihm dabei eine Stütze.

Zweite Phase

Nach heftigen politischen Konflikten und Leitungsproblemen entschloss sich die Institution zu einem mutigen Schritt: Sie normalisierte die Lebensbereiche der ihr anvertrauten Menschen. Das Hochhaus wurde abgerissen, in der Stadt entstanden Wohngruppen in verschiedenen Wohnhäusern. Sorgfältig wurde der Umzug geplant und realisiert.

Für *Stephan* war dies ein grosser und wichtiger Neuanfang. Nun hatte er sein neu eingerichtetes Zimmer. Mit seinen Kollegen musste er den Weg an den Arbeitsplatz finden. Das war für alle eine Herausforderung, aber der Umzug setzte viel Kreativität und neue Spielräume frei. Inzwischen war nicht mehr die Kantine allein für die Verpflegung zuständig. Die Menschen mit Behinderung begannen nun selbst zu kochen. Der Pfarrer wurde oft zum Nachtessen eingeladen, anschliessend fand der Palaver-Gottesdienst auf der Wohngruppe statt.

Normalisierung auch beim Gottesdienst: Schon mehrere Jahre war ein *Gottesdienst Anfang Februar* ein wichtiger Treffpunkt für Familien, Wohngruppen und Menschen mit Behinderung gewesen. In der Offenen Kirche Elisabethen fand diese «Institution» ihren Platz. Stephan beteiligte sich engagiert an der Vorbereitung der Theateraufführungen im Rahmen des Gottesdienstes. Er konnte gestisch und mit Humor eine wunderbare Rolle nach der anderen hinzaubern, er ermutigte, war voller Ideen. Würde er heute Schauspieler bei einer Theatergruppe wie «Ramba Zamba» in Berlin werden?[3]

Räume strahlen aus, sie haben *Resonanzen.* In der Offenen Kirche Elisabethen ist es die neugotische Architektur, gleichzeitig die polyvalente Nutzung, die dem Raum seine ganz eigene Ausstrahlung geben. Menschen mit einer Behinderung geniessen die Festlichkeit des Zusammenseins in diesem Raum. Sie fühlen sich darin aufgehoben, aber auch ernst genommen. Die Lokalisierung in der *Offenen Kirche* signalisiert, dass der Raum auch für Menschen ohne religiöse Überzeugungen problemlos zugänglich ist. Gemeindehäuser sind zwar gemütlich, aber irgendwie besetzt, oft zu geschlossen. Kapellen in Institutionen haben ihren eigenen Charakter, man ist dort unter seinesgleichen. Doch hier sind wirklich alle willkommen. Dafür muss auch geworben werden. Die Organisation Insieme

---

3 www.theater-rambazamba.org/ (Zugang 20.11.2014).

(einst «Lebenshilfe») ermöglicht den Versand an die Zielgruppe. Gruppen aus der Region Basel, Angehörige und Familien versammeln sich hier jedes Jahr; auch skeptische Betreuerinnen und areligiöse Heimleiter können in diesem Raum mitfeiern. Das Interesse ist unvermindert.

Der Gottesdienst blieb auch nach der Streichung der römisch-katholischen Teilzeitstelle für die Behindertenseelsorge *ökumenisch*. Mit dem gegenseitigen Gastrecht konnte die Klippe Abendmahl umschifft werden. Für die Menschen mit einer Behinderung wäre es undenkbar, den Gottesdienst ohne Abendmahl resp. Eucharistie zu feiern. Es ist für die begeistert feiernde Gemeinde eine Mitte des Zusammenseins. Stephan war einer derjenigen, die den Teilnehmenden den Kelch reichten, mit einer Feierlichkeit, die emotional berührte. Das Abendmahl ist ein heilsames Fest des Lebens, ein leibliches Ereignis. Essen und Trinken fällt nicht jedem der Anwesenden leicht, aber alle geniessen es mit allen Sinnen.

Die Voraussetzung für das Gelingen und die Inklusion im Blick auf dieses jährliche Ereignis bleiben die Palaver-Gottesdienste auf den Wohngruppen. Der Pfarrer ist am Mittwoch, ausser in den Ferien, in einer oder zwei Wohngruppen zu Gast. Hier teilt er das Leben und die Sorgen und Freuden der Bewohner/-innen. Hier nimmt er Anteil an den Problemen im Alltag. Hier gewinnt er auch die Beteiligten, die den Gottesdienst mitgestalten. Betreuer/-innen machen in der Konzeptgruppe, Bewohner/-innen in der Theatergruppe mit.

Der *Funktionswandel von Räumen und Institutionen* ist eines der Kennzeichen der Postmoderne. Die Kirche kann sich nicht allein auf das Vertraute zurückziehen und dies als Wahrnehmung ihrer Kernaufgabe deklarieren. Zu den Menschen gehen, ihre Lebensräume aufsuchen ist eine der wichtigen Aufgaben der Spezialseelsorge. Das bedeutet vor allem: Die kreative Nutzung des Zwischenraumes, wenn man als Seelsorger von aussen in die Institution kommt, gleichzeitig die Suche nach möglichst inklusiven Formen der Vernetzung gegen aussen und den mutigen Schritt in die Öffentlichkeit, die neue kreative Möglichkeiten von Räumen erschliesst.[4]

Dritte Phase

Stephan war stolz auf seine Bezugsperson, er verehrte sie. Es war hart für ihn, als diese wechselte. Zum Glück hatte er seine Schwester. Sie kümmerte sich bei ihren wöchentlichen Besuchen nicht nur um ihn, sondern um alle auf der Wohngruppe, und dies in einer vom Personal und den Bewohnern/-innen geschätzten Art. Jede Seelsorgerin konnte von ihr einiges lernen. Stephan brauchte sie doppelt, denn seine Trauer brach immer wieder aus ihm hervor. Doch sich kümmernde Angehörige sind ein seltenes Privileg. Die engsten Bezugspersonen der Bewohner/-in-

---

4   Michael Klessmann (Hg.), Handbuch der Krankenhausseelsorge, Göttingen 2001².

nen sind im Normalfall nicht Familienangehörige, sondern die Sozialpädagogen/ -innen der Wohngruppe.

Ein wichtiges Gegenüber der Seelsorger/-innen in Institutionen sind die Menschen, die dort arbeiten, die Betreuenden, die Leitenden, die Verwaltenden. Sie können die Arbeit der Seelsorgerin, des Seelsorgers erleichtern und fördern, sie können sie erschweren oder sogar blockieren, sie können sich auch von ihr distanzieren. Sie arbeiten in einer Organisation mit ihrer Zweckrationalität, zu der sie evt. ein sehr ambivalentes Verhältnis haben. «Eine Organisation ist ein soziales Gebilde, das auf bestimmte Ziele hin ausgerichtet ist, einen angebbaren Mitgliederbestand umfasst, der wiederum auf bestimmte Grundnormen verpflichtet ist. Die festgelegte Zielsetzung erfordert eine entsprechende Rollendifferenzierung sowie ein Regelwerk, in dem fachliche Kompetenzen, Kommunikationsstrukturen und Weisungsbefugnisse festgelegt sind. Auf den ersten Blick erscheinen Organisationen als offene Systeme, denn sie beziehen sich auf ihre Umwelt, haben Kunden, Klienten, Märkte etc. Erst auf den zweiten Blick wird deutlich, in wie hohem Mass Organisationen oftmals geschlossene Systeme darstellen: Sie sind geprägt durch Selbstreferentialität bzw. Autopoiese. Sie beziehen sich auf sich selbst und erhalten sich selbst aufrecht; sie haben ihre eigene Ideenwelt, Betriebs-Philosophie und -sprache, die sich unabhängig von einzelnen Personen durchhält (deswegen ist es so schwierig, Organisationen zu verändern!).»[5]

Entsprechend ambivalent können die *Einstellungen des Personals* sein, wenn eine Person von aussen kommt. Was tut diese hier mit welchem Recht und mit welcher Kompetenz? Dies ist das erste, was Seelsorge in einer Institution erfordert: Nicht nur guten Willen, sondern ein offenes Profil, ein klares Konzept, eine sensible Struktur, erkennbare Persönlichkeit. Natürlich kann das *Verhältnis der Seelsorgerin, des Seelsorgers zur Institution* ambivalent sein. Seelsorge kann konfrontativ, kooperativ oder integrativ ausgerichtet sein. Die Seelsorgerin kann die Institution ignorieren, das heisst, sie kann freundlich Besuche machen und Gottesdienste feiern und sich dabei vom Leben in der Institution und ihren Problemen distanzieren. Sie kann sich aber auch vehement oder im Versteckten von der Institution distanzieren. Sie wird dann Kritik formulieren oder Konflikte zum Beispiel mit Pflegedienstleitungen austragen. Schliesslich gibt es die Möglichkeit, sich in den Alltag der Institutionen zu integrieren, punktuell an Essen, Fallbesprechungen, Teamsitzungen teilzunehmen, Unterstützung und Vernetzung von aussen her anzubieten. Zusammenfassend: Siedelt sich die *Seelsorge dialogisch und hilfsbereit im Zwischenraum* an, dann wird sie ihre Kritikfähigkeit nicht zugunsten ihrer Anpassung an die Institution verlieren. Dann wird sie gerade ein Teil der von der Institution gesuchten Öffnung gegen aussen sein. Wechselseitig kön-

---

5 Michael Klessmann, Die Rolle der Seelsorge im System Krankenhaus, 1; www.ekir.de/krankenhausseelsorge/Downloads/anhang_b.pdf, (Zugang 01.11.2014).

nen Personal, Bewohner/-innen, Leitung und Seelsorger/-innen den Dialog und das gemeinsame Handeln gestalten. Der Gottesdienst wird ein Ort des inklusiven Feierns auch gegen aussen.

Der Gottesdienst hat an verschiedenen Orten ganz konkrete Aufgaben. Ich nenne einige:

- Gottesnähe erleben, Zugänge zur Transzendenz in konkreten Lebenssituationen eröffnen. Den Zyklus der Feste im Kirchenjahr erleben und feiern,
- Animation, kleine Aufbrüche und Reisen aus der Alltagswelt,
- Werterleben in Beziehungen, Feiern der Gemeinschaft, Kommunizieren mit allen Sinnen,
- inklusive Erlebnisse des Vertrauens und des gegenseitigen Verständnisses in zunehmend multikulturellen Institutionen,
- die Lebensgeschichte verstehen und an wertvolle Erfahrungen anknüpfen,
- Stärkung von Eigenständigkeit, Autonomie und Resilienz: Füreinander Aufmerksamkeit wecken, von Belastungen befreien, einander zur Hilfe werden, Konflikte gemeinsam bearbeiten,
- das Leiden und den Tod thematisieren und erlösende Erfahrungen, Sehnsucht und Hoffnung zur Sprache bringen.

Stephan hatte am Anfang noch viele biblische Erzählungen präsent gehabt, aber jetzt haperte es mit seinem Gedächtnis, immer mehr wurde das Hier und Jetzt allein wichtig. Viel bedeutete ihm seine kleine Tasche, da hatte er Postkarten, Prospekte und kleine Maskottchen drin, ein buntes Sammelsurium. Am wichtigsten war sein Plüschtier, ein kleiner Bär. Oft brachte er seine Flöte mit, aber er spielte jetzt seltener darauf.

Vierte Phase

Stephan wurde plötzlich schwächer. Er hatte sich so wohl gefühlt auf der Wohngruppe. Aber er spürte jetzt, dass ihm manches schwer fiel. Er war schon einige Jahre nicht mehr in der Montage, sondern in der Kreativwerkstatt tätig, nun wurde er pensioniert. Er konnte sich nicht mehr einen ganzen Tag lang konzentrieren. Er hörte schlechter, konnte schwerer auf andere eingehen, konnte sich weniger an einem Gespräch beteiligen. Kameraden waren gestorben und nicht mehr da.

Die Frage wurde für mich wichtig: Wie kann ich überhaupt mit ihm *kommunizieren*, so dass er mich versteht? Die Anzeichen einer Demenz vermehrten sich rasch. Sie ist in Form der Alzheimer-Demenz bei Menschen mit Downsyndrom häufig.[6] Stephan entschied sich, dass er in die Alterswohngruppe wechseln möchte.

---

6 Sinikka Gusset-Bährer, Demenz bei geistiger Behinderung, München 2012.

Die verschiedenen Formen und Elemente des Gottesdienstes haben in der Alterswohngruppe einen anderen Stellenwert.[7] Verkündigung im traditionellen Sinne ist ein Ding der Unmöglichkeit, weil sie die verminderte Rezeptionsfähigkeit der Menschen ignorieren würde. Das Eingehen auf die besonderen Bedürfnisse und das Suchen der Zugänglichkeit über nonverbale Formen führen zu einer neuen Reflexion des Geschehens im Gottesdienst.

Ein Beispiel dafür sind Klänge und Töne. Ein Kollege war Spezialist mit dem Orff'schen Instrumentarium. Er hatte stets ein kleines Köfferchen dabei. Er konnte in einem Raum mit eingenickten dementen Menschen in Kürze neues Leben, Wachheit und Aufmerksamkeit wecken. Im Nachdenken über den Gottesdienst werden plötzlich Dinge wesentlich, die vorher wenig Beachtung fanden: Der Weg zum Gottesdienstort und die Begrüssung, die Atmosphäre und die Resonanz des Raumes, die Blumen oder das Tuch auf dem Tisch, das Licht im Raum oder die künstlerische Gestaltung. Aufmerksam wird man auch auf Elemente, die stören, zum Beispiel Computer oder Schreibwände von Kursen.

Ziele des Gottesdienstes sind von daher: Erinnern, animieren, berühren, stärken und verbinden:

- Erinnern: von aussen Leben hereintragen, an die grosse Gottesgeschichte erinnern, erzählen;
- Animieren: beseelen, eigene Kräfte wecken, beleben, von Angst und Starre befreien;
- Berühren: mit allen Sinnen wahrnehmen, empfinden, spüren, sehen, hören;
- Stärken: Coping, Empowerment, die eigenen Kräfte wecken;
- Verbinden: Wunden verbinden, Menschen verbinden, uns mit Gott verbinden.

Natürlich spielt in der Kommunikation *Sprache* eine wichtige Rolle, aber mit kurzen Sätzen, Wiederholungen und anknüpfend an sinnliche Erfahrungen. Oft fehlt ein Klavier; die Gestaltung ist stark von den musischen Begabungen des/der Pfarrers/-in abhängig. Schaue ich auf meine Wege, in dieser Situation Gottesdienste zu gestalten, so gibt es Formen, die sich besonders bewährt haben und die selten fehlen:

Nonverbale Formen: Singen erfreut, auch dann, wenn jemand nicht mehr mitsingen kann. Instrumente spielen und spielen lassen ist ein wichtiger Teil des Gottesdienstes, oft auch Bewegung oder Tanz.

Einfache Kommunikationsformen: Insbesondere das Gebet kann einen Raum öffnen, um vor Gott zu bringen, was beschäftigt oder belastet. Alles kann Gott anvertraut werden.

---

7 Vgl. Andrea Fröchtling, «Und dann habe ich auch noch den Kopf verloren …», Menschen mit Demenz in Theologie, Seelsorge und Gottesdienst wahrnehmen, Leipzig 2008, 426 ff.

Elementarisiertes Erzählen: Die Textlesung, oft aus der Dialektbibel, ist mehr als eine Textlesung, sie ist Inszenierung des Textes. Erzählen ist eine der Grundformen des Gottesdienstes. Erzählung braucht Gestaltung, und dabei ist weniger oft mehr. Oft unterstützt ein Bild die Erzählung, das hilft denjenigen, die den Zusammenhang nicht verstehen. Die kleine Erzählung ist eingebettet in die grosse Erzählung der Gottesgeschichte.

Symbolische Formen: Das Arbeiten mit Symbolen ist bereichernd und schafft neue und andere Zugänge. Die Anordnung der Stühle im Kreis oder Halbkreis ist beispielsweise eine wichtige symbolische Form. Manchmal kann ein Gegenstand den Inhalt veranschaulichen, z. B. ein Stein. Schön ist ein Licht, eine Kerze. In einem Pflegeheim setzte sich der spanische Abwart durch: Für ihn war ein Gottesdienst ohne Kruzifix schlicht undenkbar, und so wurde es zum festen Bestandteil der Feier. Die schönsten Symbolhandlungen im Gottesdienst sind Taufe und Abendmahl.

Stephan ist nun älter geworden. Er braucht einen Rollator. Der Gottesdienst bereitet ihm immer noch Freude, aber gleichzeitig kann er sich nicht mehr so einbringen wie früher. Er kann schlecht zuhören, er ist versponnen in seine Welt, er reagiert nur selten direkt, er ist langsam. Fast verzweifelt sucht er manchmal die Aufmerksamkeit der anderen, blockiert aber den Verlauf des Gottesdienstes. Einzelne werden gereizt. In dieser Situation kann Humor so manches lösen.

Stephan braucht das persönliche Gespräch, die Kommunikation *von Gesicht zu Gesicht*. Zu viele Menschen verwirren und überfordern ihn. Manchmal möchte er anknüpfen an seine früheren Begabungen, aber es geht nicht mehr. Dann ärgert er sich oder wird traurig. Das Zusammensein in der Kleingruppe ist für ihn die schönste Form. Das Unser Vater bleibt das ihm vertraute Gebet. Mit den Institutionen, in denen er arbeitete, wirkte, wohnte und lebte, hat sich sein Leben gewandelt.

Fünfte Phase

Eine cerebral schwer gelähmte Frau, Sonja, forderte eines Tages: Warum ist der Gottesdienst in der Elisabethen-Kirche nur einmal im Jahr? Den sollte es regelmässig geben! Durch die Schliessung von Gottesdienstorten infolge einer Gemeindefusion ergab sich die Chance: Der Kirchgemeindevorstand beschloss, dass an einem freigewordenen Gottesdienstort künftig achtmal im Jahr sogenannte *inklusive Gottesdienste für diese und andere* stattfinden sollten. Der Gottesdienst in einer der Altstadtkirchen, die zur neuen Gemeinde gehören, findet um 11.15 Uhr statt. Dieser Zeitpunkt schien ideal für das neue Gottesdienstprojekt, denn das heisst, dass Wohngruppen leichter teilnehmen können. Aber auch Jugendliche kommen am Sonntag lieber um 11.15 Uhr. Zudem fällt der Gottesdienst an diesem Sonntag in der Nachbarkirche aus, die Gemeinde will dabei sein.

Der *Gottesdienst für diese und andere* bietet Raum für eher ungewöhnliche, kreative liturgische Elemente. Die Verwendung von Bildern, Symbolen, die Durchführung von gemeinsamen Aktionen und Klangexperimenten ermöglichen ein sinnliches Erleben und fördern die Verständlichkeit. Die Gottesdienste werden meist im Dialekt gehalten und die Liturgen/-innen bemühen sich um eine einfache, bildhafte Sprache. Sie werden durch die engagierte musikalische Gestaltung der Organistin und von Zeit zu Zeit durch die Mitwirkung eines Chores geprägt. Die kreativen Formen werden von Menschen mit und ohne Behinderung geschätzt.

Dieses mutige Experiment der Inklusion gelang. Die alternativen *inklusiven Gottesdienste für diese und andere* wurden zu einem bereichernden Teil des Gemeindelebens. Anfänglich noch von einigen Verantwortlichen in Frage gestellt, wuchs die Zahl der Mitfeiernden stetig.

Doch Stephan war noch nie an diesem Gottesdienst. Er wohnt in einem anderen Stadtteil, der Weg ist für ihn zu weit. Viele Menschen, die früher mit ihm auf der Wohngruppe lebten, würden heute wohl *selbständig in eine eigene Wohnung ziehen* und die nötige Unterstützung erhalten. Hätte sogar Stephan diesen Schritt zusammen mit seinem besten Freund zustande gebracht?

Einst waren alle Menschen mit Behinderung an einem abgesonderten Ort «untergebracht», jetzt sind sie vielerorts auf der Rückkehr in den Alltag der Stadtquartiere und Dörfer. Viele sind aus grossen Institutionen in kleinere Wohnformen umgezogen. Ihre Begabungen und ganz eigenen Fähigkeiten warten darauf, entdeckt und in einem Prozess in den Kirchgemeinden kreativ einbezogen zu werden. Der nüchterne protestantische Gottesdienst kann ein wenig mehr sinnliches, spontanes Feiern gut vertragen, auch einige Farbtupfer – und sei es einfach die laut hörbar formulierte, kritische Bemerkung nach der Predigt. Das erlebt diese Stadtgemeinde nun regelmässig, oft lächelnd, manchmal auch mit Betroffenheit.

«*Community Care*», das heisst, dass Menschen mit Behinderung am integrierten Wohnort in der Gemeinde leben, eröffnet viele Chancen für durchmischte Lebens- und Wohnformen, Nachbarschaften und Freundschaften.[8] Kirchgemeinden machen die Erfahrung: Es ist schön, gemeinsam Gottesdienst zu feiern, gerade mit Menschen, die ein bisschen anders sind.[9] Ilona Nord sagt sehr treffend: «Für das Verständnis von Inklusion ist mir dabei wichtig, dass es ‹nicht nur› darum geht, dass in Kirche und Gesellschaft lebensdienliche Strukturen geschaffen werden, die jedem Menschen, der mit Behinderungen lebt, ermöglichen am gesell-

---

8 Vgl. Laurenz Anselmeier, Unterstützung im Gemeinwesen, in: Ralph Kunz / Ulf Liedke (Hg.), Handbuch Inklusion in der Kirchengemeinde, Göttingen 2013, 85–112.

9 Vgl. Aktion Menschenstadt, das Behindertenreferat der evangelischen Kirche in Essen: www.aktion-menschenstadt.de; (Zugang 01.11.2014).

schaftlichen Leben teilzunehmen, sondern dass sich generell für alle Bürgerinnen und Bürger, für alle Christinnen und Christen die Wahrnehmung dessen, was es heisst, behindert zu werden, verändert und erweitert.»[10] Die Normalisierungskraft und inklusive Ausstrahlungskraft des Gottesdienstes ist dabei nicht zu unterschätzen.[11]

---

[10] Ilona Nord, «So etwas haben wir noch nie gesehen» (Mk 2,12). Zur inklusiven Dimension der Homiletik, Pastoraltheologie. Monatsschrift für Wissenschaft und Praxis in Kirche und Gesellschaft 101/7, 2012, 288–301, 289.

[11] Vgl. Ralph Kunz, Inklusive Gemeinde. Die christliche Gemeinde im Horizont ihrer gesellschaftlichen Verortung, in: Ralph Kunz / Ulf Liedke (Hg.), Handbuch Inklusion in der Kirchengemeinde, Göttingen, 2013, 76. Für die Arbeit mit Menschen mit einer geistigen Behinderung: Evang. Landeskirche in Württemberg u. a. (Hg.), Christliche Spiritualität gemeinsam leben und feiern, Praxisbuch zur inklusiven Arbeit in Diakonie und Gemeinde, Stuttgart 2007.

Schulgottesdienste im deutschschweizerischen Kontext – Einsichten und Herausforderungen

Thomas Schlag

1. Einleitung

Wie steht es um Gottesdienste am Ort der Institution Schule im deutschschweizerischen Kontext? Was etwa in Deutschland vielerorts noch ein wesentlicher Teil der Schulkultur ist und bis in einzelne Bildungspläne hinein offiziell ermöglicht ist,[1] scheint auf den ersten Blick in den deutschschweizerischen Schulverhältnissen gänzlich verschwunden, gut verborgen oder mindestens heftig umstritten zu sein. An der Frage von Schulgottesdiensten entzünden sich gelegentlich stark emotionale Debatten, etwa wenn es um die Frage der Weihnachtsfeier im Schulhaus und die damit verbundene Frage der freiwilligen Teilnahme sowie den Schutz der muslimischen Schülerinnen und Schüler geht.[2]

Spiegelt sich hier nicht nur der Exodus eines bekenntnisgebundenen Religionsunterrichts bzw. der kirchlichen Kooperation mit Schule nun eben auch auf dem Feld der gottesdienstlichen Praxis wider, sondern auch die komplette Säkularisierung bzw. gar Laizisierung des öffentlichen schweizerischen Bildungswesens? Am Thema der Schulgottesdienste kann deutlich werden, ob die Kirchen am öffentlichen Ort der Schule überhaupt noch präsent sind und das Thema Religion ausserhalb des Fachunterrichts nach wie vor einen relevanten, orientierenden und gemeinschaftsstiftenden Aspekt des Schullebens darstellt.

Eine Vorbemerkung zum Ganzen im Blick auf die Begrifflichkeit sei hier angestellt: Zwar steht der Beitrag unter dem Terminus technicus des Schulgottesdienstes, doch faktisch wird dieser Begriff aus unterschiedlichen Gründen im helvetischen Zusammenhang für schulische Veranstaltungen mit religiöser Konnotation nur höchst selten verwendet. Vielmehr hat es den Anschein, als ob der

---

1 Vgl. Marcell Saß, Schulanfang und Gottesdienst. Religionspädagogische Studien zur Feierpraxis im Kontext der Einschulung, Leipzig 2010 und jüngst Petra Pfaff, Der Schulgottesdienst als Partizipationsgeschehen. Überlegungen zur leiblich-sinnlichen Wahrnehmung im Schulgottesdienst, Leipzig 2012; zum Hintergrund finden sich wichtige Beiträge in: Arbeitsstelle Gottesdienst (Hg.), Einschulung als neue Kasualie?, Zeitschrift der Gemeinsamen Arbeitsstelle für gottesdienstliche Fragen der Evangelischen Kirche in Deutschland 20, 2006, auch unter: www.ekd.de/liturgische_konferenz/download/Einschulung_als_neue_Kasualie_Monitor.pdf (Zugang 01.11.2014) sowie einschlägige Materialien bzw. Links zur Vorbereitung und Durchführung von Schulgottesdiensten auf www.rpi-virtuell.net/tagpage/3D0C7242-1E1D-422F-82E8-B5DCABF6CAA6 (Zugang 01.11.2014).

2 Vgl. www.swissinfo.ch/ger/archiv/Der_Weihnachtsbaum_bleibt_in_der_Schule.html?cid=5634226 (Zugang 01.11.2014).

Begriff selbst doch weitgehend exklusiv für liturgische Angebote der Kirchgemeinden reserviert ist. In der Regel ist im schulischen Zusammenhang eher von Feiern die Rede. Insofern wird der Begriff der Schulgottesdienste im folgenden Gang der Beschreibung und Interpretation zwar verwendet, dies aber in einem bewusst weiten heuristischen Sinn der religionsbezogenen rituellen Angebotsvielfalt. Im Einzelnen wird die jeweilige Begriffsverwendung, wie sie von den befragten Personen her vorgenommen wird, erläutert, so dass sich diese Heuristik dann ausdifferenziert.

Wenn nun festzustellen wäre, dass Gottesdienste und Feiern am Ort der Schule nur höchst selten oder gar nicht (mehr) stattfinden, sollte dies dann eigentlich auf Seiten der Schule oder auf Seiten der Kirchen und Religionsgemeinschaften als ein schmerzlicher Verlust empfunden werden? Und falls ja, wie könnte gegebenenfalls hier in neuer ritual- und religionssensibler Weise agiert werden? Diesen Fragen soll im Folgenden auf der Grundlage einer empirischen Untersuchung und deren Interpretation näher nachgegangen werden.

Dazu wurden im Sommer 2013 anhand einer E-Mail-Umfrage zum einen die für Bildungsfragen verantwortlichen Fachpersonen der reformierten Kantonalkirchen kontaktiert und befragt, zum anderen die Mitglieder des Verbandes Schweizer Religionslehrerinnen und Religionslehrer (VSR) an Mittelschulen (d. h. an Gymnasien bzw. den sogenannten Kantonsschulen).

Über die kantonalkirchlichen Bildungsverantwortlichen wurde dabei – da ein entsprechender Verband für Religionslehrpersonen auf Primar- und Sekundarstufe nicht existiert – die kantonale Gesamtsituation an den öffentlichen Schulen überhaupt zu erheben versucht. Die drei Fragenkomplexe, zu denen sich diese Personen schriftlich äussern sollten, lauteten:

1. Nehmen Sie in Ihrem Kontext (Kollegenschaft, Kirche, Öffentlichkeit, Schulbehörden) eine Diskussion zum Thema Schulgottesdienste wahr und wie manifestiert sich dies? Haben sich hier aus Ihrer Sicht in den letzten Jahren diese Diskussionen verschärft?

2. Gibt es von Ihrer Seite aus Überlegungen, dieses Angebot an Schulen – sei es in der Aus- und Weiterbildung von Religionslehrpersonen, sei es durch Ihre Kontakte zu Schul- und Kirchenbehörden – zu stärken oder zu erhalten? Wenn ja, in welcher Weise, wenn nein, weshalb nicht?

3. Halten Sie selbst ein solches Angebot an der Schule für sinnvoll und welche Bedingungen müssten dafür aus Ihrer Sicht unter den jetzigen Gegebenheiten erfüllt sein?

Im Rahmen dieser Teilumfrage gingen Antworten der kantonalkirchlich Verantwortlichen aus Basel-Land, Basel-Stadt, Appenzell Innerrhoden und Ausserrhoden, Fribourg, Graubünden, Solothurn, St. Gallen, Thurgau und Zürich ein.

Von den 77 im VSR registrierten Gymnasiallehrpersonen antworteten 36 auf die Online-Umfrage. Diese umfasste grundsätzlich zwei Fragekomplexe anhand der Leitfragen, ob jeweils an der eigenen Schule Schulgottesdienste stattfinden oder nicht – wie schon erwähnt, wurde hierbei bewusst von einem weiten Begriff von Schulgottesdiensten ausgegangen. Tatsächlich haben die Befragten in ihren Antworten auch häufig eher den Begriff der Schulfeier als den des Gottesdienstes verwendet.

Im ersten Fall, also bei stattfindenden Schulgottesdiensten, schloss sich ein Fragekomplex I von 19 Fragen mit Ankreuz- und Ergänzungsmöglichkeiten an: Dieser umfasste den Aspekt konkreter Gottesdienstanlässe und deren Regelmässigkeit (Schulanfangsgottesdienst, Adventsgottesdienst, Weihnachtsgottesdienst, Ostergottesdienst, Schulabschlussgottesdienst, Andachten, Andere), besondere Anlässe (Tod einer Lehrperson, Tod eines Schülers / einer Schülerin, Einsetzung einer neuen Leitung, Einweihung eines neuen Gebäudes, Jubiläum der Schule, Andere), gefolgt von der Frage nach Gottesdiensten für spezielle Schulstufen oder für die ganze Schule, der Art und Weise der Ankündigung bzw. Bekanntmachung und Veröffentlichung, nach den Orten (Aula, Kirche, Gemeindehaus, Anderes) sowie zu den Zeiten (innerhalb der Schulzeit, ausserhalb der Schulzeit).

Daran anschliessend wurden die Lehrpersonen gefragt, ob es ihres Wissens an ihrer Schule rechtliche Bestimmungen zur Frage des Gottesdienstes gibt und ob sie diese auf einen kurzen Nenner bringen können. Im Weiteren wurde nach der Teilnahmefreiwilligkeit für die Schülerinnen und Schüler gefragt, nach den Verantwortlichkeiten hinsichtlich der Planung und Durchführung (Ich alleine, Ein Team, bestehend aus ..., Schülerinnen und Schüler) sowie danach, ob die Gottesdienste in der Regel ökumenisch oder interreligiös verantwortet und durchgeführt werden. Anschliessend konnten die Elemente der jeweiligen Gottesdienste (Gebete, Lieder, Musik, Unservater, Segen, Meditation, Anderes) sowie die Themen jüngst abgehaltener Gottesdienste genannt werden.

Es folgte die Bitte um Einschätzungen dazu, wie gross aus Sicht der Befragten die Unterstützung von Lehrerteam und Schulleitung für solche Gottesdienste ist (sehr gross, gross, mittelmässig, gering, keine Unterstützung) und ob diesbezüglich eine Entwicklung innerhalb der letzten Jahre festzustellen ist. Im Weiteren wurde gefragt, ob im schulischen Umfeld Auseinandersetzungen über Gottesdienste bekannt sind und falls ja, wie der Konflikt geregelt wurde. In diesem Zusammenhang wurde gefragt: «Welche Position nehmen Sie selbst zu dieser Frage ein? Welche Bedeutung/Nutzen sehen Sie selbst in solchen Gottesdiensten?»

Die Schlussfragen befassten sich mit konkreten Beispielen der Durchführung aus jüngster Zeit, für die auch entsprechende Materialien mitgesendet werden konnten, sowie mit der Frage nach der Unterstützung von Schulgottesdiensten durch die Schule bzw. nach der Zusammenarbeit mit der Kirchgemeinde. Hier wurde ebenfalls gefragt, welche Form die allfällige Zusammenarbeit annimmt (Ankündigung und Werbung, Nutzung des Kirchenraums, Mitwirkung kirchlichen Personals, Mitwirkung kirchlicher Ehrenamtlicher, Anderes). Den Schluss bildete die Frage, ob es zugleich in der jeweiligen Kirchgemeinde einen Gottesdienst gibt, der diesem Thema (z. B. Schulanfang) gewidmet ist und ob dieser in Zusammenarbeit mit der befragten Lehrperson oder unabhängig von ihr veranstaltet wird.

Schon hier sei notiert, dass in manchen Antworten der Religionslehrpersonen darauf hingewiesen wird, dass in Kirchgemeinden nach wie vor Gottesdienste v. a. zur Einschulung und zum Schuljahresbeginn angeboten werden. Von diesen kirchgemeindlich verantworteten, bewusst ausserschulischen Veranstaltungen soll aber im Folgenden der Darstellung bewusst nicht näher die Rede sein, sondern das Hauptaugenmerk auf solche Veranstaltungen gerichtet werden, die ganz bewusst am Ort der Schule oder in Verantwortung der Schule stattfinden bzw. von schulisch angestellten Personen initiiert, geplant und durchgeführt werden.

Im Falle von Schulen, an denen es keine Schulgottesdienste gibt, umfasste der optionale Fragenkomplex II den Aspekt möglicher Gründe (keine Engagierten, Verbot der Schulleitung oder Schulpflege, kein Interesse bei der Schülerschaft, Anderes), seit wann diese nicht mehr stattfinden (seit relativ kurzer Zeit, nämlich seit …, noch nie), ob es Kompensationen für diesen Wegfall gäbe, und ob die Lehrpersonen anstreben, «sich an neuen Formen zu beteiligen oder diese zu initiieren».

Fragen zur Person im Blick auf die eigene Lehrerfahrung im Fach Religion (seit wann), die konkrete Schule und Klassenstufen sowie zum fachlichen Hintergrund (Studium und Ausbildung) sollten wiederum von allen Lehrpersonen beantwortet werden. Am Ende wurde unter «Was ich sonst noch zum Thema sagen wollte», Raum für noch nicht abgefragte Aspekte geboten. Gerade hier erfolgten allerdings von einer ganzen Reihe von Lehrpersonen teilweise sehr ausführliche Statements zu ihrer gegenwärtigen Wahrnehmung des schulischen Religionsunterrichts und des Selbstverständnisses der Schule sowie des eigenen Lehrens, die für die Auswertung von besonderer Aufschlusskraft waren.

2. Zu den Erkenntnissen der Umfrage

2.1 Zu den kantonalen Gesamtsituationen

Bekanntermassen sind die Systeme und Strukturen des schulischen Religionsunterrichts in der Schweiz denkbar vielfältig.[3] Aber grundsätzlich ist davon zu sprechen, dass die Präsenz der Kirchen und eines kirchlich ausgebildeten Lehrpersonals in den vergangenen Jahren weiter zurückgegangen ist. Sowohl auf der Primar- und Sekundarstufe der Volksschule wie auch an den Gymnasien wird ein

---

3   Vgl. dazu Thomas Schlag, Religiöse Bildung an Schulen in der Schweiz, in: Martin Jäggle / Martin Rothgangel / Ders. (Hg.), Religiöse Bildung an Schulen in Europa. Teil 1: Mitteleuropa, Göttingen 2013, 119–156, sowie ders., Religionsunterricht in der Schweiz – Situation, exemplarische Befunde und Perspektiven, ZPT 65, 2013, 34–43.

konfessioneller bzw. bekenntnisgebundener schulischer Religionsunterricht in der Regel nicht mehr erteilt. Dies ist in einigen Kantonen schon seit vielen Jahrzehnten der Fall, in anderen haben sich die Verhältnisse teilweise erst in den letzten Jahren verändert.

Dies bedeutet nun in Fällen aktueller Veränderungen, dass die bisher kirchlich ausgebildeten oder angestellten Lehrpersonen, also insbesondere Pfarrpersonen und Katechetinnen, die bisher noch Religionsunterricht erteilt haben, am Ort der Schule noch weniger als bisher ohnehin schon präsent sind. Dies sei an dieser Stelle durchaus wertfrei notiert, denn tatsächlich erfordert ein dezidiert bekenntnisunabhängiges, religionskundliches Schulfach auch ein staatlich ausgebildetes Lehrpersonal, das sich ihrer möglichen religiösen Haltung zwar bewusst ist, diese aber nicht im Sinn eines externen Auftraggebers auf bekenntnisorientierte Weise hin in das schulische Unterrichtsgeschehen einbringen soll.

Ob die Kirchen – um es hier schon vorweg zu nehmen – allerdings gut daran getan haben, sich in den vergangenen rund fünfzehn Jahren sukzessive aus den Schulen herausdrängen zu lassen, steht auf einem anderen Blatt. Denn damit sind natürlich bisher bestehende, etwa seelsorgerliche und schlichtweg am Schulalltag partizipierende Anknüpfungsmöglichkeiten praktisch nicht mehr gegeben – und dies hat massive Auswirkungen, wie sich zeigen wird, auch im Bereich der Schulgottesdienste.

Wie nehmen nun – um zur ersten Befragungsgruppe zu kommen – die kantonalkirchlichen Beauftragten die Gesamtlage in ihren Bereichen wahr?

Im Kanton Schwyz, in dem insbesondere die katholische Kirche immer noch einen festen Stand in der Schule hat, wird vielerorts die Schulmesse gefeiert, teilweise ausserhalb der Schulzeit, teilweise sogar als Teil des Schulstundenplans. Zu Schuljahresanfang und -schluss werden an einigen Orten ökumenische Schulgottesdienste gestaltet. Wo eine gute Beziehung zwischen Kirche und Schule besteht, bringen sich einzelne Lehrer mit ihren Schulklassen auch in die Vorbereitung ein. Im Grossen und Ganzen scheinen die Schulgottesdienste noch akzeptiert zu werden. Doch schon hier zeigen sich Umbrüche. So haben Lehrpersonen früher selbstverständlich die Schülerinnen und Schüler zum Gottesdienst begleitet, während dies heute weniger der Fall zu sein scheint, weil sich manche Lehrpersonen als Aufsicht «missbraucht» fühlen. Manche Lehrpersonen wären offenbar nicht traurig, wenn diese Angebote nicht mehr stattfänden. Von der verantwortlichen kantonalkirchlichen Person wird konstatiert, dass man Schulgottesdienste nicht mehr planen sollte, wenn es «den katechetisch Tätigen nicht gelingt, die Kinder dafür zu begeistern».

In Fribourg, wo man von Seiten der Kirchen immer noch auf eine vergleichsweise stabile katholische Präsenz setzen kann und der konfessionelle Religionsunterricht sogar in der kantonalen Verfassung verankert ist, scheinen Schulgottesdienste dort, wo diese traditionell nach wie vor stattfinden, gegenwärtig nicht umstritten zu sein. Zugleich gibt es deutliche Tendenzen einer ökumenischen

Zusammenarbeit auf diesem Feld, was aber in katholischen Gebieten offenbar nicht immer zufriedenstellend verläuft. Offenbar sind sich Katecheten und Katechetinnen oft immer noch nicht bewusst, was es heisst, Schulgottesdienste in einer religiös-pluralen Schulsituation durchzuführen, wenn sie von einer «Volkskirchlichkeit» ausgehen, die so nicht mehr besteht. Dies kann vor Ort zu den entsprechenden Problemen und Exklusionen führen.

Die bestehende Tradition scheint auch im Kanton Graubünden nach wie vor weitgehend Bestand zu haben – auch wenn zu sehen sein wird, wie sich hier angesichts des neuen Mischmodells von konfessionellem und bekenntnisunabhängigem Religionsunterricht das Verhältnis von Kirche und Schule weiterentwickeln wird. Jedenfalls hängt die lokale Praxis zum einen von der Tradition der einzelnen Schulhäuser, zum anderen von der jeweiligen Initiative der kirchlichen Lehrpersonen ab. Zu konstatieren sind Schulgemeinden mit Schulgottesdiensten unter Einbezug der Ortspfarrpersonen, Schulgottesdienste, die unabhängig von der Schule von den Kirchgemeinden und Pfarreien durchgeführt werden und Schulanfangsfeiern, die von den Schulen allein gestaltet werden.

Im Kanton St. Gallen, in dem ebenfalls noch von einem engen Kooperationsverhältnis von Schule und Kirche auszugehen ist, werden sowohl auf Seiten der Schule wie auch der Lehrkräfte immer wieder grosse Unsicherheit und Unbehagen festgestellt, ob und wie in der multikulturellen Vielfalt denn überhaupt Gottesdienste gefeiert werden und wie interreligiöse Feiern aussehen könnten. Dies hat nicht unwesentlich damit zu tun, dass auf muslimischer Seite in den meisten Fällen kein «Gegenüber» oder Ansprechpartner vorhanden ist. Eine gewisse Ambivalenz ist oftmals bei Schulleitungen zu spüren: So finden sich in Schulhäusern durchaus Weihnachtsdekorationen und es finden schulisch veranstaltete Weihnachtskonzerte oder Weihnachtsfeiern statt, die inzwischen häufig bewusst Elemente auch aus anderen Religionen integrieren.

Demgegenüber sind Schulgottesdienste im Kanton Thurgau ganz allgemein kein Thema, weil hier die Abhaltung von Schulgottesdiensten gegen das Selbstverständnis der Schulen als weltanschaulich neutrale Schulen steht. In der immer noch kirchlich verankerten Ausbildung zur Religionslehrperson wird die Kompetenz, Schulgottesdienste abzuhalten, nicht vermittelt, weil von den Schulen Schulgottesdienste nicht ausdrücklich gewünscht werden und dort, wo dies der Fall sein sollte, die Durchführung in die Kompetenz von Pfarrpersonen fiele. Dies würde dann auch bedeuten, bei der Durchführung eines solchen Angebots in jedem Fall strikt zwischen Christen und Nichtchristen zu trennen, was bei entsprechenden Versuchen im Primarschulbereich schon rein organisatorisch scheiterte. Was hingegen in der kirchlichen Ausbildung für den schulischen Religionsunterricht berücksichtigt und eingeübt wird, sind religiöse Rituale und Andachtsformen im Rahmen des Religionsunterrichts.

Insbesondere in solchen Kantonen, in denen die Kooperation von Kirche und Staat in Fragen des schulischen Religionsunterrichts nur gering und die multireligiöse Durchmischung stark ist, sind auch Schulgottesdienste kaum ein bzw. kein Thema mehr: So werden im weitgehend laizistisch orientierten Kanton Basel Stadt, aber etwa auch an den fünf Gymnasien im Bereich Basel-Land, keine solchen Angebote in der Schule durchgeführt.

Auch in Zürich sind spätestens mit der Einführung des religionskundlichen Faches «Religion und Kultur» die bisherigen Kontaktflächen geringer geworden. Ein Bedürfnis nach Schulgottesdiensten auf Seiten der Schulleitungen und Lehrpersonen nehmen die kantonalkirchlich Verantwortlichen hier nicht wahr. Dies hängt möglicherweise auch damit zusammen, dass bei vielen Lehrpersonen keine kirchliche Verwurzelung gegeben ist und somit hier eine Kritik der Vereinnahmung durch die Kirchen befürchtet wird.

Im Blick auf die solothurnischen Verhältnisse sind die Kirchen insbesondere in den städtischen Regionen im Schulhaus ebenfalls kaum noch präsent. Hier könnten laut Auskunft der Verantwortlichen solche Feiern auf grosse Opposition stossen, da zum Teil nur noch etwa die Hälfte der Kinder und Jugendlichen überhaupt einen christlichen Hintergrund mitbringen und damit Schulgottesdienste faktisch viele der Schülerinnen und Schüler ausschliessen würden. Im ländlicheren Bereich haben offenbar römisch-katholische Pfarreien einen grösseren Drang, Schulgottesdienste durchzuführen, was dann aber im ökumenischen Miteinander Schwierigkeiten zu erzeugen scheint. An der Kantonsschule Solothurn finden seit mehr als zehn Jahren keine Gottesdienste mehr statt.

Bei Schulgottesdiensten mit Beteiligung ganzer Klassen stellt sich gleichwohl die Frage interreligiöser Feiern, wobei auch hier die Teilnahme an der Vorbereitung bzw. die Mitwirkung weiterer religiöser Gruppierungen unklar ist. In diesem Zusammenhang besteht übrigens auch durchaus eine Sensibilität und Bereitschaft dafür, bei den Planungen auch die Tatsache konfessionsloser Schülerinnen und Schüler mit zu berücksichtigen.

2.2 Zur Situation an den Gymnasien

Während in den meisten Kantonen der Religionsunterricht auf der Primar- und Sekundarstufe I Teil des regulären Unterrichtsangebotes ist, ist an den Gymnasien sowohl die Erteilung wie die Teilnahme freiwillig geregelt. An den Gymnasien stellt sich die Situation des Religionsunterrichts im Vergleich zu den Volksschulen somit schon institutionell, aber teilweise auch pädagogisch anders dar. Das Fach selbst wird von Lehrpersonen erteilt, die über einen akademischen Abschluss, das sogenannte Lehrdiplom für Maturitätsschulen verfügen. Die Besonderheit ist dabei, dass diesem Abschluss normalerweise ein universitäres Fachstudium entweder in Theologie oder Religionswissenschaft zugrunde liegt. Konkret bedeutet dies – und das ist für die Frage der Schulgottesdienste an Gymnasien natürlich relevant – dass in einigen Fällen Lehrpersonen für das Fach Religion eben keine ausgebildeten Theologinnen oder Theologen sind und somit auch am Ort der Gymnasien nur lockere Bindungen zum kirchlichen Bildungshandeln bestehen.

Je nach Bereitschaft der Schulleitungen und vor allem je nach Interesse der Schülerschaft kann an der jeweiligen Schule ein Freifach (auf den unteren Klassen des Gymnasiums) oder Ergänzungsfach Religion (in den oberen Schlussklassen bis zur Matura) eingerichtet werden. Dieses soll aber, wie auch der Religionsunterricht an der Volksschule, als bekenntnisunabhängig verstanden werden. Im Ergänzungsfach als Wahlpflichtfach wird dabei in der Regel nicht nur die christliche Religion gelehrt oder in die Traditionen des Christentums eingeführt, sondern alle fünf grossen Weltreligionen sowie Fragen der Ethik und Religionskritik sind Gegenstand des Unterrichts. In dessen Rahmen wird zuweilen auch an gottesdienstlichen Veranstaltungen in Synagoge, konkret an einer Chanukka-Feier, Moschee, buddhistischem Zentrum oder Kirche teilgenommen, wobei diese dann aber klar als Besuchsveranstaltungen deklariert sind. Nach Auskunft einer Lehrperson sei der Unterricht sogar mit dem Geschichtsunterricht vergleichbar.

Die Entwicklung des Faches bringt ein Zürcher Religionslehrer, der das Fach seit 1986 unterrichtet, prägnant auf den Punkt: «Als ich ins Gymnasium ging (1965–71), war der RU noch konfessionell geprägt. Man hat gebetet und gesungen. Der RU wurde ausschliesslich von Pfarrern erteilt. Das hat sich in den 70er Jahren geändert. Der RU ist – parallel zu der Entwicklung an der Volksschule […] konfessionsneutral geworden und schliesslich zu einem reinen Bildungsfach, wie Geschichte, Geografie usw.» geworden.

Diese Situation spiegelt sich nun auch in den Rückmeldungen der Lehrpersonen wider, aus denen einige wesentliche Tendenzen abgelesen werden können:

2.2.1 Wo keine Gottesdienste (mehr) stattfinden

Für die grössere Zahl der befragten Gymnasiallehrpersonen sind Schulgottesdienste kein Thema bzw. kein Thema mehr an ihrer Schule, was in unterschiedlicher Weise begründet und ausgeführt wird:

Schulleitungen werden so wahrgenommen, dass sie zwar einerseits dem Religionsunterricht wohlwollend gegenüberstehen, ihre Haltung gegenüber religiösen Institutionen allerdings eher kritisch ist. Manche Lehrpersonen haben den Eindruck, dass die zuständigen Behörden und Gremien peinlichst genau darauf achten, dass an den Kantonsschulen nur Wissen über Religionen weitergegeben wird und keine Glaubensvermittlung erfolgt. Zudem wird von einigen vermutet, dass Schulgottesdienste von einem beträchtlichen Teil der als atheistisch wahrgenommenen Lehrerschaft rigoros bekämpft würden.

Sehr viel weniger dramatisch wird generell von den Religionslehrpersonen konstatiert, dass sich ihrer Wahrnehmung nach weder ausreichend Engagierte für ein solches Angebot finden lassen noch ein echtes Interesse bei der Schülerschaft besteht. Für die konfessionell neutrale, staatliche Schule werden religiöse Veranstaltungen als zunehmend unplausibel angesehen, noch zumal von einigen Lehrpersonen bei den meisten Schülerinnen und Schüler auch privat keine intensive religiöse Praxis wahrgenommen wird.

Es zeigt sich bei manchen Aussagen auch, dass einige Entwicklungen vor Ort eher jüngeren Datums sind, das heisst, die Abschaffung von Schulgottesdiensten scheint dort, wo diese etabliert waren, häufiger in die 1990er Jahre zu fallen. Jedenfalls lautet die Auskunft häufiger, dass Schulgottesdienste seit «mehreren Jahrzehnten» an der jeweiligen Schule nicht mehr stattfinden.

Das Spitzenzitat – wohlgemerkt eines Religionslehrers – lautet hier: «Die Veranstaltung von Gottesdiensten für die Schülerschaft käme bei uns niemandem nur in den Sinn» und eine andere Person, von Haus aus katholischer Theologe, formuliert in vergleichbar eindeutiger Weise: «Ich sehe keinen Bedarf für eine gymnasiale Seelsorge. Unsere Schülerinnen und Schüler sollen sich in den Gemeinden engagieren».

Diese Grundwahrnehmungen zeigen sich nun auch in den konkreten Entwicklungen an einzelnen Gymnasien in den verschiedenen Kantonen:

Eindrucksvoll heisst es von einer Religionslehrerin eines Zürcher Gymnasiums: «Das Höchste, was auf Schulbasis bisher entstehen konnte, war die sog. ‹Abschlussstunde› am Ende des Schuljahres. Zweimal haben wir diese durchgeführt. Gewisse Lehrpersonen haben eine regelrechte Phobie vor dem ‹Kirchlichen/Religiösen›. Die Feier stiess deshalb zunächst auf grossen Widerstand. Dank der Unterstützung durch die Schulleitung ist der Anlass doch zustande gekommen. Im ersten Jahr konnten interessanterweise italienische, spanische und englische Weihnachtslieder gesunden werden, doch ein ‹Stille Nacht› oder ‹O du Fröhliche› war nicht denkbar. Im zweiten Jahr habe ich mit einem Musiklehrer (und dem Schulchor) am Schluss diese Lieder ‹spontan› eingebracht, die versammelten Schülerinnen und Schüler und Lehrpersonen sangen mit, niemand hat sich beklagt.» Von einem anderen Zürcher Gymnasium wird berichtet: «Ein ‹Frühlings-Ritual› ist das allerhöchste, was man sich [...] leisten kann/darf, ein Hauch von Religion ist darin nicht zu finden.»

Dies wird aber auch vom Selbstverständnis mancher Religionslehrperson selbst verstärkt: So gibt jemand die Auskunft: «In meinem Augen ist die Raucherecke mein ‹Gottesdienst-Raum› (tschuldigung, wenn das jetzt zu provokativ sein sollte ...): hier werden Sorgen und Nöte mitgeteilt, hier werden Wege und Lösungen für die Lebensprobleme gefunden (manchmal ...) – und hier ist ein ‹mein GOOOTTT› manchmal sogar ein Gebet». Das inhaltliche «Hauptgeschäft» in Sachen Religion wird insofern in den ganz normalen Unterrichtsstunden verortet.

Die alljährliche Weihnachtsfeier des Berner Gymnasiums Köniz-Lerbermatt im Berner Münster wurde unter dem Einfluss einer als atheistisch wahrgenommenen Lehrerschaft vor einiger Zeit zu einem reinen Konzert umfunktioniert, in dem zwar noch Lieder mit religiösen Texten gesungen, doch weder Gebete gesprochen noch Bibeltexte gelesen werden.

An der Neuen Mittelschule Bern ist es Brauch, kurz vor Weihnachten in der Französischen Kirche Bern zusammenzukommen, um den Jahresabschluss und

Weihnachten zu feiern, wobei man diese Feiern nicht Gottesdienst nennt. Auch sind weder Gebete noch meditative Teile integriert. Allerdings singt man Weihnachtslieder und es wird jeweils eine Geschichte, in der weihnachtliche Themen im weitesten Sinne aufgenommen werden, vorgetragen.

Eine ähnliche zivilreligiöse Feier stellt wohl eine von der Kantonsschule Alpenquai in Luzern musikalisch gestaltete Lichtfeier zu Beginn des Advents dar, die seit rund 30 Jahren in der Jesuitenkirche Luzern durchgeführt wird. Diese richtet sich dabei nicht nur an die Schulgemeinschaft, sondern auch an eine breitere Öffentlichkeit. Neben Sakralmusik werden religiöse und literarische Texte vorgetragen.

An der Kantonsschule Zug gibt es seit Jahrzehnten ebenfalls keinen Gottesdienst mehr, hingegen eine Feier vor Weihnachten, die von den Religionslehrern organisiert wird, interessanterweise offenbar auch von den Lehrpersonen, die nicht Theologie studiert haben. Diese firmiert aber ebenfalls nicht unter dem Namen eines Gottesdienstes. Aber selbst dies gilt einem religionswissenschaftlich ausgebildeten Religionslehrer an dieser Schule noch als zu stark religiös und als eine Form von religiöser «Pseudo-Neutralität»: Denn bei dieser Feier am letzten Schultag vor Weihnachten würden Weihnachtslieder gesungen, so dass sich für ihn die Frage stellt, ob es nicht sinnvoller wäre, nach schulischen Ritualen zu fragen, die zur Bildung einer gemeinsamen Identität beitragen könnten.

Eine ähnliche zivilreligiöse Feier findet an der Kantonsschule Solothurn statt, durch die ebenfalls jeweils eine öffentliche Weihnachtsfeier in der Jesuitenkirche Solothurn organisiert wird. Auch das Berner Gymnasium Neufeld kennt die Tradition einer Weihnachtsfeier, allerdings ebenfalls ohne konfessionelle Bezugnahme im engeren Sinn. Interessanterweise stand die im Jahr 2013 von den Fachschaften Religion und Musik veranstaltete Feier unter dem Thema «Uns ist ein Kind geboren – Geburtsgeschichten aus aller Welt».

Die Teilnahme an diesen Feiern ist für die Schülerinnen und Schüler sowie die Lehrpersonen – kaum überraschend – jeweils freiwillig, auch wenn an einigen Kantonsschulen insbesondere zur Weihnachtsfeier der Besuch erwartet wird.

An einem Winterthurer Gymnasium findet ebenfalls eine als offene Weihnachtsfeier (und nicht als Gottesdienst!) bezeichnete Veranstaltung statt, die dort offenbar lange Tradition hat. Organisiert wird diese vom Religionslehrer mit Team und je nach Art und Weise der Feier mit Fachschaftskollegen, Klassen und einzelnen Schülerinnen und Schülern. Die Bausteine bestehen aus Texten, Geschichten, Gedichten, Szenen, oder auch einem Schattentheater, was schon darauf schliessen lässt, dass sie sich nicht exklusiv auf einen bestimmten konfessionellen oder religiösen Kernbestand beziehen.

Interessant ist auch die Einschätzung einer theologisch ausgebildeten Religionslehrperson aus der Kantonsschule Zürcher Oberland in Wetzikon, wonach diese Schule sehr viele «ritualisierte» Veranstaltungen habe – genannt werden dann etwa «Serenade, Christmas carol, volley-nacht, kzo openair, theater» – bei denen «nicht (oder selten) spezifische religiöse Inhalte vorkommen, aber m. E. ähnliche Bedürfnisse abgedeckt werden.»

Als Relikt in Schuleröffnungsgottesdiensten hat sich an der Kantonsschule Willisau im Kanton Luzern die Tradition erhalten, dass neben dem Rektor auch ein Mitglied der Fachschaft Religionskunde und Ethik ein Gedanke zum neuen Schuljahr mitgibt. Gedenkfeiern beim Tod von Schüler, Schülerinnen oder Lehrpersonen tragen offenkundig auch keinen religiösen Charakter im engeren Sinn.

Insgesamt scheint dort, wo noch eine Art religiöser Weihnachtsfeier existiert, auch diese eher auf wackeligen Füssen zu stehen oder zu einer stark vom gottesdienstlichen Geschehen unterschiedenen Form zivilreligiösen Feierns geworden zu sein. Auch wenn als Ort des jeweiligen Ereignisses in vielen Fällen noch Kirchgebäude genutzt werden, so scheinen diese doch eher als vergleichsweise profane Veranstaltungsgebäude verstanden zu werden. Verbindungen zur jeweils lokalen Kirchgemeinde oder gar gemeinsame Durchführungen der Veranstaltung werden praktisch nicht erwähnt.

Nur wenige dieser Lehrpersonen bemängeln diese Tatsache oder stellen sie in Frage. Sie sind demzufolge auch nicht geneigt, hier in irgendeiner Weise zu reagieren. Die Situation wird vielmehr ganz realistisch und weitgehend emotionslos konstatiert. Vereinzelt wird notiert, dass man zwar selbst keine Initiative zu einer Wiederbelebung eines eindeutiger christlich geprägten Gottesdienstangebotes ergreifen würde, man aber durchaus zur Verfügung stünde, falls durch die Schulleitung oder aus den Reihen der Schülerinnen und Schüler ein entsprechendes Bedürfnis angemeldet würde. Zugleich besteht durchaus das Interesse, über die Möglichkeit ökumenischer oder interreligiöser Schulfeiern intensiver nachzudenken. So werden Verbindungen zwischen bestehender schulischer Event-Kultur und etwa religiös und kirchlich geprägten musikalischen Formen für denkbar gehalten.

Auf den ersten Blick mag es so erscheinen, als ob sich die Religionslehrpersonen allzu defensiv und pessimistisch verhalten. Allerdings werden für eine solche Zurückhaltung neben dem immer wieder erfolgenden Hinweis auf die weltanschauliche Neutralität der Schule und einem Verständnis von Gottesdienst als Privatsache auch bewusst Aspekte des eigenen Rollenverständnisses benannt: So will man sich gerade als Lehrperson für Religion nicht als konfessionelle Lehrperson gebärden, sondern Muslimen, Atheisten und Christen bewusst einen allgemeinbildenden, interreligiösen und wissensorientierten Unterricht anbieten, um so auch alle Vorwürfe missionarischer Absichten zu entkräften.

Nun hat sich in der Umfrage aber auch gezeigt, dass an einer Reihe von Gymnasien durchaus bestimmte Traditionen nach wie vor gepflegt werden, die im engeren Sinn als schulgottesdienstliche Angebote und Veranstaltungen bezeichnet werden können. Dies ist im Einzelnen auf sehr verschiedene Gründe zurückzuführen. Im folgenden Abschnitt sollen diese Phänomene näher betrachtet werden, wiederum entlang der Selbstauskünfte der Lehrpersonen sowie einiger damit verknüpfter Recherchen zu den konkret benannten Angeboten.

2.2.2 Wo Schulgottesdienste stattfinden

Grundsätzlich kann gesagt werden, dass Schulgottesdienste im Kontext der Gymnasien dort stattfinden, wo aufgrund spezifischer Voraussetzungen der Schule ein bestimmtes christliches Profil sowie eine gewisse oder fest etablierte Tradition vorhanden ist, wo ein solches Angebot von den Schulleitungen unterstützt wird und wo dies auch noch ausreichend Unterstützung auf Seiten der Lehrpersonen, Schüler- und Elternschaft findet. Es zeigt sich übrigens in diesem Zusammenhang auch, dass der Religionsunterricht dort noch eine stärker bekenntnisorientierte Ausrichtung als an den staatlichen Schulen hat.

Gottesdienste finden hier – neben dem Anlass von Todesfällen von Schülerinnen oder Schülern oder Lehrpersonen – vor allem im jahreszeitlichen Zusammenhang statt, verstärkt in der Advents- oder Weihnachtszeit, in Privatschulen können sie – in Form von Andachten – auch Bestandteil des Wochenplans sein. Diese Angebote können sowohl in der Schule selbst wie auch vereinzelt in Kirchen stattfinden und scheinen – abgesehen von einigen klar nach katholischem Ritual ablaufenden Feiern – aus einem rituellen Mix von Symbolen, Liedern, Gebeten, Texten und Musik der unterschiedlichsten Art zu bestehen.

Eine ganz eigene Stellung hat die Ökumenische Mittelschulseelsorge im Kanton Zürich, insofern hier kirchliche finanzierte Religionslehrpersonen neben ihrem regulären Unterrichtsauftrag auch noch die Aufgabe haben, sogenannte Mittelschulfoyers zu betreuen, die insbesondere für seelsorgerliche Belange – in einem weiteren Sinn – zuständig sind.

Diese Foyers werden von der katholischen und der reformierten Landeskirche im Kanton Zürich getragen und stehen allen Schülerinnen und Schülern wie auch den Lehrkräften unabhängig von deren konfessioneller Zugehörigkeit offen. Der inhaltliche Ansatz geht zum einen davon aus, dass aus dem Kontakt von Schülerinnen und Schülern mit den Mittelschulseelsorgerinnen und -seelsorgern Beziehungen wachsen können, aus denen sich dann etwa auch Gottesdienste auf, wie es eine Verantwortliche formuliert, ‹privater› Basis ergeben können.[4] Insofern ist auch hier eine Zurückhaltung im Blick auf gottesdienstliche Praxis gegeben. Zum anderen aber zeigt sich doch noch einmal eine etwas dezidiertere Angebotsstruktur:

So werden etwa im Rahmen des Ökumenischen Mittelschulfoyers Limmattal Weihnachtsfeiern im schulischen Kontext der Kantonsschule Limmattal Urdorf organisiert. Diese finden in der katholischen Kirche in Urdorf mit rituellen Ele-

---

4   Vgl. zum Konzept: www.foyer-raemibuehl.ch/file/pdf/Konzept%20Mittelschulseelsorge.pdf (Zugang 20.11.2014).

menten eines regulären Gottesdienstes und unter Beteiligung des Schulchores sowie der Musiklehrer statt. Offenbar erfolgt jeweils eine direkte Einladung an konfessionell verortete Schülerinnen und Schüler, um so auch die Exklusionsproblematik mindestens indirekt aufzunehmen. Die Unterstützung von Schulleitungen und der Kollegenschaft wird durch den Vertreter des Mittelschulfoyers allerdings als mittelmässig eingeschätzt. Aufschlussreich ist seine Auskunft: «Es gibt eigentlich keine Probleme bzw. Diskussionen, da wir als MittelschulseelsorgerIn es entsprechend formulieren: ‹Weihnachtsfeier *für* die Kantonsschule› und nicht: ‹Weihnachtsfeier *der* Kantonsschule›. Denn dann müsste der Lehrerkonvent als Ganzes dahinterstehen bzw. die Organisation übernehmen. Da käme sicherlich eine kontroverse Diskussion über den Sinn und über die Form einer Weihnachtsfeier im Rahmen einer Kantonschule auf.» In diesem Zusammenhang wird interessanterweise auch der Kontakt zwischen Schule und Kirche betont, insofern die katholische Kirchgemeine Urdorf den Kirchenraum und für den anschliessenden Apéro entsprechende Räume kostenlos zur Verfügung stellt.

In Zusammenarbeit mit der Schule gibt es an der Kantonsschule Freudenberg einen Jahresabschluss («Atempause»), der unter Leitung der Mittelschulseelsorgerin in Zusammenarbeit mit einzelnen Klassen organisiert wird. In manchen anderen Mittelschulfoyers werden ausserdem Adventsessen oder Adventsnachmittage organisiert, während dort aber keine Gottesdienste stattfinden. Bei schwierigen Fällen wie dem plötzlichen Tod einer Schülerin oder eines Schülers oder schweren Unfällen bieten die Mittelschulseelsorgerinnen und -seelsorger einen entsprechenden Rahmen, der jedoch individuell auf den einzelnen Fall abgestimmt wird. Am Ende des Schuljahres werden weitere verschiedene Veranstaltungen wie ein gemeinsames Essen, Weekends oder Reisen von den verantwortlichen Personen angeboten. Eine bis vor kurzem durchgeführte Roratefeier am Realgymnasium Rämibühl mit Besinnung, Musik und Frühstück wurde mangels Teilnahmewilligen im Jahr 2012 zum ersten Mal nicht mehr durchgeführt. Da auf entsprechende Werbung hin offenbar von Seiten der Schülerschaft nur noch minimales Interesse signalisiert wurde, sind hier entsprechende Initiativen für die ganze Schule eingestellt worden.

Über diese institutionell gewährleistete, kirchlich finanzierte und verantwortete Mittelschularbeit hinaus, die ja zugleich eine wesentliche Kontaktfläche zwischen Kirche und Schule darstellt, finden sich in anderen Schulen weitere Formen gottesdienstlicher Angebote:

Das in Zürich angesiedelte Institut und Gymnasium Unterstrass blickt als 1869 gegründetes «Evangelisches Lehrerseminar» auf eine lange Tradition reformierter Prägungen zurück, die bis in die Gegenwart hinein sowohl in seiner pädagogischer Ausrichtung wie auch in der Frage der Schulgottesdienste einen gewissen Niederschlag finden.[5]

Infolge seiner Neupositionierung in den 1990ern sind die schulischen Feiern in ritualisierter und gewissermassen pluralitätsoffener Form nach wie vor vorhanden. So findet in der Aula der Schule vier Mal pro Woche ein jeweils zehnminütiger sogenannter «Tagesanfang» statt, der als Elemente Informationen, ein Lied (in ca. der Hälfte der Fälle mit ‹christlichem Hintergrund›, z. B. Gospel, klassisch, afrikanische Kirchenlieder) und einen gelesenen Bibelvers umfasst. Dieser wird montags gelesen und an den folgenden Tagesanfängen der Woche durchaus in freier, auch nicht-religiöser Interpretation kommentiert. Interessanterweise wird an der Schule auch immer wieder diskutiert, ob es ausschliesslich Bibeltexte sein müssen, die herangezogen werden. Dieser Tagesanfang wird von der Schulleitung als Moment der bewussten Gemeinschaftspflege und zugleich als Ort einer heilsamen Unterbrechung des Schultages sowie als bewusste Horizonterweiterung des Schulalltags verstanden. Daneben besteht ein «Wochenschluss» (die letzte Lektion am Freitag), zu dem ebenfalls weder gebetet noch gesungen wird, aber Themen mit christlichem oder kirchlichem Bezug oder Inhalt vorkommen. Vor Feiertagen wird regelmässig die Bedeutung eines christlichen Festes thematisiert. In der jährlich stattfindenden Adventsfeier werden die entsprechenden Lieder gesungen, hingegen verzichtet man auf Gebetselemente. Verantwortlich für diese Formen sind sowohl Lehrpersonen wie auch – für den Wochenschluss – Schülerinnen und Schüler. Für die genannten Veranstaltungen besteht Teilnahmepflicht.

Beim in Bern angesiedelten Gymnasium bzw. Campus Muristalden handelt es sich um eine 1854 als «Evangelisches Seminar Muristalden» gegründete Bildungseinrichtung, die inzwischen eine freie, staatlich subventionierte Mittelschule mit umfasst.[6] Offenbar ist im Kollegium die Frage nach den evangelischen Inhalten virulent, was einmal mehr zeigt, dass auch die einstmaligen Traditionen immer wieder neu mit Leben gefüllt und plausibilisiert werden müssen. Jüngst wurde ausführlicher über den Weihnachtsgottesdienst an dieser Schule berichtet.[7] Dieser findet in der Kirche statt und es besteht Teilnahmefreiwilligkeit. Er wird offenbar auf Seiten der Schülerinnen und Schüler und auch der Eltern als ein Grossereignis erlebt und bewahrt zugleich eine bestimmte Tradition der Schule. Die Unterstützung für diese Veranstaltung von Seiten der Schulleitung wird von der Auskunft gebenden Religionslehrperson als sehr gross eingeschätzt, von Seiten der Lehrerschaft als mittelmässig.

---

5   Vgl. www.unterstrass.edu/ueber_uns/ (Zugang 20.11.2014).
6   Vgl. zum Leitbild www.muristalden.ch/campus/informationen/zielsetzungen/ (Zugang 20.11.2014).
7   Vgl. Andreas Hohn, Ein Hallelujah jenseits von Eden. Ein Unterrichtsprojekt zur Frage nach Gott, reli 3, 2013, 24–26.

Nur in einem Fall, für die St. Galler Kantonsschule Burggraben, wurde notiert, dass im Fall des Todes eines Schülers oder einer Lehrperson ein ökumenisches Gottesdienstangebot an der Schule stattfindet und zugleich Unterstützung von Seiten der Schulleitung bei dieser «Trauerverarbeitung» und dem Abschied gegeben wird.

Die nach wie vor klarste Etablierung von Schulgottesdiensten zeigt sich an einer Reihe von katholischen Privatschulen. Auf die Rückmeldungen verantwortlicher Personen an diesen Einrichtungen wird hier im Folgenden ebenfalls kurz eingegangen:

Das Kollegium St. Fidelis in Stans ist seit 1988 als Kantonale Mittelschule Nidwalden eine staatliche Einrichtung, lebt aber nach wie vor von seiner Tradition als ehemaliger Kapuzinerschule und versucht diese lebendig zu halten:[8] Die dort etablierte Mittelschulseelsorge ist verantwortlich für Besinnungen, bei denen es sich weniger um Gottesdienste als vielmehr um bestimmte christliche Impulse handelt. Zu den wichtigen kirchlichen Festzeiten des Jahres finden Gottesdienste statt, so Rorate in der Adventszeit und die Weihnachtsfeier, die in der Kapuzinerkirche abgehalten wird. Die Besinnungen finden in der eigenen Kapelle – ausserhalb der Schulzeit und mit freiwilliger Teilnahme – statt, wobei auch nichtchristliche Schülerinnen und Schüler kommen. Die Unterstützung durch Schulleitung und Lehrerschaft wird von den Verantwortlichen des dortigen Mittelschulfoyers als gross empfunden.

An der Stiftsschule Engelberg, einer privaten benediktinischen Internatsschule mit teilweise öffentlichem Bildungsauftrag,[9] sind Andachten – etwa ein meditatives Abendgebet, Schulanfangs- und Schulabschlussgottesdienste sowie Rorategottesdienste fest etabliert. Dazu kommen pro Semester je ein Klassengottesdienst, an kirchlichen Feiertagen ein Gottesdienst für die internen Schülerinnen und Schüler und je ein Gottesdienst im Rahmen der jährlichen Besinnungstage für jede Klasse. Die Koordination der Gottesdienste liegt beim Leiter der Schulpastoral (Schulseelsorge), Religions- und Musiklehrpersonen verantworten diese und Liturgiegruppen bereiten einzelne Gottesdienste vor. Eröffnungs- und Schlussgottesdienst sowie die Gottesdienste während Besinnungstagen werden als Eucharistiefeiern abgehalten, während alle anderen Gottesdienste ökumenische Wortgottesdienste sind. Man versteht dieses Gesamtprogramm einerseits als Rückgriff auf die klösterliche Tradition, andererseits als Ausdruck des schulischen Profils und damit als eine liturgische und religionspädagogisch reflektierte Bildungsarbeit. Interreligiöse Feiern gibt es an der Schule nicht. Die Gottesdienste sind fest in die Jahres- und Semesterplanung der Gesamtschule integriert bzw. auf dem Ferienplan der Schule vorgemerkt und werden teilweise öffentlich im Schaukasten der

8 Vgl. www.kollegistans.ch/ (Zugang 20.11.2014).
9 Vgl. www.stiftsschule.ch/ueber_uns/profil/ (Zugang 20.11.2014).

Kirche oder im Gemeindeblatt veröffentlicht. Angebote werden via Aushänge (Plakate) publik gemacht. Als kirchliche Privatschule werden alle Schülerinnen und Schüler und alle Lehrpersonen aller Bekenntnisse und Religionen dazu verpflichtet, an den Gottesdiensten teilzunehmen, so dass keine Teilnahmefreiwilligkeit besteht. Interessanterweise ist nach Auskunft des Leiters des Lyzeums aber durchaus auch an dieser Schule eine offene Frage, ob bzw. inwiefern das christliche Profil einer kirchlichen Schule in einer offenen und zeitgemässen Form geschärft werden muss, was offenkundig schon Anlass für kontroverse Diskussionen war.

Ein ähnliches Grundprogramm mitsamt dem entsprechenden Anspruch findet sich auch in der Stiftsschule Einsiedeln wider: Während in den unteren Klassen der Religionsunterricht und die Besinnungstage religiöse Bildung bieten wollen, sollen in den letzten beiden Klassen Kompetenzen in Philosophie, Religion und Ethik erworben werden, um so auf das spätere Leben vorzubereiten. Ein Gebet oder eine kurze Meditation am Anfang des Schultages will dem eine unscheinbare, doch wichtige Note geben. Gottesdienste während des Schuljahres, sowohl mit der Gesamtschule wie mit einzelnen Klassen verankern die Suche nach Bildung in der Suche nach dem letzten Sinn. Angebote wie Meditationen über die Mittagspause oder der Austausch innerhalb des Lehrkörpers zu Fragen der Spiritualität wollen das Schulleben bereichern.[10] Bezüglich Verbindlichkeit heisst es exemplarisch: «Am Mittwoch, dem 28. August 2013 um 08.15 Uhr wird das Schuljahr mit einem feierlichen Gottesdienst in der Klosterkirche eröffnet. Wir erwarten dabei alle Schülerinnen und Schüler und laden auch die Eltern, die sich dazu frei machen können, herzlich ein.»[11]

Das von der Palottinergemeinschaft getragene regionale St. Klemens-Gymnasium in Ebikon[12] zeigt ebenfalls eine bewusste Orientierung an der eigenen Tradition auf. Zu allen wichtigen kirchlichen Jahresfesten finden Schulgottesdienste statt, ebenfalls ohne Teilnahmefreiwilligkeit. Allerdings werden die Gottesdienste in der Regel ökumenisch oder interreligiös verantwortet und durchgeführt. Zugleich konstatiert der für die Schülerseelsorge Verantwortliche in den letzten Jahren auch eine Abnahme der Unterstützung, so dass etwa die Teilnahme von Lehrpersonen von der Schulleitung eingefordert werden musste.

---

10 Vgl. www.stiftsschule-einsiedeln.ch/pages/deu/die-stiftsschule/religioese-betreuung.php (Zugang 11.11.2014).

11 Zuganghttp://stiftsschule-einsiedeln.ch/de/content/informationen-zum-ersten-schultag-21 (Zugang 11.12.2013).

12 Vgl. www.st-klemens.ch/ (Zugang 11.11.2014).

2.3 Neuentwicklungen

Angesichts der geschilderten Verhältnisse scheint es, als ob religiöse Feiern und insbesondere deren kirchliche Mitverantwortung im öffentlichen Schulkontext praktisch keine Rolle mehr spielen. Die starke Betonung der weltanschaulichen Neutralität scheint weder Raum zu bieten noch Interesse auszulösen, hier eine bestimmte Angebotskultur noch sehr viel länger zu erhalten oder gar zu revitalisieren. Interessanterweise sind aus jüngster Zeit nun aber einige Verlautbarungen zu konstatieren, die dieses Bild mindestens etwas relativieren. So hat etwa im Jahr 2007 das Erziehungsdepartement Basel-Stadt eine Handreichung herausgegeben, die sich, wenn auch nur knapp, zu christlichen Feiern erstmals positiv äussert. Darin heisst es: «Feiern mit christlichem Hintergrund (z. B. Weihnachtsfeiern) sind erlaubt. Sie müssen den Bildungszielen der Schule dienen, im Einklang mit der Neutralitätspflicht des Staates sein und dürfen religiöse Gefühle von Kindern und Jugendlichen, welche keiner christlichen Religion angehören, nicht verletzen. Ausserdem sollen auch andere Religionen und die religiösen Feste anderer Religionen, denen Kinder in einer Klasse angehören, in positiver Art und Weise thematisiert werden.»[13] Im genannten Kanton führen nach jahrelanger Unsicherheit offenbar nun viele Schulhäuser wieder Weihnachtsfeiern auf der Primar- und Orientierungsschulstufe durch, bei denen auch traditionelle und moderne christliche Weihnachtslieder wieder gesungen werden.

Im Rahmen des St. Galler gemeindekatechetischen Projekts «Geistliche Begleitung»[14] sollen schwerpunktmässig kirchlich verantwortete Schulanfangsgottesdienste gefördert werden, deren Entwicklung tatsächlich bereits zahlenmässig belegt werden kann. Dabei kann auch die Zusammenarbeit zwischen Schule und Kirche neu in die Diskussion gebracht werden. Die vom Religionspädagogischen Institut veranstalteten Kurse «Mit Jugendlichen Gottesdienste gestalten» und auch die Ausbildungstage zeigen, dass Jugendarbeit und kirchliche ausgebildete Lehrkräfte für den Religionsunterricht bestrebt sind, insbesondere im Umfeld von Advent und Passion aktiv zu werden.

Theoretisch wären auch im Rahmen des Zürcher «Religion und Kultur»-Modells Wege für eine Kooperation von Kirche und Schule – und sei es im Sinn des gemeinsamen Nachdenkens über interreligiöse Feiern – prinzipiell möglich. Ein mögliches Gelingen hängt allerdings von einem guten Kommunikationsklima zwischen Kirchen und Schulen und der Bereitschaft der verantwortlichen Personen zur Zusammenarbeit ab.

---

13 Erziehungsdepartement des Kantons Basel-Stadt (Hg.), Umgang mit religiösen Fragen an der Schule. Handreichung, Basel 2007, 7.

14 Vgl. www.ref-sg.ch/seite_243 (Zugang 01.11.2014).

3. Zusammenfassende Erkenntnisse und Folgerungen

In der Frage der Schulgottesdienste spiegelt sich ebenso deutlich die staatliche Neutralität des schweizerischen Schulverständnisses und Schulsystems wider wie die Tatsache der zunehmenden multireligiösen und multikulturellen schulischen Gesamtsituation. Dort, wo es bis vor wenigen Jahren noch bestimmte Traditionen des gottesdienstlichen Feierns im Rahmen der Schule gegeben haben mag, ist dies mehr und mehr weggebrochen. Das Interesse an gemeinsamen religiös konnotierten Feiern reduziert sich offenkundig an vielen Orten bestenfalls auf so etwas wie jahreszeitliche Rituale.

Bei den Jugendlichen selbst scheint dort, wo solche Angebote etwa im Rahmen der Mittelschulseelsorge stattfinden, die Bereitschaft zur Teilnahme weiter zu sinken. Wie einzelne Rückmeldungen zeigen, wird auch von den Lehrpersonen anderer Fächer und auch der Eltern in der Regel eine gottesdienstliche Feier weder gewünscht noch vermisst. Auch die schulischen Lehrkräfte des Religionsunterrichts gehen nur mit – gelinde gesagt – äusserster Zurückhaltung auf die Frage ein, ob es aus ihrer Sicht mehr Schulgottesdienste bräuchte. Dies scheint selbst für dramatische schulische Ereignisse zu gelten, etwa den Tod einer Lehrperson oder eines Jugendlichen, was in der Regel keinen Gottesdienst an der Schule zur Folge hat.

An dieser Situation etwas zu ändern, wird von Lehrpersonen kaum artikuliert, da sie offenkundig befürchten, dass dies missionarisch wirken könnte. Insofern zeigt sich eine Art der bewussten Privatisierung des Religiösen bis hinein in die Kreise theologisch ausgebildeter Religionslehrpersonen bzw. eine Art von Laizismus der verschärften Art.

Da nun angesichts der grundlegenden Veränderungen des schulischen Religionsunterrichts Pfarrpersonen und Katechetinnen nur noch selten die verantwortlichen Lehrpersonen für das Fach sind, gibt es erkennbar immer weniger Kontaktstellen von Kirche und Schule.

Dort, wo Gottesdienste oder Feiern stattfinden, ist deren Durchführung, wie schon angedeutet, zum einen entscheidend von der Präsenz von Pfarrpersonen, zum anderen vom Einverständnis und der Unterstützung der Schulleitungen und Kollegien abhängig. Sie sind meist durch eine knappe und zugleich sehr offene rituelle Praxis geprägt, die oftmals mehr in einer Art allgemeinreligiösem Vollzug besteht. Schulgottesdienste mit intensiveren Anknüpfungen an den konfessionellen Text- und Ritualbestand werden am ehesten noch an privaten konfessionellen Schulen angeboten und sind dann dort häufig verpflichtende Veranstaltungen.

Über das Ganze gesehen bildet sich die zunehmende Auseinanderentwicklung von Kirche und Schule gerade in dieser Frage in besonders deutlicher Weise ab. Was möglicherweise im Blick auf den Exodus der Kirchen hinsichtlich des schulischen Religionsunterrichts noch einigermassen verkraftbar erscheinen mag, nämlich die abnehmende Präsenz christlicher und religiöser Orientierung, zeigt sich hier nun in besonders eklatanter Weise. Damit brechen die seelsorgerlichen Kontaktflächen zwischen Kirche und Schule und zwar sowohl im Blick auf Eltern und Schüler, wie Lehrpersonen und Schulleitungen deutlich ab. Am Lebensort Schule ist paradoxerweise und in durchaus erschütterndem Sinn eine institutionalisierte christliche Lebensdeutungspraxis nicht mehr oder kaum noch präsent, was dann auch für entstehende Seelsorge- und Kasualsituationen von Seiten der Kirchen als ein erheblicher Verlust wahrgenommen werden sollte.

Welche praktisch-theologischen Folgerungen sind nun von diesen Beobachtungen aus zu ziehen?

Die Grundfrage ist, ob man sich auf ein Verständnis kirchlicher Praxis zurückziehen will, wonach der Ort der Schule als Ort öffentlicher kirchlicher Präsenz einfach aufgeben wird – vielleicht weil man meint, man hätte einer pluralistischen und säkularen Öffentlichkeit keine Orientierung mehr anzubieten? Eine solche Rückzugsstrategie aus dem öffentlichen Leben befördert aber nicht nur ein verengtes Verständnis christlicher Bildung und des Gottesdienstes als eines eminent öffentlichen Ereignisses, sondern auch ein eigenartig reduziertes Bild kirchlicher Seelsorge- und Öffentlichkeitspraxis.

Insofern sollte gerade diese Sachlage zu einer neuen Herausforderung führen, den Gottesdienst in seinem öffentlich-gesellschaftlichen und auch bewusst inmitten des säkularen Kontextes verankerten kirchlichen Begleitungs- und Bildungsangebots zu verstehen[15].

Als ein bewusst erkennbares Angebot im öffentlichen Raum müssen allerdings zugleich auch praktisch-theologische Wege gefunden werden, die Gesamtgestalt des Gottesdienstes für Angehörige anderer Konfessionen und Religionen zugänglich zu machen. Angesichts der inzwischen religiös und bunt gemischten Schülerschaft sehen ja sowohl die kantonalkirchlich Verantwortlichen wie die befragte Lehrerschaft eine bisher nicht bewältigte Herausforderung darin, interreligiöse Feiern zu organisieren. Und Konsens besteht darüber, dass in jedem Fall dezidiert einseitig konfessionell formatierte Feiern, gar unter Integration von bekenntnisähnlichen Formulierungen vermieden werden müssen, weil damit bestimmte Schülerinnen und Schüler unter Druck gesetzt oder gar konsequenterweise von solchen Feiern ausgeschlossen werden.

Dabei sollte aber für alle zukünftigen Überlegungen zur Gestalt und Gestaltung von Gottesdiensten nicht der Weg einer schleichenden Selbstsäkularisierung beschritten werden, etwa in dem Sinn, dass die Auswahl von Liedern, Ritualen oder Texten ganz beliebig werden könnte. Im Gegenteil wäre selbstbewusst von

---

15 Vgl. dazu Christian Grethlein, Erste kasualtheoretische Beobachtungen und Überlegungen, Zeitschrift der gemeinsamen Arbeitsstelle für gottesdienstliche Fragen der EKD 1, 2006, Einschulung als neue Kasualie? (Anm. 1), 5–15 sowie Kristian Fechtner, Liturgische Erkundungen und kasualtheologische Erwägungen, ebd., 16–26.

kirchlicher Seite aus zu betonen, dass es keineswegs weniger spannend ist, einen Psalm vorzulesen als ein Gedicht von Hermann Hesse und jedenfalls auch nicht weniger legitim, «Von guten Mächten» zu singen als einem Grönemeyer-Song zu lauschen.

Verwechseln manche Religionslehrpersonen – so mag man einige Aussagen der Umfrage deuten – möglicherweise die Institution Kirche und ihre eigene religiöse Praxis, wenn sie sich hier mit ihrer eigenen theologischen Haltung allzu sehr herausnehmen? Die Trennung von Staat und Kirche hat ja unbezweifelbar ihr gutes und wichtiges Recht, aber inwiefern dies auch für religiös-gottesdienstliche Rituale im schulischen Kontext zu gelten hat, bedarf der weiteren praktisch-theologischen Reflexion.

Aber auch für einen Schulkontext, in dem der Religionsunterricht inzwischen vornehmlich religionskundlich erteilt wird, sollte dieses Fach für unterschiedliche Rituale sensibilisieren und von der Erörterung gottesdienstlicher Praktiken der Religionsgemeinschaften aus dann auch Raum für existentielle Fragen mitintegrieren. Inwiefern dies einen teilnehmend-beobachtenden Mitvollzug bestimmter Praxis mitbeinhalten kann, wäre sicherlich eingehend weiter zu diskutieren. Von den kantonalkirchlich Verantwortlichen wird eingestanden, dass es gegenwärtig innerhalb der Ausbildung zur Religionslehrperson kaum einzelne Ausbildungsmodule gibt, die sich mit Fragen eines interreligiösen Feierns befassen.

Konkret gesprochen besteht die Herausforderung tatsächlich darin, hier riskante und interreligiös offene Liturgien in Erwägung zu ziehen, um so für die offenen Sinnfragen und die existentiellen Situationen eine passende und profilierte Deutung anzubieten. Ein solches Vorhaben ist nicht mehr, aber auch nicht weniger legitim als jede andere Deutung des Lebens und des Todes. Dabei kann es natürlich von kirchlicher und theologischer Seite nicht mehr darum gehen, irgendeinen Monopolanspruch zu erheben. Und es ist weder möglich noch sinnvoll, die einstmaligen Selbstverständlichkeiten kirchlicher Präsenz im schulischen Raum einfach zu revitalisieren. Aber gerade theologisch ausgebildete Religionslehrpersonen sollten den Mut haben, ihre eigenen Vorstellungen auch am Ort der Schule öffentlich ins Gespräch zu bringen.

Es gibt insofern gute praktisch-theologische Gründe, Religionslehrpersonen dazu zu ermutigen, sich im Blick auf das Religiöse nicht vornehm zurückzuhalten, sondern die eigene Religion und religiöse Haltung gerade in ihrer menschenfreundlichen und seelsorgerlichen Präsenz unbedingt öffentlich vor Augen zu führen.

Deshalb sind die Kirchen aus meiner Sicht gefragt, hier entsprechende Angebote zu machen, wie die Nähe von Schulen und Kirchen bzw. Religionsgemeinschaften wieder vergrössert werden kann. Dazu dürfte es hilfreich sein, gerade mit Vertretern unterschiedlicher Religionen vor Ort sowie den Schulleitungen in das konkrete Gespräch darüber einzutreten, was möglicherweise von diesen selbst als ein wichtiger möglicher Beitrag der Religionen zur Schulkultur empfunden werden könnte. In inhaltlicher Hinsicht müssen dafür die Überlegungen zu interreligiösen Feiern im schulischen Kontext deutlich ausgeweitet werden. Unter diesen Voraussetzungen wäre es dann sogar wieder möglich, Schulgottesdienste bzw. religiöse Schulfeiern als eine wesentliche Kontaktfläche von Schule und pluralistischer Gesellschaft samt ihrer religiösen Ausdrucks- und Praxisvielfalt zu verstehen und weiterzuentwickeln.

Universitätsgottesdienste

David Plüss / Christian Walti

1. War das eine Predigt?

Der Semestereröffnungsgottesdienst findet am Donnerstagabend in der zweiten Semesterwoche statt. Er wurde von einer Gruppe aus Studierenden und Dozierenden der Theologischen Fakultät vorbereitet. Der reformierte Universitätspfarrer hat frühzeitig den Kirchenraum reserviert. Man hat sich für die nahe gelegene reformierte Kirche entschieden, wobei darauf hingewiesen wurde, dass im nächsten Jahr die Kirche einer römisch- oder christkatholischen Gemeinde gewählt werden solle, um der ökumenischen Ausrichtung der Feier Rechnung zu tragen. Drei Studierende aus der medizinischen Fakultät sind für die musikalische Gestaltung zuständig. Nebst Orgel und Klavier werden Gitarre gespielt und Lieder vorgetragen. Die Vorbereitungsgruppe hat sich ausserdem zu einem Chor formiert, um die Fürbitten nach einem anglikanischen Responsorium zu singen. Die Feier ist insgesamt in einem hochkirchlichen Stil gehalten, wobei der traditionelle Ablauf mehrfach mit Gedichten von Kurt Marti unterbrochen wird. Die Liturgie wirkt auf einige der reformierten Mitfeiernden ungewohnt formell. Die Predigt wird von einer Philosophieprofessorin von der zentralen, wuchtigen Kanzel aus gehalten. Sie reflektiert über die Schwierigkeiten des Anfangens und gibt hilfreiche Tipps, wie diese zu bewältigen seien. Ihr Zielpublikum sind die kaum anwesenden Erstsemester. Dagegen nimmt sie keinen Bezug auf den Lesungstext über den Gotteskampf am Jabbok, der von der Vorbereitungsgruppe als Predigttext gedacht war. – War das eine Predigt? Die Frage wurde beim anschliessenden Apéro kontrovers diskutiert. Weitere Fragen standen im Raum: Wurde hier ein Gottesdienst der ganzen Universität oder nur der Theologischen Fakultät gefeiert? Zwar waren der Rektor und wenige Studierende anderer Fakultäten zugegen, der Grossteil der Teilnehmenden waren jedoch Studierende und Angehörige der Theologischen Fakultät. Sodann: Handelte es sich um einen Gottesdienst *der* Universität oder *für* die Universität? Soll er experimentell, ökumenisch, erkennbar konfessionell oder möglichst intellektuell gestaltet werden? – Es sind dies Fragen, mit denen sich diejenigen, die den Semestereröffnungsgottesdienst verantworten, Jahr für Jahr befassen, befassen müssen. Sie hängen konstitutiv zusammen mit dem Typus Universitätsgottesdienst, mit seiner historischen Entwicklung, seinen komplexen Verflechtungen und seiner prekären Position.[1]

---

1 Der Universitätsgottesdienst im Singular stellt eine typologische Konstruktion dar, die nicht der tatsächlichen Vielgestaltigkeit desselben entspricht. Dies wird im Folgenden deutlich und ist bei al-

Der Universitätsgottesdienst, um den es in diesem Beitrag geht, hat eine *doppelte Identität*: als Gottesdienst stellt er ein Wesensmerkmal und eine zentrale Vollzugsform von *Kirche* dar; zugleich ist es ein Gottesdienst der *Universität* und auf diese bezogen, wenn auch in durchaus unterschiedlicher Weise und Gestalt.[2] Diese doppelte Identität führt zu einer Grundspannung, die sich in vielfältige weitere Spannungsverhältnisse ausdifferenzieren lässt. Die Grundspannung ist die zwischen dem System der *Wissenschaft* und dem der *Religion*. Daraus ergeben sich die Spannungsverhältnisse von *Rationalität* und *Ritualität*, von *Bildung* und *Seelsorge*, aber auch von *Staat* und *Kirche* bzw. *Religionsgemeinschaften*.

Komplizierend kommt hinzu, dass es den Universitätsgottesdienst im Singular nicht gibt. Es gibt nur eine Vielzahl sehr unterschiedlicher liturgischer Formen, die als Gottesdienste *in* der oder *der* Hochschule gelten können. Dies gilt in besonderer Weise für die Schweiz, die im Unterschied etwa zu Deutschland die Institution der vom Staat und Kirche gemeinsam bestellten Universitätspredigerin bzw. des Universitätspredigers nicht kennt und auch keine eigens dafür gebauten Universitätskirchen mit eigenen Gemeinden und sonntäglichen Gottesdiensten.[3] Die gottesdienstliche Kultur an den hiesigen Universitäten reicht von repräsentativen Gottesdiensten zu Universitätsjubiläen über Semestereröffnungsgottesdienste und wöchentliche Taizé-Gebete bis hin zu monatlich stattfindenden Gemeindegottesdiensten, in denen ein Mitglied des Lehrkörpers der jeweiligen Theologischen Fakultät die Predigt hält.

Im Folgenden soll zunächst eine Bestandesaufnahme dieser vielfältigen Formen versucht und deren historische Genese rekonstruiert werden. In einem nächsten Abschnitt werden die genannten Spannungen beschrieben und diskutiert. Es folgt eine Reflexion der Funktionen und der liturgischen Gattung Universitätsgottesdienst. Der letzte Abschnitt summiert die Analysen und Ergebnisse.

---

len Bestimmungen und Analysen der Universitätsgottesdienste in Rechnung zu stellen. Wenn es uns um die die unterschiedlichen Realisierungsformen verbindenden Strukturen, Kontexte, Spannungen und Elemente geht, verwenden wir im Folgenden den Singular.

2 Diese doppelte Identität teilt er im Übrigen mit anderen in diesem Band diskutierten Gottesdiensten.

3 Wöchentliche Sonntagsgottesdienste stellen allerdings auch in Deutschland die Ausnahme dar. Meist finden die Gottesdienste im Monatsrhythmus an einem Wochentag am Abend statt. In Bern und Zürich gab es früher Universitätsgemeinden mit eigenen Lokalitäten, aber keine Kirchen oder Kapellen mit wöchentlichen Feiern.

2. Liturgische Vielfalt in Geschichte und Gegenwart des Universitätsgottesdienstes

Über die Geschichte des Universitätsgottesdienstes wissen wir wenig.[4] Seine Vorgeschichte geht zurück bis in die Gründungszeit der Universitäten. An den spätmittelalterlichen Hochschulen wurden Universitätsgottesdienste, sog. *missa universitatis,* zu besonderen Anlässen gefeiert: zweimal im Jahr zur Eröffnung des Semesters, aber auch bei Jubiläen, Heiligenfesten oder beim Tod von Professoren oder Stiftern. Gottesdienste wurden aber auch zu Unterrichtszwecken abgehalten. Die *sermones ad clerum* waren Übungspredigten, die von Bakkalaren ein- bis zweimal im Jahr gehalten werden mussten.[5] Aufgrund der Verbindung von Universitätsprofessur und Kollegiatstiftskanonikat stand die Legitimität und Plausibilität von Universitätsgottesdiensten ausser Frage.[6] In den durch die Reformation geprägten Universitäten wurde das erwähnte Doppelamt abgelöst durch das des Theologieprofessors und Pfarrers. Die Verbindung von Katheder und Kanzel entsprach einem auf die pastorale Praxis ausgerichteten Verständnis von Theologie in der Zeit der Orthodoxie und der Aufklärung. Eigentliche, regelmässig statthabende Universitätsgottesdienste wurden seit dem 17. Jahrhundert eingerichtet, wobei die zeitliche Staffelung bemerkenswert ist: im 17. und 18. Jahrhundert wurden in Deutschland erst *fünf* Universitätsgottesdienste eingerichtet, im 19. Jahrhundert deren *zwölf,* weitere *fünf* im letzten und *einer* in diesem Jahrhundert.[7] Daraus geht hervor, dass Universitätsgottesdienste keine mittelalterlichen oder voraufklärerischen Relikte darstellen, sondern spätneuzeitliche und vor allem moderne Institutionen des 19. und 20. Jahrhunderts – einer Zeit also, in der die Trennung von Kirche und Staat von aufklärerisch-liberaler Seite eingefordert und zunehmend umgesetzt wurde, ein Umgang mit dem Konfessionspluralismus gefunden werden musste und die Urbanisierung, Säkularisierung und Rationalisierung der Lebenswelten dramatisch voranschritten.

Es scheint, als würde die Einrichtung von Universitätsgottesdiensten durch die zu Beginn des 19. Jahrhunderts erfolgte Trennung von (Staats-)Kirche und subjektiver Religion nicht in Frage gestellt, sondern sogar noch befördert. Universi-

---

4   Über die Geschichte des Universitätsgottesdienstes in der Schweiz liegen keine monographischen Darstellungen vor. Sie dürfte sich von der Geschichte in Deutschland aber nur unwesentlich unterscheiden, mit der sich Konrad Hammann in seiner Habilitationsschrift aus dem Jahr 2000 eingehend befasst hat: Konrad Hammann, Universitätsgottesdienst und Aufklärungspredigt. Die Göttinger Universitätskirche im 18. Jahrhundert und ihr Ort in der Geschichte des Universitätsgottesdienstes im deutschen Protestantismus, Tübingen 2000.

5   Vgl. dazu Christian Albrecht, Historische Perspektiven auf Themen und Probleme des Universitätsgottesdienstes. Eine praktisch-theologische Lektüre von Konrad Hammanns Monographie zur Geschichte des Universitätsgottesdienstes, Liturgie und Kultur 4 (2), 2013, 5–17, 7.

6   Hammann, Universitätsgottesdienst und Aufklärungspredigt (Anm. 4), 123–133.

7   Vgl. die entsprechende Tabelle in Albrecht, Historische Perspektiven (Anm. 5), 11.

tätsgottesdienste könnten sich, so vermuten wir, als sensible Gradmesser für die in unserer säkularisierten und religionspluralen Gegenwart auftretenden Spannungen zwischen unterschiedlichen gesellschaftlichen Systemen erweisen. Ihre Gestalt und (fehlende?) Resonanz kann somit paradigmatisch für die Rolle von Gottesdiensten in Institutionen gelten.

Gegenwärtig stellt sich die Lage an den Universitäten Basel, Bern und Zürich folgendermassen dar:

In *Basel* finden ökumenische Gottesdienste am Beginn und Ende des universitären Jahres statt. Die Liturgie gestalten die Universitätspfarrer, die Predigt wird durch eine Ordinaria bzw. einen Ordinarius einer beliebigen Fakultät, eine der Universität nahe stehende Person (Regierungsrat, Bischof usw.) oder die Universitätspfarrer gehalten.

Daneben gedenkt der jeweilige Jahreskurs der Medizinstudierenden der Universität Basel in den sogenannten Anatomiefeiern jener Menschen, die ihren Leib der Anatomie vermacht haben; die Angehörigen der Verstorbenen werden zur Feier ebenfalls eingeladen. Sie wird von der Medizinischen Fakultät organisiert, in der Peterskirche durchgeführt und von den Universitätspfarrern liturgisch geleitet. Ein Chor der Medizinstudierenden begleitet die Feier musikalisch. Möglich ist diese eindrückliche Gottesdienstform dank dem grossen kirchlichen und musikalischen Engagement eines Anatomieprofessors.

Katholische und reformierte Universitätsgottesdienste finden an mehreren Sonntagen im Jahr statt und sprechen auf unterschiedliche Weise mit der Universität bzw. Wissenschaft verbundene Menschen zumeist fortgeschrittenen Alters an. Sie werden von den Universitätspfarrern und Mitgliedern der Theologischen Fakultät gestaltet und sind in die Gemeindegottesdienste der Kirchgemeinden integriert.

Ökumenische Taizé-Gebete, Tagzeitengebete bzw. Rorate-Feiern im Advent bilden kleine liturgische Formate, welche den Gang der Woche zu unterbrechen versuchen.

An der *Universität Bern* gibt es keinen Universitätsgottesdienst unter diesem Namen, aber einen Semestereröffnungsgottesdienst jeweils zu Beginn des Herbstsemesters. Dieser wird vorbereitet und durchgeführt von den drei Universitätsseelsorgern der Römisch-Katholischen, der Christkatholischen und der Reformierten Kirche, die im Turnus die Verantwortung innehaben und den Ort der Feier wählen. Die Predigt wird von einem Mitglied des Lehrkörpers der Universität – vornehmlich der Theologischen Fakultät – oder einem der Universitätspfarrer gehalten, die musikalische Gestaltung verantworten Studierende verschiedener Fakultäten.

Hinzu kommen etwa monatlich stattfindende Gottesdienste im Berner Münster, in denen Professorinnen und Professoren der Theologischen Fakultät nicht nur die Predigt halten, sondern die ganze Liturgie leiten, wobei deren Konfessionszugehörigkeit nicht von Belang ist. Auch die römisch- und christkatholischen Mitglieder des Lehrkörpers dürfen die Berner Münsterkanzel besteigen. Es handelt sich dabei um Gottesdienste, in denen die Predigt klar im Zentrum steht. Diese sollte sich zwar von einer Vorlesung unterscheiden, aber es wird von ihr ein bestimmtes Bildungs- und Komplexitätsniveau erwartet. Die akademische Expertise der Predigerin resp. des Predigers soll nicht unter den Scheffel gestellt werden.

Auch in Bern werden von der Medizinischen Fakultät Anatomiefeiern unter Leitung eines Universitätspfarrers durchgeführt. Des Weiteren sind liturgische Angebote der Universitätspfarrer oder -seelsorger – Taizé-Gebete und Eucharistiefeiern – zu nennen, zu welchen alle Angehörigen der Universität eingeladen sind, an denen sich aber meist ausschliesslich kleine Gruppen von Studierenden beteiligen.

In *Zürich* werden während der Vorlesungszeit alle drei Wochen sonntags um 11 Uhr in der Predigerkirche Hochschulgottesdienste gefeiert. Die Studierenden bestimmen den Predigttext, die reformierte Hochschulpfarrerin hält die Predigt und bespricht diese im Anschluss mit den Studierenden. Für die Musik ist ein Team zuständig, das den Gottesdienst mit Gesang, Cello, Saxofon und Flügel gestaltet. Daneben finden regelmässig meditative Andachten im eigens von der Uni zur Verfügung gestellten «Raum der Stille» in der Kuppel des Hauptgebäudes der Universität statt. Schliesslich wird in Zusammenarbeit mit allen an den Zürcher Hochschulen aktiven Kirchgemeinden jeweils im Advent eine ökumenische Feier in der Aula der Universität durchgeführt.

3. Liturgische Spannungsfelder

Der Universitätsgottesdienst steht in der besagten Grundspannung zwischen Wissenschaft und Religion, die sich in weiteren Spannungsfeldern fortsetzt. In diesen muss er sich immer wieder neu verorten. Es ist ihm nicht möglich, die Spannungsfelder nach der einen oder anderen Seite hin aufzulösen, ohne seine Identität zu verlieren.

3.1 Wissenschaft und Religion

Die Grundspannung zwischen Wissenschaft und Religion ist keine absolute, sondern historisch und kulturell bedingt: Auf der Ebene der Weltdeutung, der Erklärung des Kosmos, seiner Zusammenhänge und Kausalitäten, des Lebens an sich und im Speziellen und der entsprechenden Konsequenzen dieser Einsichten für die Lebensführung einzelner standen Wissenschaft und Religion in Europa seit Beginn der Moderne in zunehmender Konkurrenz, wobei mal die eine, mal die andere Seite die Oberhand zu haben schien. Mit der Verankerung der Religionsfreiheit in den Verfassungen vieler europäischer Staaten wurde eine mehr oder weniger klare Trennung der institutionellen Zuständigkeiten von Religion und Wissenschaft vorgenommen. In Staaten wie Deutschland, Italien oder den meisten Kantonen der Schweiz wurde die Religion – vornehmlich die christliche! – auch in öffentlich-rechtliche Institutionen wie Schulen, Spitäler und Gefängnisse eingebunden. An den Universitäten blieb sie oder wurde sie durch Theologische Fakultäten im Wissenschaftsbetrieb verankert.

Der Universitätsgottesdienst ist zunächst religiöse Praxis und nicht Wissenschaft. Er kann zwar zum Gegenstand wissenschaftlicher Analysen werden, lässt sich aber weder der *Forschung* noch der *Lehre* oder der *Dienstleistung* zuordnen. Er ist nicht Teil des dreifachen Leistungsauftrags der Universität und somit ein Fremdkörper im universitären Alltagsgeschäft. Er stellt, mit Friedrich Schleiermacher gesprochen, kein *wirksames*, sondern ein *darstellendes* Handeln dar. Seine interne Logik und Funktionsweise ist keine rationale, sondern eine symbolische und rituelle. Liturgisches Handeln ist zudem nicht wertfrei, sondern bezieht Stellung, wenn auch in symbolisch verdichteter und also interpretationsoffener Weise. Es wird nicht nur über, sondern vor allem zu Gott gesprochen, und dieser wird sowohl mit offenen Bildern als auch mit konkreten, narrativen Formen und Formeln aus dem christlich-jüdischen Kanon angerufen.

Hinsichtlich der rituell-symbolischen Komponente ist der Universitätsgottesdienst allerdings auch vergleichbar mit anderen symbolisch-rituellen Handlungsformen der Universität: Mit der universitären Jahresfeier, dem *Dies academicus*, mit dem Begrüssungsanlass für die Neuimmatrikulierten durch den Rektor, mit den Promotions- und Diplomfeiern der Fakultäten. Auch hier werden Übergänge feierlich gestaltet und Werte mit rhetorischer Emphase beschworen. Der zuweilen hektische Wissenschaftsbetrieb wird mit Bedacht unterbrochen und für die Zeit der Feier ausgesetzt. Die Studierenden erleben ihre Professorinnen und Professoren unvermittelt in anderen Rollen und rhetorischen Genres.

Der Vergleich macht deutlich, dass rituelles und symbolisches Handeln zwar einen Fremdkörper im wissenschaftlichen Alltag der Universität darstellen, aber gleichwohl unabdingbar zur Institution und ihrem wissenschaftlichen Betrieb gehören: als dessen *Kontrapunkt*. Feiern als notwendige *Unterbrechung* wissenschaftlicher Geschäftigkeit, um diese in ihrer Werthaftigkeit darzustellen, in ihren Sinnbezügen zu reflektieren und in ihrer Ausrichtung zu orientieren. Universitäre Feierformen haben somit *rekreative*, *reflexive* und *orientierende* Funktionen, welche sie im Medium symbolisch-ritueller Kommunikation erfüllen.

Ob religiöse Feiern, ob Universitätsgottesdienste auch dazu gehören, ist seit Beginn der Moderne zwar grundsätzlich strittig. Allerdings scheint es uns kein Zufall zu sein, dass in den in den vergangenen Jahren gefeierten Universitätsjubiläen in Basel und Bern immer auch grosse Jubiläums*gottesdienste* abgehalten wurden. Wir schlagen zwei Deutungsmuster für die bleibende Relevanz von Universitätsgottesdiensten vor: *Einerseits* stellen Gottesdienste noch immer prominente Formen der symbolischen Darstellung, des kulturellen Gedächtnisses und der normativen Vergewisserung in den öffentlichen Universitäten dar, auch wenn sich nur ein kleiner Teil des Lehrkörpers und der Studierenden daran beteiligt.[8] *Andererseits* wird den Theologischen Fakultäten innerhalb des Systems Wissenschaft auch von andersreligiösen, agnostischen und kirchendistanzierten Angehörigen des Wissenschaftsbetriebes immer noch eine besonders hohe rituelle Kompetenz zugetraut.[9] Dies gilt insbesondere für Jubiläen, aber auch für Trauer- oder Gedenkfeiern infolge katastrophaler Ereignisse und/oder Passageriten wie etwa den Anfang des akademischen Jahres. In allen diesen Fällen werden die Theologischen Fakultäten jeweils von Mitgliedern anderer Fakultäten um Mithilfe bei der Gestaltung von Ritualen angefragt. Hier scheint die Spannung zwischen «Wissenschaft» und «Religion» zu einer Spezifizierung dessen, was «Religion» ausmacht, geführt zu haben: Gefragt ist Religion in der universitären Öffentlichkeit insofern, als sie qualitativ hochstehende Rituale zu veranstalten vermag.

Diese zwei Deutungsmuster werden wir im Folgenden anhand weiterer Spannungsfelder, in welche die Universitätsgottesdienste eingefasst sind, ausführen.

3.2 Rationalität und Ritualität

Gottesdienste an der Universität stehen in besonderer Weise in der Spannung zwischen *Rationalität* und *Ritualität*. Dies wird beispielsweise an der Predigt deutlich. Sie ist insofern rituelle Rede, als sie im Zentrum des christlichen Kultes einen Abschnitt des biblischen Kanons auslegt und aktualisiert. Die rituelle Bedeutung wird dadurch signalisiert, dass für die Predigt die Kanzel bestiegen wird, während die anderen Teile des Gottesdienstes vom Abendmahlstisch oder vom Lesepult aus geleitet werden. Andererseits wird von ihr im Rahmen eines Universitätsgottesdienstes ein hoher Grad an Reflexivität und intellektueller Verarbeitung erwartet. Sie soll zwar keine Vorlesung sein, aber von der wissenschaftlichen Kompetenz der Predigerin resp. des Predigers profitieren. Dies hat die Philosophin im eingangs erwähnten Beispiel möglicherweise dazu bewogen, bei ihren Leisten zu bleiben und eine philosophisch-humanistische Meditation vorzutragen. Von einer Exegetin würde erwartet, dass sie in existentiell erhellender Weise auf den historischen Gehalt eines Bibeltextes einginge, vom Systematiker, dass er geistreiche Gegenwartsbezüge herausstellte und diese auf die Grammatik des Glaubens bezöge. Die Verkündigung des Evangeliums hat jedenfalls in intellek-

---

8 Dies ist bei Fachhochschulen u. E. nicht gleicherweise der Fall. Zwar unterhalten die Kirchen auch an Fachhochschulen Seelsorgestellen, doch spielen hochschulöffentliche Gottesdienste keine prominente Rolle. Die Gründe dafür sind komplex und bedürften einer eingehenderen Erörterung.

9 Die Theologischen Fakultäten fungieren in der Regel als Kompetenzzentren in Sachen Ritualität an der Universität, auch wenn die Vorbereitung und Durchführung vieler Gottesdienste den von den Kirchen bestallten Universitätspfarrern und -pfarrerinnen obliegt, welche ihrerseits ein besonders nahes Verhältnis zu den Theologischen Fakultäten unterhalten bzw. ihnen angehören.

tuell ansprechender Weise und mit erhellenden Gehalten zu erfolgen.[10] Die Attraktivität des intellektuellen Milieus, in das er spricht, kann den Prediger allerdings dazu verführen, allzu sehr der Gattung des akademischen Diskurses verhaftet zu bleiben und der Predigt als engagiertes Zeugnis von der befreienden Kraft des Evangeliums zu wenig Rechnung zu tragen.

3.3 Bildung und Seelsorge

Universitätsgottesdienste stehen in der Spannung von Bildung und Seelsorge – und stellen zugleich eine eigene Gattung dar. Ein Universitätsgottesdienst soll die Gemeinde bilden und erbauen. Wie kann dies geschehen?

Einerseits im Sinne eines ganzheitlichen Bildungsangebotes: Universitätsangehörige sollen in den Universitätsgottesdiensten nicht nur mit Glaubensinhalten bekannt gemacht werden, sondern auch durch gemeinsames Sprechen, Gesang und die Teilnahme an Ritualen (Kerzenanzünden, kollektiv ausgehaltene Stille, Segnungsrituale u. v. m.) eine Möglichkeit körper- und erfahrungsbezogener spiritueller Bildung erhalten, wie sie etwa in der *Formative Liturgy*-Bewegung auch für andere Gottesdienste gefordert wird.[11] Universitätsgottesdienste, in denen neue Rituale, Kunstperformances und musikalische Gestaltungen überdurchschnittlich häufig zum Einsatz kommen (vgl. die Übersicht über die Angebote oben), stellen angesichts der vorwiegend auf kognitive Gehalte ausgerichteten Bildung an der Universität ein alternatives Bildungsangebot dar, das vermehrt ästhetische Erfahrungen miteinbezieht. Die Universitätsgottesdienste nehmen somit ein durch den Religionssoziologen Hubert Knoblauch als «populäre Spiritualität» beschriebenes kulturelles Muster auf: Sie konterkarieren die (im Falle der Universität besonders ausgeprägte) kognitiv-leistungsorientierte und aktivi-

---

10 Die Akademie ist nicht nur Ort von Wissensvermittlung und -produktion, sondern auch der Sozialisation in eine privilegierte Gesellschaftsschicht. Obschon sich der Unterschied von ‹Ober-› und ‹Unterschicht› heute wiederum stark ausdifferenziert hat, ist das akademische Leben nach wie vor voll von unterscheidenden Ritualen. Pierre Bourdieu hat 1979 (dt. 1987, Frankfurt a. M.) in seinem monumentalen Werk *La distinction* (dt. *Die feinen Unterschiede*) auf die besondere Bedeutung der Ästhetik bei der gesellschaftlichen Unterscheidung hingewiesen. Insbesondere ‹schmeckt› Akademikerinnen all jenes nicht, was ‹oberflächlich› und ‹billig› ist; vgl. Bourdieu 1987, 757. Dies gilt auch für Gottesdienste, wenn sie im akademischen Umfeld gestaltet werden. Die Abneigung – mit Bourdieu: der «Ekel» – gegenüber formelhafter religiöser Sprache wird oft dadurch begründet, dass ‹billiges› (nämlich nicht reflektiertes) Wissen ‹einfach› wiedergegeben (d. h. nicht durch empirische oder andere wissenschaftliche Verfahren der Urteilskraft geprüft) werde.

11 Besonders eindrücklich ist diese Forderung beim amerikanischen Philosophen James K. A. Smith formuliert: «[L]iturgies […] shape and constitute our identities by forming our most fundamental desires and our most basic attunement to the world. In short, liturgies make us certain kinds of people, and what defines us is what we love. They do this because we are the sorts of animals whose orientation to the world is shaped from the body up more than from the head down.», James K. A. Smith, Desiring the Kingdom: Worship, Worldview and Cultural Formation. 4th ed., Nashville 2011, 25.

tätszentrierte spätmoderne Lebenswelt durch körperbetonte Techniken der Selbstpassivierung.[12]

Andererseits kommen in Universitätsgottesdiensten Emotionen zum Tragen, die in der universitären Öffentlichkeit ansonsten kaum dargestellt werden. Besonders deutlich wird dies bei Trauerfeiern, wie sie etwa in Basel und Bern im Andenken an die Körperspender der Anatomie stattfinden.

Es ist verständlich, dass in einer auf wissenschaftlichen Fortschritt – i. e. die fortschreitende Erkenntnis von immer neueren und komplexeren Sachverhalten, sowie deren Kritik und Interpretation – angelegten Umgebung Trauer zunächst nur als dysfunktionale Emotion verstanden werden kann. Vorherrschend – man schaue sich auf universitären Anlässen, insbesondere den obligaten Apéros um – ist eine heitere und hoffnungsvolle Stimmung, die von gegenseitiger Ermutigung zu fortlaufendem Weiterforschen geprägt ist. Der wohl geläufigste Kommentar im universitären Umfeld ist: «das ist interessant»! Und dieser kann bisweilen einen ironischen oder gar sarkastischen Unterton erhalten. Wenn wir diesen heiter-hoffnungsvollen Grundton als «emotionales Regime»[13] der Wissenschaft begreifen, das als implizite Ordnung festlegt, welche Emotionen in einem bestimmten Umfeld sichtbar werden dürfen und welche nicht, wird klar, wie problematisch alle Misstöne und Resignation in ihm klingen. In Universitätsgottesdiensten finden sie – im vermeintlich *gegen*wissenschaftlichen Medium der «Religion» – Raum und Zeit. Die Erbauung findet durch die Öffnung eines Freiraumes für andere Emotionen statt und ermöglicht das Erleben und die Konfrontation mit den Kehrseiten der vorherrschenden Grundstimmung. In Universitätsgottesdiensten werden diese an einem ausseralltäglichen Ort ausgedrückt, erhalten ihren Ort und bleiben dennoch durch die institutionelle Anbindung an die Alltagswelt der Universität mit dieser verbunden.

3.4 Staat und Kirche

Universitätsgottesdienste stehen in der Spannung von staatlich getragenen Hochschulen und öffentlich-rechtlich anerkannten Landeskirchen. Während der Gottesdienst zum 175-Jahr-Jubiläum der Universität Bern im Münster auf Anregung der Universitätsleitung und mit deren Beteiligung stattfand, sind die monatlich gefeierten Universitätsgottesdienste in der Basler Peterskirche (oder die Berner Münstergottesdienste) eigentliche Gemeindegottesdienste mit Gastpredigerinnen oder -predigern. Basler Semestereröffnungsgottesdienste, in denen der Chor der

---

12 Vgl. dazu Hubert Knoblauch, Populäre Religion: Auf dem Weg in eine spirituelle Gesellschaft. Frankfurt a. M. 2009. Kritisch müsste man bemerken, dass in solchen Techniken oft ebenso eine paradoxe Aktivitätszentrierung zum Tragen kommt; nämlich in der Vorstellung, dass durch die aktive Praxis von Spiritualität sich automatisch eine Passivitätserfahrung einstellt.

13 Vgl. Ole Riis / Linda Woodhead, A Sociology of Religious Emotion. 2nd ed., Oxford / New York 2012, 49.

Medizinischen Fakultät singt und der Rektor predigt, oder die Zürcher Hochschulgottesdienste sind irgendwo dazwischen zu verorten.

Diese Spannung ist anspruchsvoll und produktiv zugleich. Sie entspricht aus theologischer Sicht der Öffentlichkeitsbedeutung des Evangeliums, dessen Relevanz sich nicht auf die Angehörigen einer treuen Kerngemeinde beschränkt. Aus der Sicht der Universität können liturgische Formen hilfreiche Unterbrechungen des Studien- und Forschungsbetriebs darstellen. Sie vermögen – im besten Fall – die Forschenden, Lehrenden und Studierenden zu orientieren und existentielle Sinnfindungsprozesse anzuregen. Und sie pflegen den gemeinsamen kulturellen Gedächtnisraum nicht nur in diskursiver, sondern auch in performativer Weise und Gestalt, wenn in ihnen die Grundgesten unserer Religionskultur rituell vollzogen und reflektiert werden.

Anspruchsvoll sind sie, weil rituell und rhetorisch in Rechnung gestellt werden muss, dass sich Staat und Universität grundsätzlich religionsneutral zu verhalten haben und die Angehörigen der Universität – sowohl die Studierenden wie der Lehrkörper und die Verwaltung – unterschiedlichen Religionsgemeinschaften angehören oder keiner, Agnostikerinnen sind oder Atheisten. Die Herausforderung besteht darin, in der konkreten liturgischen Gestaltung, unterschiedliche Formen und Grade der Beteiligung zu ermöglichen.

4. Liturgische Medien des Universitätsgottesdienstes

4.1 Die Predigt

Die Predigt stand historisch von Anfang an im Zentrum des Universitätsgottesdienstes. Die Diskursivität hatte in diesem schon immer ein Übergewicht gegenüber der Ritualität. Dies war bei Schleiermacher so, der dafür eintrat, den Universitätsgottesdienst aus der Perikopenordnung zu entlassen. Er bestehe «wesentlich aus Gesang, Gebet und einer religiösen Rede über einen freigewählten biblischen Text, so jedoch, dass die nähere Anordnung dem Prediger überlassen»[14] bleibe. Dies ist auch heute noch so, wenn etwa in Zürich die Studierenden den Predigttext wählen können und die Predigt nach Feier und Apéro besprochen wird.

Die Predigt steht jedenfalls im Zentrum und in besonderer Mission. Schleiermacher ging es um die Wiederbelebung des religiösen Sinns der akademischen Jugend wie auch der akademisch gebildeten gesellschaftlichen Eliten. Auch heute noch geht es darum, den Zwiespalt zwischen Wissenschaft und Religion im Medium der Predigt nach Möglichkeit zu überbrücken – oder mit den Worten Schleiermachers: «Wenn man also hier die Vereinigung des wissenschaftlichen

---

14 Nachweis s. Hammann, Universitätsgottesdienst und Aufklärungspredigt (Anm. 4), 215.

Geistes mit dem religiösen Sinn zu bewürken und zu einer anschaulichen Thatsache zu machen weiss, so wird dadurch der beste Grund gelegt zur Aufhebung jenes scheinbaren Zwiespaltes zwischen Religion und wissenschaftlichem oder Geschäftsleben und zu einer innern Verbesserung derer, die sich diesem gewidmet haben.»[15] Dazu kann der Universitätsgottesdienst in besonderer Weise beitragen. Und zwar darum, weil, wie erwähnt, eine Wissenschaftlerin oder ein Wissenschaftler die Kanzel betritt und die Synthese von Wissenschaft und Glaube im Medium der Predigt in exemplarischer Weise herzustellen versucht.

Es scheint unter den Angehörigen der Universität, die religiös musikalisch sind und/oder sich für das Symbolsystem des Christentums bzw. dessen orientierende Gehalte interessieren, nicht wenige zu geben, die eine anspruchsvolle Predigt schätzen, die sich zwar formal traditionell gibt, sich aber zugleich kritisch mit der Tradition auseinandersetzt, sich sozusagen in intellektueller Freiheit gegenüber einer theologische Orthodoxie verhält und dennoch kirchliche Verbundenheit zeigt, insofern sie eben Predigt und Bestandteil des Gottesdienstes ist.

Die Predigt im Universitätsgottesdienst hatte darüber hinaus immer schon Modellcharakter für die Studierenden der Theologie, da ihre akademischen Lehrer in ihnen als religiöse Akteure sichtbar wurden. Insbesondere, weil deren theologische Entwürfe gleichsam *in vivo* beobachtet werden können und die ansonsten *coram publico* dozierten Thesen ihre Tauglichkeit *coram Deo* erweisen müssen. Das Medium der Predigt ist somit nicht zuletzt deshalb von Bedeutung, weil in ihm nicht einfach nur eine Rede mit bestimmtem Inhalt gehalten wird, sondern diese innerhalb eines Genres stattfindet, in welchem explizit zu Gott gesprochen wird und dessen Anwesenheit als Mithörende/r geglaubt wird.

4.2 Die Musik

Die Musik erhält in Universitätsgottesdiensten meist besondere Aufmerksamkeit, da sie nicht wie die Wortteile als konfessorischer Akt verstanden wird, sondern stärker die rituelle Bedeutung des Gottesdienstes unterstreicht. Allerdings sind besonders und gerade auch hier die «feinen Unterschiede» des akademischen Milieus sichtbar: Der Musikstil eines Universitäts- bzw. Studierendengottesdienstes reflektiert mehr als die anderen Elemente die formale und inhaltliche Ausrichtung der Feier und das avisierte Zielpublikum. Die zeigt sich besonders dort, wo die Feiern unter Mitwirkung von Studierenden der Musikhochschulen gestaltet werden – so etwa die Inszenierung einer frühbarocken Messe mit historischen Instrumenten in Basel oder die regelmässigen Gottesdienste in der Predigerkirche in Zürich. In Letzterer wurden Studierende der Hochschule der Künste bereits mehrfach eingeladen, in experimenteller und improvisatorischer Art, in einer musikuntermalten Tanzperformance den Predigttext des Gottesdienstes mitzu-

---

15 Ebd.

reflektieren. In diesen Fällen werden die Universitätsgottesdienste zu einer offenen Bühne für innovative Ausdruckskünstlerinnen und -künstler, die bestenfalls damit auch ihr Interesse für religiöse Darstellung bekunden können.

In anderen Gottesdiensten, namentlich den ökumenischen Taizé-Feiern in Bern, werden Studierende und Mitarbeitende der Universität ermutigt, ihr musikalisches Können in die Gottesdienste einzubringen. Die Qualität solcher Beiträge ist selbstverständlich weniger distinguiert als diejenige der Musikhochschulstudierenden. Gleichwohl können solche Feiern stärker die ‹andere Seite› universitären Lebens zum Ausdruck bringen: dass es nämlich jenseits des Anspruchsniveaus und der Verbesserungsdynamik des Forschungs- und Lehrbetriebs auch noch rekreative Tätigkeiten gibt, die der Musse der Einzelnen dienen.

4.3 Der Raum

Der Raum von Universitätsgottesdiensten ist ein gottesdienstlicher – dies unabhängig davon, ob die Feiern in einem Kirchengebäude oder in universitären Gebäuden stattfinden. Hierzu dient u. E. ein soziologisches Verständnis dessen, was einen ‹Raum› ausmacht: Der Raum ist demnach in erster Linie ein Feld, auf dem Teilnehmende interagieren, und er wird durch diese Interaktion erst zu dem, was er ist.[16]

Der Gottesdienst baut als Interaktionsgattung eine besondere *Sozialtopografie* (die Raumgestaltung *durch* die Benützung durch Teilnehmende[17]) auf, auch dort, wo die *Interaktionsarchitektur* (die Raumgestaltung im Hinblick auf die Benützung durch Teilnehmende) eher auf einen Vortrag angelegt ist, wie etwa in einer Aula. Dies geschieht in zweifacher Weise: Erstens wird im Gottesdienst ein zusätzlicher Teilnehmender eingeführt, der unsichtbare und intangible Gott, dessen Ko-Präsenz das gottesdienstliche Sprechen voraussetzt und bestätigt. Und zweitens werden alle Anwesenden einander angeglichen, insofern sie alle diesen Gott als ihren gemeinsamen Fokus zu etablieren versuchen.[18] Unterschiede, die ausserhalb des Gottesdienstes interaktionsrelevant sind wie etwa der akademische Grad sind im Gottesdienst kaum oder weniger relevant.

Diese zwei raumsoziologischen Charakteristika des Gottesdienstes werden in klassischen Gottesdiensträumen von Kirchen durch die Interaktionsarchitektur

---

16 Vgl. Martina Löw, Raumsoziologie, Frankfurt a. M. 2000, 12 f.

17 Zur Unterscheidung von Sozialtopografie und Interaktionsarchitektur vgl. Heiko Hausdorf / Reinhold Schmitt, Interaktionsarchitektur und Sozialtopografie. Umrisse einer raumlinguistischen Programmatik, in: Arbeitspapiere des UFSP Sprache und Raum (SpuR) Nr. 1, www.spur.uzh.ch/research/ SpuR_Arbeitspapiere_Nr01_Mai2013.pdf, (Zugang 20.11.2014), Zürich 2013, 3–59.

18 Die Betonung liegt hier auf *versuchen*, da es sich hier nicht um eine empirische Beschreibung, sondern um eine normative Vorgabe in Bezug auf eine bestimmte Symbolisierungsleistung handelt. Selbstverständlich wird ein gemeinsamer Fokus aller Teilnehmenden in den seltensten Fällen erreicht, und doch ist er in allen sozialen Versammlungen mindestens ansatzweise vorhanden.

unterstützt: In den meisten katholischen und protestantischen Kirchen etwa durch die Ausrichtung der Sitzbänke auf einen Chorraum. Dieser ist bei den Protestanten durch Leere oder durch einen schlichten Taufstein bestimmt, was auf die Anwesenheit der Transzendenz ‹dazwischen› bzw. inmitten der Teilnehmenden hinweist. Bei den Katholiken wird diese durch ein künstlerisch hervorgehobenes Kreuz oder Bild Jesu Christi und einen Altar bildlich repräsentiert. Die Ausrichtung der Sitzbänke bereitet in beiden Fällen den gemeinsamen Fokus der Teilnehmenden vor.

Aber auch dort, wo keine kirchliche Interaktionsarchitektur vorhanden ist, verändert ein Gottesdienst den Raum. So etwa die ehrwürdige Aula der Universität Zürich, in welcher alljährlich im Advent eine ökumenische Feier veranstaltet wird. Selbstverständlich steht dort, wie von den Architekten vorgesehen, ein Sprechender am von allen Sitzplätzen gut sichtbar im Raum angebrachten Rednerpult im Fokus des Geschehens, insbesondere bei der Predigt und bei anderen Ankündigungen und Grussworten. Allerdings finden daneben auch dezidiert religiöse Sprechakte wie Lesungen und Gebete statt. Diese werden von einem eigens im Raum aufgestellten Lesepult aus gesprochen. Zusätzlich wird die Feier musikalisch von einem Gospelchor begleitet, der sich an der rechten Seite der Aula aufstellt. Durch diese unterschiedlichen Orte, auf welche sich die Interaktion fokussiert, wird (ähnlich dem protestantischen Raumkonzept) angezeigt, dass der eigentliche Fokus des Geschehens nicht beim Sprechenden am Rednerpult, sondern irgendwo ‹dazwischen› oder ‹dahinter› ist.[19]

5. Fazit und Ausblick

Wenn wir auf das Ausgeführte zurückblicken, so können der Eigensinn und die Funktionen liturgischer Feiern im Rahmen oder in Verbindung mit der Universität folgendermassen resümiert werden:

Es dürfte deutlich geworden sein, dass die Rede vom *Universitätsgottesdienst* im Singular eine typologische Zuspitzung und Abstraktion darstellt, die der tatsächlichen Vielfalt liturgischer Formen an der Universität nur sehr bedingt entspricht. Diese unterscheiden sich nicht nur in ihrer liturgischen Gestalt, sondern

---

19 Ebenfalls untersuchenswert ist die Einrichtung des «Raumes der Stille» an der Universität Zürich. Dieser im Kuppelraum des Hauptgebäudes der Universität eingerichtete Raum ist in seiner Gestaltung schlicht, lässt aber überdies keine religiöse Symbolik erkennen. Er ist mit einem Teppich ausgelegt und in einer Ecke stehen Meditationskissen und -schemel bereit. Der Raum wird nur während des Semesters und nur einmal wöchentlich für Andachten genutzt. Ausserdem nutzen ihn einige muslimische Studierende tagsüber zum Gebet. Ansonsten wird er sporadisch für Mittagsschlaf benützt. Die Frage bleibt offen: Handelt es sich hier um einen liturgischen Raum an der Universität? Oder wird hier (ähnlich wie im Falle der Aula) ein universitärer Raum durch gottesdienstliche Interaktion zu einem liturgischen umgestaltet?

auch in Bezug auf die Trägerschaft, die verantwortlichen Liturgen und die jeweiligen Gemeinden bzw. Teilnehmenden. Sie sind entweder *kasuell* (Semestereröffnungsgottesdienst, Anatomiefeier), *repräsentativ* (Universitätsjubiläen), *seelsorgerlich* (Taizé-Gebete), *jahreszeitlich* (Weihnachtsfeiern) oder *homiletisch* (Berner Münster- oder Basler Universitätsgottesdienste) ausgerichtet. Entsprechend unterschiedlich sind die Motivationslagen und die Zusammensetzung der Beteiligten. Sie werden von den Universitätspfarrerinnen bzw. -seelsorger veranstaltet, von Mitgliedern der Theologischen Fakultät, von der Universität oder von einer Kirchgemeinde (z. B. Münstergemeinde Bern oder Kirchgemeinde St. Peter Basel). Diese Unterschiede gilt es in Rechnung zu stellen, wenn darüber nachgedacht wird, was diese unterschiedlichen Formen verbindet. Dies wurde mittels der genannten Spannungsfelder versucht. Die Schwierigkeit besteht nun allerdings darin, sowohl zu einer konsistenten Beschreibung struktureller Eigenheiten zu gelangen, als auch die Vielgestaltigkeit nicht aus den Augen zu verlieren.

Diese Schwierigkeit ist insbesondere in Bezug auf die Bedeutung bzw. die Funktion liturgischer Formen für die Universität von Gewicht. Diese unterscheiden sich tatsächlich erheblich. Dennoch scheint es uns möglich und sinnvoll, Funktionen zu benennen, die alle diese unterschiedlichen Feierformen in unterschiedlicher Weise und unterschiedlichem Grad erfüllen. Aus dem Gesagten ergeben sich folgende drei Funktionen von Universitätsgottesdiensten:

– Zunächst sind sie Räume und Zeiten, die das universitäre Leben kontrastieren und somit unterbrechen. Mit Michel Foucault gesprochen stellen sie *Heterotopien* dar, Räume, die symbolisch Gegenräume zur alltäglichen Wirklichkeit bilden.[20] Dies gilt sowohl dort, wo in kirchlichen Gebäuden gefeiert wird, wie auch dann, wenn die eigentümliche Sozialtopografie religiöser Feiern in Universitätsgebäuden Einzug hält. Die heterotopische Funktion der Universitätsgottesdienste ist dann von besonderer Bedeutung, wenn die Schattenseiten des Lebens oder der fortschreitenden Wissenschaftlichkeit durchschlagen: Bei Trauerfeiern angesichts von Todesfällen oder in Momenten der Nachdenklichkeit angesichts ethisch fragwürdiger Forschungsmethoden.

– Darüber hinaus lassen Universitätsgottesdienste *rituelle Zwischenräume* entstehen, Zeiten der Liminalität, des «betwixt and between»[21], in denen die gewöhnlichen Hierarchien der Akademie für einen Moment ausser Kraft gesetzt werden und die Akademiker und Akademikerinnen als ‹ganze Menschen› auftreten dürfen. Insofern haben sie eine *rekreative* wie

---

20   Vgl. Michel Foucault, Andere Räume, in: Karlheinz Barck / Peter Gente / Heidi Paris / Stefan Richter, Aisthesis. Wahrnehmung heute oder Perspektiven einer anderen Ästhetik, Leipzig 1992, 34–46.

21   Victor Turner, The Forest of Symbols: Aspects of Ndembu Ritual, Ithaka / New York 1967, 93.

auch eine *gemeinschaftsbildende Funktion*: Sie ermöglichen seltene Momente der *communitas*[22], der gleichberechtigten Gemeinschaft, in denen Studierende und Dozierende die sie verbindende Menschlichkeit aneinander erkennen können.

- Schliesslich sind Universitätsgottesdienste Orte der ganzheitlichen Vermittlung eines «kulturellen Gedächtnisses». Sie ermöglichen ihren Teilnehmenden, das christlich-jüdische Narrativ mit allen Sinnen zu erleben und somit jenseits blosser Reflexion zu verinnerlichen. Damit erinnern sie in einem vermeintlich ‹säkularen› Bereich an die bleibende Bedeutung der Religion für die Kultur und die Gesellschaft in Europa. Gerade im weitgehend religionsfernen akademischen Milieu wirkt dies als eine Erinnerung an die Verbundenheit mit anderen Milieus und an den öffentlichen Auftrag der Wissenschaft. Die Arbeit an der Universität soll der gesamten Gesellschaft zugute kommen und in dieser spielt Religiosität, namentlich – nicht nur aber auch – christliche Religiosität, weiterhin eine ernstzunehmende Rolle.[23]

Die genannten Spannungsfelder, in denen Universitätsgottesdienste stehen, können als Problemanzeige oder aber als Hinweis auf den besonderen Reiz dieser Feiern verstanden werden. In der Begegnung von wissenschaftlicher Redlichkeit und existenzieller Ehrlichkeit, von Rationalität und Emotionalität, von abstrakter Diskursivität und konkreter Narrativität, von Kirche und einer säkularen Institution werden Bruchlinien und Überlagerungen erkennbar. Universitätsangehörige mit positivem Bezug zur christlichen Überlieferung und zu kirchlicher Religionspraxis mögen sich eben für solche Begegnungen interessieren. Andere Angehörige der Universität dürften die Gottesdienste als «Rituale» im besten Sinn zu nutzen wissen: als Freiräume für Rekreation und Selbstbesinnung, als Orte alternativer Bildung und als Formen der Sinnfindung jenseits kognitiver Gehalte.

---

22 Vgl. Victor Turner, Vom Ritual zum Theater: Der Ernst des menschlichen Spiels. Neuausgabe, Frankfurt 2009, 70 f.

23 Vgl. dazu Stefan Huber, Analysen zur religiösen Praxis. Ein Blick in die Schweiz, in: Bertelsmann Stiftung (Hg.), Religionsmonitor 2008, Gütersloh 2007, 158–166.

Gottesdienst feiern in evangelischen Ordensgemeinschaften und Kommunitäten

Claudia Kohli Reichenbach

1. Sonntagmorgen um 10.00 Uhr

Um diese Zeit lädt die evangelische Communauté Don Camillo in Montmirail/ Kt. Neuenburg zum Gottesdienst ein. Die schlichte «Chapelle» in einem Seitenflügel des Gästehauses füllt sich mit gut vierzig Erwachsenen und ebenso vielen Kindern. In zwei Stuhlreihen sitzt bereits eine Gruppe von jungen Erwachsenen, die sich noch lebhaft miteinander unterhalten, bevor die ersten Klänge der Gitarre ertönen. Nach der liturgischen Begrüssung und ein paar Worten zum Wochenvers aus dem Losungsbuch werden die Feiernden begrüsst: Eine Gästegruppe aus einer Kirchgemeinde im Baselbiet, die seit Freitagabend in Montmirail logiert, Konfirmandinnen und Konfirmanden aus dem Berner Oberland, die seit vier Tagen hier ihre Konfirmation vorbereiten, Menschen der Kommunität und solche, welche aus der Region für den Gottesdienst am Sonntagmorgen dazugestossen sind. Gemeinsam tauchen sie ein in eine Feier, die von verschiedenen Leuten mitverantwortet und mitgestaltet wird; auch die Gemeinde wird im Fürbitteteil zur aktiven Gestalterin. Gemeinsam partizipieren sie in einer Feier, in der das Wort im Zentrum steht und in vielfältiger Weise zugesprochen und ausgelegt wird. Die Musik hat einen wichtigen Platz. Sie schöpft primär aus populärem christlichem Liedgut, aber auch aus demjenigen von Taizé und dem reformierten Gesangbuch. Das Gottesdienstgeschehen wirkt durch die Vielfalt der Beteiligten und der Formen bunt, folgt aber gleichwohl der Ordnung eines reformierten Predigtgottesdienstes (vgl. RG 150)[1]: Nach dem bereits skizzierten *Sammlungsteil*, den die Liturgin leitet, folgt eine Zeit der *Anbetung* in Gebet und Lied, verantwortet vom Musikteam. Im *Verkündigungsteil* wird heute der Schrifttext «Das Scherflein der Witwe» aus Mk 12 nicht als Lesung vorgetragen, sondern wie oft in Gottesdiensten in Montmirail, in denen Kinder oder Jugendliche mitfeiern, als live-Zeichnung illustriert. Anschliessend wird der Text vom Prediger ausgelegt. Die Musik führt in eine Zeit für die eigene vertiefte Reflexion hinein. Die Symbolhandlung in den *Fürbitten*, die thematisch an das Predigtthema anknüpft, wird kurz eingeführt: Alle Feiernden sind eingeladen, im Chor der Chapelle aus bereitgestellten Töpfen mit «Wertlosem» – Fundgegenständen wie Papierfetzen, Schneckenhäusern, herumliegende Schrauben usw. – etwas auszu-

---

1 Gerüst eines Predigtgottesdienstes, Gesangbuch der Evangelisch-reformierten Kirchen der deutschsprachigen Schweiz, Basel/Zürich 1998, Nr. 150.

wählen und auf den Abendmahlstisch zu legen, verbunden mit einem stillen Gebet für das Arme und Verachtete dieser Welt, das Wert in sich trägt. Im gemeinsam gesprochenen Unser-Vater-Gebet werden die Anliegen zusammengefasst. Der *Sendungsteil* mit gesungenem und gesprochenem Segen bildet den Abschluss des Gottesdienstes, der vor der Kaffeemaschine bei Gesprächen im Foyer nachklingt.

Sonntag für Sonntag wechselt in Montmirail die Gottesdienstgemeinde, weil im Haus mit seinen rund 100 Betten Gästegruppen kommen und gehen. Damit verändert sich auch die Gestaltung der Sonntagmorgenfeier, denn die Ausrichtung wandelt sich, ob – wie skizziert – Familien und Konfirmanden dabei sind oder ob eine Gruppe von Menschen im mittleren Lebensalter Exerzitientage verbringt und am Sonntagmorgen mit der Kommunität den Abschluss von intensiven Tagen im Schweigen feiert.

Ursprünglich fand in Montmirail nicht jeden Sonntag ein Gottesdienst statt, damit am Sonntagmorgen Zeit blieb, in der Parochialgemeinde den Gottesdienst zu besuchen und so Verbundenheit mit der Gesamtkirche auszudrücken. Unterdessen füllen fast jeden Sonntag Gäste das Haus, so dass andere Wege gesucht werden mussten, diese Zugehörigkeit zu den Kirchgemeinden der Umgebung zu kennzeichnen.

Zum gottesdienstlichen Leben in Montmirail gehören neben der Feier am Sonntagmorgen konstitutiv die Tagzeitengebete unter der Woche. Dreimal am Tag feiert die Kommunität nach einer festen Liturgie, die von derjenigen im Benediktinerkloster Mariastein/Kt. Solothurn inspiriert ist: Die Gemeinde singt gregorianische Psalmen und Hymnen, liest Bibeltexte und spricht Gebete im Wechsel. Die Stille hat ihren festen Platz, ebenso die Fürbitte für Menschen und Situationen. Das Nachtgebet am Montagabend ist eine Abendmahlsfeier, ebenfalls nach einer festen Liturgie. Gesänge aus Taizé und ein orthodoxes Anbetungslied – beide im Reformierten Gesangbuch der Schweiz abgedruckt – ergänzen die gregorianischen Melodien. Im gemeinsam geteilten Abendmahl liegt das Herzstück der Kommunität, denn, so schreibt Pfarrer Heiner Schubert: «Gemeinschaft entsteht um den Tisch mit Brot und Wein; wir entdecken einander als Brüder und Schwestern jenseits der Unterschiede, die Anlass zu vielen Konflikten sind. Wir sehen einander dastehen als die Ebenbilder Gottes, als die wir ursprünglich geschaffen waren und erleben, dass die Bilder, die wir regelmässig voneinander entwerfen und mit denen wir einander nie gerecht werden […], verblassen.»[2] Neben ordinierten Pfarrpersonen gibt es auch einige nichtordinierte Kommunitätsmitglieder, die das Abendmahl einsetzen; sie wurden

---

2 Heiner Schubert, Communauté Don Camillo. Ein dankbarer Blick auf 30 Jahre Geschichte, in: Alfred Aeppli/Hans Corrodi/Peter Schmid (Hg.), Kirche im Miteinander von Ortsgemeinde, Kommunitäten und Bewegungen, Zürich 2011, 63–72.

entsprechend geschult und in Absprache mit der EREN (Evangelische Landeskirche im Kt. Neuenburg) von der Kommunitätsleitung beauftragt.

2. Ordensgemeinschaften und Kommunitäten in der evangelischen Kirchenlandschaft

Die Familienkommunität Don Camillo ist eine von zahlreichen Gemeinschaften, die mit ihrem spezifischen Gottesdienstangebot die evangelische Kirche mitprägen. Don Camillo ist erst gut dreissig Jahre alt. Zum Teil wesentlich älter sind zölibatäre Ordensgemeinschaften, allen voran die Schwesterngemeinschaften der Diakonissenhäuser. So verschieden die Gemeinschaften sind, so unterschiedlich sind teilweise ihre Feiern. Gleichwohl gibt es Aspekte, die für evangelische Ordensgemeinschaften und Kommunitäten typisch zu sein scheinen. In diesem Beitrag wird ihr Gottesdienstangebot genauer unter die Lupe genommen und vorgestellt. Im Fokus sind Feiern von Gemeinschaften, welche sich an den drei sog. evangelischen Räten (Ehelosigkeit, Anspruchslosigkeit bzw. Gütergemeinschaft, mündiger Gehorsam)[3] orientieren. Auch in einer Kommunität wie Don Camillo haben die drei Räte eine orientierende Funktion, allerdings in einer Neuinterpretation im Blick auf nicht-zölibatäres Leben.[4]

2.1 Verdichtete Gemeinschaft

Evangelische Ordensgemeinschaften und Kommunitäten leben Gemeinschaft in verdichteter Weise. Sie praktizieren ihren Glauben in einer besonderen Verbindlichkeit, wie Thomas Wipf, damals Präsident des Schweizerischen Evangelischen Kirchenbundes, im Vorwort zu einer Untersuchung der Gemeinschaften in der Schweiz festhielt: «Ordensgemeinschaften waren und sind Orte, wo der christliche Glaube in besonders verbindlicher Weise gelebt werden kann. Sie sind Orte, wo täglich, in grosser Treue und stellvertretend für andere das Lob Gottes angestimmt wird, wo gebetet wird für Gottes Schöpfung in ihrer Schönheit, aber auch mit ihren Nöten, für die Kirche mit ihrem Engagement, aber auch in ihrer Schwäche, für alle Menschen dieser Welt, die Gottes Geschöpfe sind.»[5] Die ge-

---

3 Vgl. Sr. Karin Müller, Zum heutigen Erscheinungsbild, in: Br. Thomas Dürr/Sr. Doris Kellerhals/Pierre Vonaesch (Hg.), Evangelische Ordensgemeinschaften in der Schweiz, Zürich 2003, 21–23, hier 21 f.

4 Zu Geschichte und Auftrag evangelischer Ordensgemeinschaften bzw. Kommunitäten vgl. die Dissertation von Johannes Halkenhäuser, Kirche und Kommunität. Ein Beitrag zur Geschichte und zum Auftrag der kommunitären Bewegung in den Kirchen der Reformation, Paderborn 1977. Der zweite, systematische Teil der Arbeit bietet u. a. eine theologische Begründung in evangelischer Perspektive.

5 Thomas Wipf, Geleitwort, in: Dürr/Kellerhals/Vonaesch, Evangelische Ordensgemeinschaften (Anm. 3), 9 f., hier 9 f.

meinsame Feier des Gottesdienstes sowohl im Tagzeitengebet (alternative Bezeichnung: Stundengebet, Horen) als auch im Predigt- und Abendmahlsgottesdienst hat eine hohe Priorität. Denn ohne diese geistliche Mitte wäre Gemeinschaft nicht möglich. Mit dieser Praxis rufen sie täglich in Erinnerung, was für alle Christenmenschen gilt: Leben will Gottesdienst sein.

2.2 Ekklesiologisches Selbstverständnis

Evangelische Ordensgemeinschaften und Kommunitäten verstehen sich als Ausdrucksformen der Kirche. Sr. Doris Kellerhals präzisiert: «Kirche und Kommunität stehen strukturell in einer engen Verbindung. Kommunität ist wesensmässig Kirche und Kirche trägt kommunitäre Züge.»[6] Die parochiale Struktur wird ergänzt durch diese weiteren *lieux d'église*, die sich nicht als Konkurrenz, sondern als Gegenüber verstanden wissen wollen, wie Sr. Karin Müller programmatisch festhält: «Der Kontakt zur Ortskirche und Gemeinde ist wichtig und wird gepflegt. In unterschiedlicher Art und Weise engagieren sich Brüder und Schwestern in den Kirchgemeinden oder Werken der evangelischen Kirche und Allianz. Die Beziehung wird als kritische Solidarität gelebt. Ordensgemeinschaften waren in der Kirchengeschichte immer ein Korrektiv zur Kirche und wollen sie auch heute herausfordern, sich den biblischen Massstäben und den Zeichen der Zeit zu stellen. Ebenso lassen sich die Ordensgemeinschaften von der Kirche herausfordern und befruchten. Das Gebet für die Kirche ist wichtiges Anliegen der Schwestern und Brüder.»[7]

Ein solches ekklesiologisches Selbstverständnis prägt das Gottesdienstangebot, wie sich weiter unten zeigen wird. Ebenfalls prägend ist der Faktor, dass sich die Gemeinschaften nicht primär als «Institutionen», sondern als «Bewegungen» definieren, die sich im Dienst der breiten Volkskirche verstehen und dennoch ab und zu Einseitigkeit und Eindeutigkeit wagen, die sich an den offiziellen Kirchenordnungen orientieren und dennoch immer wieder eigene Wege gehen.[8]

---

6   Sr. Doris Kellerhals, Heilende Gemeinschaft in der Postmoderne unter besonderer Berücksichtigung der Benediktusregel. Ein Beitrag zum Bau von kirchlicher Gemeinschaft, Basel 2008, 50.

7   Müller, Zum heutigen Erscheinungsbild (Anm. 3), 23. Vgl. auch Halkenhäuser, Kirche und Kommunität (Anm. 4), 331–393.

8   Vgl. Sr. Doris Kellerhals, Akzente aus der Geschichte der evangelischen Ordensgemeinschaften, in: Dürr/Kellerhals/Vonaesch, Evangelische Ordensgemeinschaften (Anm. 3), 24–37, 24. Zu den Begriffen «Institution» bzw. «Bewegung» vgl. Ralph Kunz, Theorie des Gemeindeaufbaus. Ekklesiologische, soziologische, und frömmigkeitstheoretische Aspekte, Zürich 1997, 252–256. Kunz variiert terminologisch die soziologische Trias Mystik – Sekte – Kirche von Ernst Troeltsch und unterscheidet die drei sozialen Akteure Organisation – Bewegung – Institution. Vgl. dazu auch ders., Kybernetik, in: Christian Grethlein/Helmut Schwier (Hg.), Praktische Theologie. Eine Theorie- und Problemgeschichte, Leipzig 2007, 607–684, 669–672.

2.3 «Ökumenische Avantgarde»

Evangelische Ordensgemeinschaften und Kommunitäten haben teils aus geschichtlichen Gründen enge Verbindungen zu Christinnen und Christen anderer Denominationen und Konfessionen. Innerevangelische und innerchristliche Ökumene ist vielen von ihnen seit ihren Anfängen wichtig. Dies hat Hans Corrodi veranlasst, die Gemeinschaften als «ökumenische Avantgarde» zu bezeichnen.[9] In den Gottesdiensten äussert sich diese ökumenische Ausrichtung bisweilen darin, dass Elemente und liturgische Stücke aufgenommen werden, die sonst vor allem aus Schwesterkirchen bekannt sind.

3. Gottesdienstpraxis evangelischer Ordensgemeinschaften und Kommunitäten

In der Skizze der Gottesdienstpraxis der Communauté Don Camillo wird deutlich, dass drei verschiedene Gottesdiensttypen das geistliche Leben prägen: Der Predigtgottesdienst am Sonntagmorgen, der Abendmahlsgottesdienst und das Tagzeitengebet. Alle drei Typen haben eine eigenständige liturgische Grundstruktur[10] und damit eine eigene Dramaturgie.[11] In den folgenden Überlegungen richte ich den Fokus primär auf den Predigtgottesdienst, verweise aber teilweise auch auf die andern Feiern. Exemplarisch werden Gottesdienste von sechs schweizerischen und deutschen evangelischen Ordensgemeinschaften bzw. Kommunitäten vorgestellt.[12]

3.1 Diaconis-Schwesterngemeinschaft Bern/Schweiz

Die Anfänge der Gemeinschaft reichen bis zum Anfang des 19. Jahrhunderts. Heute leben gut 60 Schwestern mitten in der Stadt Bern auf dem Gelände der Stiftung Diaconis, die im Bereich der palliativen Pflege von alten und kranken Menschen tätig ist und sich in der beruflichen und sozialen Integration engagiert.[13] Die Schwesterngemeinschaft pflegt ein intensives gottesdienstliches Leben, mit täglichen Gebeten, einer Wochenschlussfeier am Samstag und dem Predigtgottesdienst am Sonntagmorgen. Die Lokalitäten variieren; weil die eigene Kirche

---

9 Hans Corrodi, Eine Gesellschaft von Freunden, in: Aeppli/ders. /Schmid, Kirche im Miteinander (Anm. 2), 16–32, 26. Dass es dabei nicht um «euphorische […] Einheits-Romantik», sondern um heilvollen Widerspruch gegen die unheilvolle innerchristliche Zerrissenheit geht, hat Halkenhäuser, Kirche und Kommunität (Anm. 4) schon in den 1970er Jahren betont.

10 Vgl. auch Ralph Kunz, Gottesdienst evangelisch reformiert. Liturgik und Liturgie in der Kirche Zwinglis, Zürich 2001, 326.

11 Vgl. ebd., 388.

12 Zur Praxis der Tagzeitengebete in evangelischer Perspektive vgl. Kellerhals, Heilende Gemeinschaft (Anm. 6), 301–304.

13 Vgl. www.diaconis.ch (Zugang 20.11.2014).

auf dem Areal für betagte Schwestern schwer zugänglich ist, finden die verschiedenen Feiern mehrheitlich in hausinternen Andachtsräumen statt. Der Gottesdienst am Sonntagmorgen folgt einer schlichten reformierten Liturgie (vgl. RG 150), Lieder werden von der Orgel begleitet. Eine der drei bei der Stiftung angestellten Theologinnen verantwortet jeweils die Feier. Einmal pro Monat wird ein Lektor / eine Lektorin beigezogen, welcher/welche die liturgischen Stücke gestaltet, zweimal pro Monat feiert die Gemeinschaft Abendmahl. Es sind primär die Schwestern und Menschen des Freundeskreises, die zu den Gottesdiensten kommen. Ab und zu stossen Mitarbeitende der Stiftung und Menschen dazu, welche z. B. durch die Palliative Care von Angehörigen mit Diaconis verbunden sind.

Insgesamt sind sich die Gottesdienste mit denjenigen der umliegenden Parochialgemeinden sehr ähnlich; nur das «Zielpublikum» ist einheitlicher; gute Bibelkenntnisse gehören ebenso zu seinem Profil wie die enge Vertrautheit mit dem Liedgut. Verbindungen zu den Kirchgemeinden der Stadt werden einerseits über persönliche Kontakte gepflegt – einmal pro Monat ist jede Schwester freigestellt, anderswo den Gottesdienst zu besuchen. Jährlich findet eine gemeinsame Feier statt, auch gab es schon Erwachsenenbildungsanlässe, die in Kooperation verantwortet wurden. Durch die spezifischen Aufgaben der Stiftung im Bereich der Alten- und Palliativpflege gestalten die Pfarrerinnen immer wieder auch Abdankungsfeiern. So werden Menschen mit ganz unterschiedlicher kirchlicher Sozialisation in das Gottesdienstgeschehen der Schwesterngemeinschaft einbezogen, die seit mehr als 200 Jahren diesen Ort geistlich prägt.

3.2 Schwesterngemeinschaft Diakonissenhaus Riehen/Schweiz
Auch in der Schwesterngemeinschaft in Riehen,[14] die auf eine fast so lange Geschichte wie die Berner Diakonissen zurückblicken kann, hat der Sonntagsgottesdienst für das geistliche Leben einen sehr hohen Stellenwert. Einmal pro Monat wird er auf den Abend verlegt und als Abendmahlsgottesdienst gefeiert. Sowohl der Predigt- als auch der Abendmahlsgottesdienst sind geprägt durch liturgische Elemente, die sonst im klassisch reformierten Gottesdienst wenig zu finden sind. So werden die Psalmen mehrstimmig gesungen, die Abendmahlsfeier orientiert sich an der Deutschen Messe und beinhaltet beispielsweise immer ein Sündenbekenntnis, einen Kyrie-Bittruf und einen Zuspruch der Vergebung. Die Liturgie wird jeweils von mehreren Personen getragen. Bisweilen gestalten Pfarrpersonen der Umgebung die Gottesdienste mit. Für das Lektorat und die Fürbitten bleibt allerdings eine Schwester verantwortlich. Die spirituelle Breite, die sich in der neusten Fassung des Reformierten Gesangbuchs niedergeschlagen hat, wird in den Riehener Gottesdiensten ausgeschöpft. So prägen auch Schätze anderer konfessioneller Traditionen (z. B. orthodoxe Gesänge) die Feiern. In der Wochen-

---

14 Vgl. www.diakonissen-riehen.ch (Zugang 20.11.2014).

schlussfeier am Samstagabend kommen weitere Elemente dazu, beispielsweise das freie Gebet, das u. a. in der charismatischen Tradition gut bekannt ist. Ab und zu finden in der Hauptkapelle der Gemeinschaft Kasualfeiern statt: Beerdigungen von Schwestern oder ehemaligen Mitarbeitenden, Taufen von Angehörigen oder Kindern, deren Mütter die «Lebensschule» durchlaufen haben. Insgesamt bleibt der Fokus des Gottesdienstangebotes auf die Schwesterngemeinschaft ausgerichtet. Die Feiern sind keine Veranstaltungen *für andere*, sondern primär Quelle der eigenen Gottesbeziehung, die zu vertiefen auch Menschen der Umgebung eingeladen werden.

3.3 Communität Casteller Ring, Schwanberg/Deutschland

In der Communität Casteller Ring, die 1950 in Bayern gegründet wurde, sind neben den Tagzeitengebeten auch die Predigt- und Abendmahlsgottesdienste stark liturgisch geprägt, in lutherischer Tradition. So wird beispielsweise die Abendmahlsliturgie, die dreimal pro Woche gefeiert wird, von der Pfarrperson gesungen. Liturgische Elemente werden bisweilen neu geschrieben. So kündet die Kommunität auf der Homepage an: «Wir laden ein zu Gottesdiensten an den verschiedenen Festen und Feiern des Kirchenjahres und experimentieren mit neueren liturgischen Formen. Segnungsgottesdienste und Feiern mit stillen, meditativen Elementen ergänzen die Vielfalt. Immer steht zugleich mit der Verkündigung die Feier des Altarsakraments im Mittelpunkt – von hier aus beschreibt sich unser Leben.»[15] Oft kommen zu den Gottesdiensten mehr als 200 Personen. Auch in anderen Kommunitäten werden die Gottesdienste im Vergleich zu umliegenden Parochialgemeinden von vielen Menschen mitgefeiert. Das hat auch mit den Gästen zu tun, die in Tagungshäusern der Gemeinschaften logieren. Anders als im Eingangsbeispiel von Montmirail zum Ausdruck kam, sind die Feiern auf dem Schwanberg inhaltlich nicht auf die Gästegruppen ausgerichtet. Am Sonntagmorgen erfolgt die Bibellesung und -auslegung nach der offiziellen Perikopenordnung; die Wochentagsgottesdienste am Dienstagabend sind diesbezüglich freier und werden durchaus auch einmal als Themenreihe gestaltet. Der Gottesdienst am Freitagmorgen unterscheidet sich insofern von den andern, als mitten im Gottesdienst eine persönliche Segnung mit Handauflegung angeboten wird. Wohl sind es insbesondere solche Rituale und feierliche Momente, die viele Menschen auf den Schwanberg kommen lassen, die von der offiziellen Kirche enttäuscht sind. Die liturgische Vielfalt ermöglicht ihnen, nochmals anders einzusetzen und neue geistliche Heimat zu finden.

Die Communität Casteller Ring versteht ihre Arbeit im Dienst der Gesamtkirche. Dadurch, dass im Geistlichen Zentrum Schwanberg viele Fortbildungen für Kirchenleute stattfinden, hat das geistliche Angebot der Kommunität einen mul-

---

15 Vgl. www.schwanberg.de/index.php/kirche-st-michael.html (Zugang 23.08.2013).

tiplikatorischen Effekt. Kasualien werden nur beschränkt durchgeführt – in der Klosterkirche fehlt ein Taufstein, auch Trauungen sind eine Seltenheit. Lediglich Trauerfeiern werden im Zusammenhang mit dem Engagement des Geistlichen Zentrums im «FriedWald»[16] angeboten, oft durchgeführt von Pfarrpersonen der umliegenden Gemeinden.

Neben der Ausrichtung auf die lutherische Kirche fördert die Gemeinschaft die Ökumene – innerevangelisch durch die starken Bezüge zur methodistischen Kirche, im Blick auf die christliche Kirche durch ihre Verbindungen zur nahe gelegenen katholischen Abtei Münsterschwarzach und über die christliche Tradition hinaus durch ihre Kontakte zum Judentum.

3.4 Schwestern von Grandchamps, Sonnenhof/Schweiz

Die Spiritualität der Schwestern von Grandchamps, die 1952 erstmals Gelübde ablegten, ist geprägt von Kontemplation und Stille. Die Gemeinschaft orientiert sich an der Regel und Gebetsordnung von Taizé. Neben dem Mutterhaus in Grandchamps in der Nähe von Neuchâtel sind die Schwestern u. a. im Retraitehaus «Sonnenhof» in Gelterkinden präsent.[17] Das Leben ist auch hier stark geprägt vom Rhythmus der vier täglichen Stundengebete. Im Rahmen dieser liturgischen Gottesdienste feiert die Gemeinschaft zweimal pro Woche Eucharistie, so am Sonntagmorgen. Diese Feier ist für die Kommunität als Ausdruck der Gemeinschaft mit Christus und untereinander sehr wichtig. Eingesetzt und ausgeteilt wird das Abendmahl von ordinierten Personen. Das wird nicht in allen Ordensgemeinschaften und Kommunitäten gleich strikt gehandhabt; in einigen Gemeinschaften beauftragt die Leitung Gemeinschaftsmitglieder für diesen Dienst. Nicht so bei den Schwestern von Grandchamps; vorzugsweise ist es auch keine eigene Schwester, die als Zelebrantin fungiert, sondern Pfarrpersonen entweder aus der Gästegruppe oder aus der Umgebung. Diese Entscheidung fiel u. a. aus Solidarität mit katholischen Orden.

Ab und zu stossen Leute aus dem Dorf zu den Gebeten hinzu, umgekehrt ist zurzeit eine aktive Teilnahme der Schwestern am Leben der Parochialgemeinde kräftemässig nur sehr begrenzt möglich. Gleichwohl bestehen u. a. über das Engagement des reformierten Kirchenchors Verbindungen zur örtlichen Kirchgemeinde.

3.5 Christusträger Bruderschaft Ralligen/Schweiz

Zwischen der Communauté Don Camillo und der Christusträger Bruderschaft gibt es u. a. aufgrund zeitlicher Überschneidungen des Engagements im Basel der

16 Vgl. www.schwanberg.de/Friedwald (Zugang 20.11.2014).
17 Vgl. www.sonnenhof-grandchamp.org/page25.php (Zugang 20.11.2014).

1980er Jahre eine besondere geistliche Nähe.[18] Beide Gemeinschaften pflegen Gastfreundschaft, indem sie in ihren Häusern übers Jahr viele Gruppen empfangen, darunter zahlreiche Familien. Neben ihrem Haupthaus im deutschen Triefenstein sind die Christusträger an verschiedenen Orten auf der Welt präsent; in Ralligen am Thunersee führen sie ein weiteres Gästehaus. Wenn Gruppen länger im Haus weilen, schlagen die Brüder für den Sonntagmorgen vor, gemeinsam mit ihnen den Gottesdienst in der örtlichen Kirchgemeinde zu besuchen. Sind die Gäste nur für einen Kurzaufenthalt über das Wochenende im Haus, gestalten die Brüder am Sonntagmorgen oft eine Feier. Bis zu zehn Leute sind beteiligt, ähnlich wie in den Schilderungen der Gottesdienstpraxis in Montmirail. Auch bei den Christusträgern spielt die Zusammensetzung der Gästegruppen für die Auswahl der Bibeltexte bzw. Gottesdienstthemen eine Rolle. Gute Erfahrungen hat man bei Familien mit sog. «Thomasmessen» gemacht, wofür sich die Klosterkirche in Triefenstein besonders eignet: An verschiedenen Stationen wird die Möglichkeit zu einfachen rituellen Handlungen angeboten. So finden sich im Beichtgestühl Fesseln, welche die Gottesdienstfeiernden anhalten, über unheilvolle Verstrickungen nachzudenken und um Erbarmen zu bitten. In einer Ecke ist eine Klagemauer aufgebaut, wo Fürbittegebete platziert werden können. Das Weihwasser lädt zu einem Kreuzzeichen zur Tauferinnerung ein.

Wiederum ist es das Abendmahl, das die Brüder als Gemeinschaft konstituierend erfahren. Auch mit Gästen wird es regelmässig gefeiert. Um Menschen der Umgebung am reichen Gottesdienstleben teilhaben zu lassen, feiert die Gemeinschaft in Ralligen viermal pro Jahr öffentliche Taizégottesdienste, die von vielen sehr geschätzt werden.

3.6 Kommunität Beuggen/Deutschland

Die Kommunität Beuggen im südbadischen Rheinfelden ist die jüngste und letzte Gemeinschaft, deren Gottesdienstleben in diesem Beitrag skizziert wird. Seit 2005 wohnen Familien, Paare und Singles gemeinsam in Kommunitätsgebäuden auf dem Gelände von Schloss Beuggen, einer Evangelischen Tagungs- und Begegnungsstätte.[19] Täglich laden sie um 20.00 Uhr zu Abendgebeten ein (die jahrelang gefeierten zusätzlichen Morgengebete sind zurzeit ausgesetzt), am Wochenende kommen weitere Gebete dazu. Einen eigenen Sonntagmorgengottesdienst gibt es bewusst nicht, weil die Gemeinschaft nicht als Parochialgemeinde organisiert ist. Auch der Verzicht auf ein gemeinsames Abendmahl hat damit zu tun. Zudem

---

18 Vgl. www.christustraeger-bruderschaft.org/standorte/gut-ralligen/ (Zugang 20.11.2014). Auch die Spiritualität der Steppenblüten-Schwestern, die im Berner Oberland auf der Grimmialp ein Gästehaus führen (sie werden in diesem Beitrag nicht weiter vorgestellt), gleicht in verschiedener Hinsicht derjenigen der Christusträger und Don Camillo.

19 Vgl. www.kommunitaet-beuggen.de (Zugang 20.11.2014).

fände es die Kommunität schwierig, wenn ordinierte Pfarrpersonen der Gemeinschaft im Rahmen von Abendmahlsfeiern Sonderrollen übernehmen würden.

Die Gemeinschaft beteiligt sich an den monatlichen Taizégottesdiensten in der Tagungsstätte. Anschliessend sind die Feiernden zum Essen in den Gruppenraum der Kommunität eingeladen.

Die Durchführung der täglichen Feiern in der Tagungsstätte ist in einem Kooperationsvertrag mit der Landeskirche geregelt. Die halbstündigen Feiern werden sehr schlicht gehalten, mit Gebet, orthodoxem bzw. anglikanischem Psalmgesang, Schriftlesung, Stille und Segen. Sie sind eine Unterbrechung im Alltag und führen, so Pfr. Detlef Lienau, Gründungsmitglied der Kommunität, «vom Wickeltisch weg wieder an den Wickeltisch ran» – Gottesdienst inmitten des Alltags also.

4. «vollgesogen mit einer anderen Luft»

In allen vorgestellten evangelischen Ordensgemeinschaften und Kommunitäten prägt eine reiche gottesdienstliche Praxis das geistliche Leben. Dadurch, dass die Gemeinschaften in diesen Feiern selbst so stark beheimatet sind, eröffnen sie offensichtlich Partizipations-Räume für Hausgäste und Passanten und Passantinnen. Auch Menschen, die geistlich heimat- und sprachlos geworden sind, teils der offiziellen Kirche enttäuscht den Rücken zugewandt haben, finden offenbar an diesen andern *lieux d'église* neue Möglichkeiten zur Verbindlichkeit, wie das Beispiel des Schwanbergs deutlich macht. Sr. Doris Kellerhals wagt eine Prognose: «Wenn nun die Bedeutung der Kirche in ihrer Territorialstruktur abnimmt – so werden die Sozialstrukturen der Kirche umso wichtiger. Es geht um die konkrete *Communio sanctorum* – die Gemeinschaft der Heiligen, also um die Gemeinschaftsstruktur!» Mit Verweis auf eine EKD-Studie vermutet sie, dass in 20 Jahren «nur noch zirka 50 Prozent der Kirchgänger in der klassischen Ortsgemeinde beheimatet sein werden. Die andere Häfte vermutet man in neuen Gemeinschaftsformen, in Netzwerkgemeinden oder auch in Kommunitäten.» Allerdings ist ihr wichtig zu betonen, dass diese alternativen Sozialgestalten nicht unabhängige Gefässe sind, vielmehr: «Sie verweisen aufeinander, sind untereinander verbunden und verstehen sich als Teil der protestantischen Kirche.»[20] Die Gottesdienste klösterlicher Gemeinschaften mit ihren Symbolen und liturgischen Ordnungen scheinen deswegen zu faszinieren, weil in einer «ganzheitlichen Feier der Liturgie [...] der von den Kennzeichen der Postmoderne geprägte Mensch

---

20 Sr. Doris Kellerhals, Evangelische Ordensgemeinschaften in der Schweiz – ein Netz für profiliertes kirchliches Leben, in: Aeppli / Corrodi / Schmid (Hg.), Kirche im Miteinander (Anm. 2), 33–43, hier 38–40.

tiefer angesprochen werden [kann] als in einem vorwiegend intellektuell geprägten, lehrmässigen Gottesdienst.»[21]

Ähnliches hat schon der Jesuit und Kulturanthropologe Michel de Certeau vermutet, als er in seinem 1987 erstmals publizierten Beitrag «Glaubensschwachheit» schrieb: «Der Anklang, den die Klöster finden, kompensiert die Verödung der Pfarrkirchen, und diese Suche ist nicht notwendig ein Alibi. Die Leute, die zu diesen ‹exotischen› Liturgien pilgern, kehren wieder zu ihrer Arbeit und zu ihrem Engagement zurück, so wie man vom Strand oder von der Lektüre eines Gedichts zurückkommt, vollgesogen mit einer anderen Luft, die in den alltäglichen Vollzügen durchaus ihre Wirkung haben kann, aber eben auf eine Weise, die jeder selbst verantworten muss.»[22]

---

21 Kellerhals, Heilende Gemeinschaft (Anm. 6), 234.
22 Michel de Certeau, Glaubensschwachheit, in: ders. GlaubensSchwachheit, hg. von Luce Giard, Stuttgart 2009, 245–250, hier 248.

Zwischen Landseite und Luftseite: Gottesdienste am Flughafen

Walter Meier

Seelsorge am Flughafen

Seit der Erfindung des Flugzeugs durch die Brüder Orville und Wilbur Wright zu Beginn des 20. Jahrhunderts hat sich die Zahl der Flugreisenden weit über die wildesten Träume der Erfinder hinaus entwickelt. Das Fliegen hat die Gesellschaft und den Lebensstil in der Welt verändert. Grössere Flugzeuge, Geschwindigkeiten und Distanzen führten dazu, dass grosse Flughäfen zum Teil weit ausserhalb von Städten und Metropolen gebaut wurden. Dies wiederum schuf neue Bedürfnisse innerhalb der Flughafengebäude und Terminals. Darum sind heute Flughäfen eigentliche Städte für sich mit der ganzen Infrastruktur, die eine Gesellschaft braucht: Einkaufsmöglichkeiten, Restaurants, Hotels, Konferenzzentren, Arzt- und Zahnarztpraxen, Rechtsanwaltskanzleien und mehr.

Ebenso entstand einerseits unter Flughafenangestellten, die im Schichtbetrieb Tag und Nacht an der Arbeit waren, und andererseits unter Reisenden, die auf den Ab- oder Weiterflug warteten, das Bedürfnis nach einem Ort für Gebet oder Meditation innerhalb des Flughafens. Um diesem Bedürfnis nachzukommen hat im Jahr 1944 ein Angestellter der Eastern Airlines, Edwin Standford Hogg, die Stiftung «Hartsfield Atlanta International Airport Chaplaincy» initiiert. Er war kein Theologe und wurde dennoch zum Vater der heutigen Flughafenpfarrämter. Ihm war wichtig, dass es am Flughafen eine Kapelle gibt als

- einen immer geöffneten Raum für die verschiedenen Glaubensrichtungen, die an einem Flughafen zusammenkommen
- einen besonderen Raum für das persönliche Gebet und die Meditation
- als eine Oase der Stille im Lärm und in der Hektik eines Flughafens.[1]

Ausserdem befürwortete er die Anstellung eines Seelsorgers für Menschen in einer emotionalen Krise, die persönliche Begleitung und Beratung brauchen.

Im Jahr 1951 wurde dann die Kapelle am Logan International Airport in Boston und bald darauf Kapellen an weiteren amerikanischen Flughäfen eröffnet. Etwa zehn Jahre später folgten Flughäfen in Europa wie Brüssel, Paris-Orly, Frankfurt und andere. Heute gibt es auf über 150 Flughäfen weltweit Flughafenpfarrämter und Seelsorge-Einrichtungen.[2] Davon sind die meisten christlich. Es

---

1 Siehe dazu www.iacac.info/index.php/about-iacac/72-history-of-iacac (Zugang 14.11.2014).
2 Sie sind zusammengeschlossen in der International Association of Civil Aviation Chaplains (IACAC).

gibt aber auch jüdische und muslimische Geistliche und vereinzelt Priester asiatischer Religionen, die als Seelsorger an Flughäfen tätig sind.

Abhängig von den unterschiedlichen kulturellen, historischen und religiösen Traditionen der zahlreichen Einrichtungen auf den Flughäfen der ganzen Welt variiert die Art, wie Seelsorge ausgeübt wird – aber die theologischen Grundlagen sind weitgehend dieselben, nämlich der Glaube an Gottes Gegenwart in der Welt und seine Sorge für sie. Daraus leiten sich der Auftrag und das Anliegen ab, sich für die Menschen in der Welt einzusetzen. Jede Form von Seelsorge schliesst auch Diakonie mit ein und sollte Ausdruck von Gottes Liebe für die Menschen sein, wo immer auch sie sich aufhalten – zum Beispiel an Flughäfen.

Die Seelsorge gilt allen Menschen, die am Flughafen oder in den Flugzeugen arbeiten wie auch den Passagieren. Unter diesen sind vielleicht solche, die aus einem belastenden Grund reisen müssen oder am Flughafen gestrandet sind.

Das *Ökumenische Flughafenpfarramt Zürich*[3] wurde in Zusammenarbeit zwischen der Evangelisch-reformierten und der Römisch-katholischen Kirche im Kanton Zürich zu Beginn des Jahres 1997 eröffnet. Ursprünglich waren ein römisch-katholischer und ein evangelisch-reformierter Seelsorger zu je 100 % angestellt. Im Jahr 2000 wurde eine 50 %-Stelle geschaffen, die zum grössten Teil von verschiedenen Firmen am Flughafen finanziert wird. Seit Januar 2013 ist auch die christkatholische Kirchgemeinde Zürich mit einer 20 %-Stelle beteiligt.

Seelsorge, Diakonie und Verkündigung werden in ökumenischem Geist wahrgenommen. Die Seelsorgenden stehen allen Menschen – unabhängig von Glaube, Religion und Weltanschauung – für Gespräche und Begegnungen zur Verfügung. Sie setzen sich ein für eine zeitgemässe Pastoral, die sich am Evangelium Jesu orientiert. Die Wertschätzung jedes Menschen steht zu jeder Zeit im Zentrum. Das anvisierte Ziel solchen kirchlichen Handelns ist ein Wechsel der Perspektive: Nicht mehr «Komm her »-Kirche, sondern «Geh hin»-Kirche zu sein. Darum sind die Seelsorgenden regelmässig im Betrieb unterwegs und pflegen den Kontakt zu den Mitarbeitenden auf allen Ebenen, vom Reinigungspersonal bis zu den Kadern in den Teppichetagen.

Gottesdienste am Flughafen Zürich

Am Flughafen Zürich gibt es drei verschiedene interreligiöse Andachtsräume, in denen Gottesdienste unterschiedlicher Art gefeiert werden:

---

3   Siehe auch www.flughafenpfarramt.ch; einen Einblick in die Arbeit des Flughafenseelsorgers gibt: Walter Meier, Flughafengeschichten, Zürich 2013.

- Den landseitigen *Andachtsraum/Chapel*, der öffentlich zugänglich ist,
- den *Prayer Room* in der sogenannten Non-Schengen-Zone (luftseitig), der nur für die Passagiere, die in ein Land ausserhalb von «Schengen» reisen oder von dort kommen, und für Angestellte, die den nötigen Ausweis tragen, zugänglich ist und
- das *Mortuarium* im Frachtbereich des Flughafens. Hier können Särge von Verstorbenen aufgebahrt werden. Dieser Andachtsraum ist ebenfalls auf der Landseite gelegen. Er wird aber nur nach Bedarf geöffnet. Einen Schlüssel dafür haben die Polizei und das Flughafenpfarramt.

Im Folgenden möchte ich die Gottesdienste beschreiben, die in den drei erwähnten Räumen stattfinden. Dabei beschränke ich mich auf die reformierten und ökumenischen Gottesdienste. Es sei lediglich erwähnt, dass auch römisch-katholische und christkatholische Messen und Wortgottesdienste gefeiert werden, oft auch von durchreisenden Pilgergruppen oder von einzelnen römisch-katholischen Priestern oder Bischöfen, die alleine unterwegs sind.

Der reformierte Sonntagsgottesdienst
Der reformierte Sonntagsgottesdienst findet in der Regel jeden zweiten Monat im landseitigen Andachtsraum statt. Beginn ist um 11.30 Uhr. Das gilt übrigens auch für die katholischen und ökumenischen Gottesdienste. Ursprünglich war der alleinige Grund für diesen relativ späten Beginn die Verfügbarkeit der Organistin, die vorher im Gottesdienst der katholischen Kirchgemeinde in Kloten spielt und frühestens kurz vor Mittag am Flughafen sein kann. Schon bald stellten wir jedoch fest, dass dieser Zeitpunkt von den Gottesdienst-Besucherinnen und -Besuchern geschätzt wird. Darum haben wir an diesem Zeitpunkt bis jetzt festgehalten und werden es auch in Zukunft tun.

Für die Dauer des Gottesdienstes erhält der *interreligiöse Andachtsraum* ein christliches Gepräge: Ich stelle eine Osterkerze neben den (Altar-)Tisch und zünde sie an. Der Tisch wird mit einem Tuch gedeckt und einem schmiedeeisernen Kreuz und zwei Kerzen auf Ständern geschmückt. Ausserdem befindet sich ein Blumenbouquet auf dem Tisch. Ich trage den Talar oder einen dunklen Anzug mit Hemd und Krawatte.

Für die *Liturgie* halte ich mich im Wesentlichen an das Kirchenbuch, das der Zürcher Kirchenrat im Herbst 1969 herausgegeben hat und das mich seit meiner Ordination im Jahre 1976 bei meiner Arbeit begleitet.

Für die Auswahl der Texte für Lesung und Predigt verwende ich ziemlich disipliniert die Perikopen-Reihe. Die Schriftlesung hält in der Regel ein(e) ehrenamtliche(r) Lektor(in).

Für die musikalische Gestaltung des Gottesdienstes und die Begleitung der Lieder steht ein Digital-Piano zur Verfügung. Die Lieder stammen aus dem Evangelisch-reformierten Gesangbuch oder dem Rise-up.

Im Gottesdienst spreche ich schriftdeutsch. Sollte ich feststellen, dass unter den Teilnehmenden Menschen sind, die Deutsch nicht verstehen, gebe ich ihnen nach Möglichkeit eine Bibelübersetzung in ihrer Sprache und zeige ihnen die ausgewählten Bibeltexte. Falls ich ihre Sprache beherrsche, verwende ich diese bei der Begrüssung und zur Zusammenfassung einzelner Predigtabschnitte.

An kirchlichen Festtagen wie Ostern oder Pfingsten sowie am Eidgenössischen Dank-, Buss- und Bettag feiern wir im zweiten Teil des Gottesdienstes *das Abendmahl* mit einer schlichten Liturgie und in wandelnder Form.

Zu den Gottesdiensten wird mit Plakaten (A4-Format), Flyern und Inseraten in den Zeitungen der Region (Kirchenzettel) sowie auf der Homepage des Flughafenpfarramtes (www.flughafenpfarramt.ch) eingeladen. Im Korridor vor dem Andachtsraum steht ein Wegweiser mit der Aufschrift «Gottesdienst/Worship». Unsere Anfrage, ob zu den Gottesdiensten über die Lautsprecher in den Terminals eingeladen werden könnte, wie dies an anderen Flughäfen geschieht, wurde negativ beantwortet mit der Begründung, es müssten schon zu viele Ansagen gemacht werden. Und es könnten Passagiere ihren Flug verpassen, wenn der Gottesdienst zu lange daure.

Durchschnittlich besuchen zwischen 25 und 30 Menschen den Gottesdienst. Viel mehr Menschen hätten auch kaum Platz. Aber in einem kleinen Raum entsteht unter 25 Menschen eher das Gefühl von Gemeinschaft als in einer grossen Kirche, wo der Besuch im Sonntagsgottesdienst mitunter nicht zahlreicher ist.

Wie in einem normalen Gemeindegottesdienst sind die am Gottesdienst Teilnehmenden mehrheitlich im Rentenalter. Sie sind meist ehemalige Angestellte der verschiedenen am Flughafen domizilierten Firmen und empfinden, wie sie selber sagen, heimatliche Gefühle, wenn sie hier sind. Oder sie verstehen sich nach wie vor als Mitglieder der «grossen Flughafen-Familie».

Nach dem Gottesdienst ist die Gemeinde im Empfang neben dem Andachtsraum zu einem Apéro eingeladen, um bei einem Glas Wein oder Orangensaft und kleinen Snacks den Gedankenaustausch zu pflegen. Dies gilt nicht für den Karfreitag. Da geht die Gemeinde still auseinander.

Im Grunde genommen hat der Kontext Flughafen, abgesehen von der eventuellen Mehrsprachigkeit, *wenig Einfluss* auf die inhaltliche und liturgische Gestaltung des Gottesdienstes. Auf Grund meiner Erfahrung wird das auch nicht erwartet. An einem etwas besonderen Ort wird ein ganz normaler reformierter Gottesdienst gefeiert. Die Feedbacks der Gottesdienstbesucher und -besucherinnen sind durchwegs positiv. Die Gottesdienste werden als Hilfe zur Stärkung des persönlichen Glaubens erfahren.

Das Offene Mittagsgebet

Das Offene Mittagsgebet, jeweils am Mittwoch um 12.00 Uhr, ist ein kurzer ökumenischer Wortgottesdienst von 20 Minuten Dauer, der abwechslungsweise von den vier Seelsorgenden im landseitigen Andachtsraum gestaltet wird. Das

Setting ist immer das gleiche: Ausser während der Fastenzeit brennt die Osterkerze. Auf dem (Altar-)Tisch steht ein dreiarmiger Kerzenleuchter. Die Liturgen tragen zivil.

An die feste Form dieses Gottesdienstes halten sich auch die anderen Mitglieder des Pfarramtsteams (Diakon Claudio Cimaschi und Pastoralassistentin Andrea Thali von der römisch-katholischen und Pfarrerin Melanie Handschuh von der christkatholischen Kirche):

Der Gottesdienst beginnt mit Musik, die nicht live gespielt wird, sondern von einem Tonträger stammt. Während dieser musikalischen Einstimmung nimmt der Liturg, die Liturgin mit einem Docht Licht von der Osterkerze und entzündet die drei Kerzen auf dem Tisch. Während der Fastenzeit wird das Licht von einer der brennenden Opferkerzen genommen, weil die Osterkerze in dieser Zeit nicht verwendet wird. Darauf folgen ein Grusswort und/oder eine freie Begrüssung sowie eine Lesung, gefolgt von einer mehrere Minuten andauernden Stille. Diese wird durch Anschlagen einer Klangschale eingeleitet und abgeschlossen. Der Lesungstext wird anschliessend kurz ausgelegt; dabei wird der «Hauptvers» wiederholt. Dieser erscheint dann als «Bibelwort der Woche» in drei Sprachen (deutsch, englisch und französisch) auf der Homepage des Flughafenpfarramtes. Ein Gebet, das Unser Vater, ein Lied und der Segen beenden die Andacht.

Während der Fastenzeit ist das Hungertuch von Fastenopfer und Brot für Alle am Tisch angebracht, so dass es alle gut sehen können. In dieser Zeit lesen wir Texte, die zu den einzelnen Bildern des Hungertuches passen. Ausserhalb der Fastenzeit halte ich mich an die Losungen der Herrnhuter.

Zu diesen Gottesdiensten wird nicht speziell eingeladen. Aber im Korridor vor dem Andachtsraum wird eine Tafel mit der Aufschrift «Offenes Mittagsgebet, 12.00 bis 12.20 Uhr, Musik – Stille – Gebet» aufgestellt.

Im Durchschnitt besuchten im Jahr 2012 acht Personen das Offene Mittagsgebet: Angestellte, die die Mittagspause nicht nur zur körperlichen, sondern auch zur seelisch/geistigen Nahrungsaufnahme und Stärkung verwenden, und Reisende, aber auch Menschen, die extra wegen des Mittagsgebetes zum Flughafen kommen.

Wenn ich die Besucherinnen und Besucher kenne und weiss, dass sie meinen Dialekt verstehen, spreche ich Zürichdeutsch. Im Zweifelsfall frage ich nach und spreche auf Wunsch Schriftdeutsch. Bei internationalem Publikum halte ich es mit den Sprachen gleich wie oben beschrieben.

Die Arbeitsbedingungen auf dem Flughafen beeinflussen die Durchführung und Gestaltung des Gottesdienstes insofern, als dass wir bewusst 12.00 Uhr mittags als Zeitpunkt gewählt haben, um den Angestellten eine Teilnahme in ihrer Mittagspause zu ermöglichen. Wir beschränken die Dauer auf 20 Minuten, um zu gewähren, dass sie trotzdem noch etwas essen können. Den Mittwoch haben wir gewählt als den mittleren von fünf normalen Arbeitstagen.

Kasualgottesdienste

Auf Wunsch von Angehörigen und/oder Arbeitskollegen und -kolleginnen finden in besonderen Fällen auch Trauerandachten bzw. Abschiedsgottesdienste in diesem Andachtsraum statt, beispielsweise wenn die Trauerfamilie auf eine öffentliche Bestattung verzichtet, die Arbeitskolleginnen und -kollegen aber das Bedürfnis haben, von der verstorbenen Person Abschied nehmen zu können. Die Gestaltung dieses Abschiedsgottesdienstes wird – was Form und Inhalt betrifft – mit einer kleinen Gruppe der Arbeitskollegen und -kolleginnen vorbereitet. Im Zentrum der Feier steht ein Ritual mit Kerzen oder Blumen, das den Teilnehmenden den Abschied mit einem stummen oder ausgesprochenen letzten Gruss ermöglichen soll. Musik wird entweder ab CD oder mit dem Digital-Piano gespielt.

Stirbt eine in der Schweiz wohnhafte Person im Ausland, und kommt in der Folge eine Urne per Flugzeug zurück, kann diese auf Wunsch der Angehörigen während einer Trauerandacht übergeben werden. In der Regel steht die Urne zusammen mit Kerzen und Blumen auf dem (Altar-)Tisch. Momente der Stille wechseln sich ab mit meditativen Lesungen und Gebeten. Eventuell wird meditative Musik ab CD gespielt.

Bei diesen Gottesdiensten spielt der Kontext Flughafen eindeutig eine Rolle. Vielleicht kann man sagen, dass die Metapher von der letzten Reise so offensichtlich ist, dass sie nicht einmal erwähnt wird.

Gottesdienste im Prayer-Room

An Weihnachten, Karfreitag und Ostern oder auf Wunsch auch während des Jahres halten wir für Asylsuchende Gottesdienste in der Non-Schengen-Zone. Für sie hat das Bundesamt für Migration unweit des Prayer-Rooms eine Unterkunft eingerichtet, in der sie auf den Entscheid über ihr Asylgesuch warten müssen. Diese Wartezeit kann maximal zwei Monate betragen.

Die Gottesdienste können nach *Form* und *Inhalt* variieren, je nach Teilnehmerinnen und Teilnehmer. Sind zum Beispiel auch Nichtchristen dabei, verzichte ich auf das Altarkreuz als Schmuck auf dem Tisch. Eine Kerze brennt allerdings immer. Den Umgang mit Kerzen und Licht kennen auch Angehörige anderer Glaubensrichtungen.

In der Regel sitzen wir in einem Halbkreis vor dem Tisch. Ich begrüsse die Anwesenden, heisse sie willkommen und frage nach den Sprachen, die sie sprechen, um in der Folge diese zu verwenden, falls ich sie beherrsche. Meist sind dies Französisch und Englisch, manchmal auch Spanisch oder Portugiesisch (bei Menschen aus Südamerika bzw. Angola oder Mozambique). Bei anderen Sprachen müssen Gestik und Mimik genügen, oder unter den Anwesenden kann jemand übersetzen.

Ich erkläre den Grund für unsere Andacht: Weihnachten, Karfreitag, Ostern oder einfach das gemeinsame Hören auf Gottes Wort, Singen und Beten, Suchen nach Ermutigung und Zuspruch.

Dann lese ich einen passenden Bibeltext in den entsprechenden Sprachen. Eventuell kann jemand von den Anwesenden als Lektor oder Lektorin dienen. Nach einer kurzen Stille folgt eine Auslegung und Kommentierung des Textes. Zum Gebet können kleine Opferkerzen an der Altarkerze angezündet werden. Ich spreche ein freies Gebet in den oben erwähnten Sprachen und lade die Teilnehmenden ein, selbst auch ein Gebet zu sprechen, falls es ihnen ein Bedürfnis sei. Anschliessend sprechen wir gemeinsam das Vater Unser, jede und jeder in ihrer/seiner Muttersprache. Nicht immer, aber oft wird auch ein Gospellied gesungen.

An Weihnachten erhalten alle Teilnehmenden zum Schluss einen kleinen Kuchen, an Ostern einen Schokoladehasen.

Im Unterschied zu den beiden oben beschriebenen Gottesdiensten sind diese *nicht öffentlich*, weil der Raum, in dem sie stattfinden, nicht öffentlich zugänglich ist. *Inhalt und Gestaltung sind stark geprägt vom Kontext:* Die Asyl suchenden Menschen erleben die Zeit ihres Aufenthaltes am Flughafen als Zeit der Unsicherheit. Sie wissen nicht, ob ihrem Gesuch entsprochen wird, oder haben eventuell bereits einen ersten oder gar zweiten negativen Entscheid erhalten. Gegen einen ersten negativen Entscheid des Bundesamtes für Migration kann der/die Gesuchstellende eine Beschwerde an das Eidgenössische Verwaltungsgericht richten. Fällt auch dieses ein negatives Urteil, wird der Entscheid rechtskräftig. Im Gottesdienst sollen diese Menschen darum Trost und Zuspruch erfahren, neuen Mut und neues Gottvertrauen fassen. Dieses Ziel beeinflusst meine Textauswahl (Inhalt).

Die Gestaltung ist bewusst schlicht und spontan. Ich predige frei, das heisst ohne Manuskript und Stichworte.

Kasualgottesdienste im Mortuarium
Im Falle von aussergewöhnlichen Todesfällen auf dem Flug nach Zürich oder hier am Flughafen werden die Seelsorgenden des ökumenischen Flughafenpfarramts aufgeboten, falls Angehörige der verstorbenen Person zu betreuen sind. Diese können nämlich bei der vom Gesetz verlangten Untersuchung des Leichnams, die längere Zeit in Anspruch nehmen kann, nicht dabei sein. Die Untersuchung findet in einem speziellen Raum für die sogenannte Legal-Inspektion statt und wird vom Bezirksarzt in Anwesenheit von Polizei und Staatsanwaltschaft ausgeführt.

In dieser Zeit halten sich die Angehörigen in einem Raum des Flughafenpfarramts auf und werden von uns begleitet. Sollte im Verlauf des Gesprächs der Wunsch von den Angehörigen geäussert werden, den Leichnam noch einmal zu sehen, bevor er ins Institut für Rechtsmedizin überführt wird, nehmen wir Kontakt auf mit der Polizei und ordnen an, dass der Sarg im Mortuarium aufgebahrt werde.

Auch klären wir ab, ob die Angehörigen möchten, dass wir dabei sind und eine Trauerandacht halten.

Ist das der Fall, so begleite ich die Angehörigen zum Mortuarium, sobald ich von der Polizei die Meldung erhalten habe, es sei alles bereit. Zur Sicherheit werfe ich zuerst alleine einen Blick in den Raum, um mich zu vergewissern, dass alles stimmt, dass z. B. die Kerzen brennen und die Stühle ordentlich aufgestellt sind.

Die Angehörigen können sich um den aufgebahrten Sarg versammeln, die verstorbene Person berühren. Es können Blumen hingelegt werden, Emotionen und Tränen dürfen gezeigt werden. Ich lasse den Menschen genügend Zeit dazu.

In der Regel lese ich einen biblischen Text und spreche Gebete. Texte, Gebete und kleine liturgische Formen (z. B. für die Aussegnung) entnehme ich dem «Neuen Evangelischen Pastorale» (Gütersloh 2005) oder der «Liturgie Taschenausgabe» (Zürich 2011).

Bei diesen Kasualgottesdiensten ist klar, dass der Kontext Flughafen eine wichtige Rolle spielt. Sie sind meist nicht öffentlich und können unter Umständen auch spät nachts stattfinden.

«Zur Vermenschlichung des Flughafens beitragen»

Wie es schon Edwin Standford Hogg formuliert hatte, wird auch heute noch der Andachtsraum am Flughafen als «Oase der Stille», als willkommener Ort für den temporären Rückzug aus der Hektik des Flughafenalltags wahrgenommen. Dass in diesem Raum auch regelmässig Gottesdienst gefeiert wird, empfinden die Menschen als normal. Dazu ist der Kirchenraum ja da. Das gilt auch für einen Raum, der früher als Büro diente.

Die regelmässigen Gottesdienste am Flughafen werden also nicht als «Fremdkörper» wahrgenommen. Im Gegenteil: Hört jemand zum ersten Mal, dass es ein Flughafenpfarramt gibt, ist die erste Frage meistens folgende: Dann gibt es also Gottesdienste hier? Gerade kirchenferne Menschen assoziieren das Pfarramt eher mit Gottesdiensten und Gebeten als mit Seelsorgegesprächen. Dabei ist ja ein Gottesdienst immer auch Seelsorge, und ein Seelsorgegespräch enthält immer den Aspekt der Verkündigung von Gottes Gnade und Barmherzigkeit.

Von der Kirche wird also erwartet, dass sie Gottesdienste feiert. Und ebenso wird erwartet, dass sie in der Predigt den Alltag am Flughafen, der geprägt ist von Geschäftigkeit und profitablen Geschäften, kritisch reflektiert. Dazu das Beispiel eines (eher aussergewöhnlichen) Gottesdienstes: Wir Seelsorgende waren von einer Grossbank gebeten worden, im Rahmen eines Gottesdienstes neue Räume für das Private Banking zu segnen. Dass dazu nicht nur das Besprengen von Räumen und Schreibtischen mit Weihwasser, sondern auch eine Kurzpredigt zu Matthäus 6,19–21 («Sammelt euch nicht Schätze auf Erden ...») gehörte, wurde nicht in Frage gestellt. Vielleicht kann man sagen, dass die Kirche eine Art Narrenfreiheit geniesst. Diese soll sie durchaus zu nutzen wissen. Selbstständlich sollte eine kritische Predigt nie besserwisserisch oder hämisch daherkommen, sondern stets den seelsorglichen Aspekt mit enthalten. Aber sie kann «zur Vermenschlichung des Flughafens», wie ein ehemaliger Flughafendirektor sagte, einen wichtigen und durchaus geschätzten Beitrag leisten.

Verzeichnis der Autorinnen und Autoren

Bernhard Joss-Dubach, Pfr. Dr. habil., ist Gemeindepfarrer und Seelsorger für Menschen mit einer Behinderung in Basel und Privatdozent an der Theologischen Fakultät der Universität Bern.

Hubert Kössler ist Co-Leiter der Seelsorge und stellvertretender Leiter der Fachstelle Klinische Ethik am Inselspital Bern.

Claudia Kohli Reichenbach, Dr. theol., ist Geschäftsführerin der Aus- und Weiterbildung in Seelsorge AWS und Lehrbeauftragte an der Theologischen Fakultät der Universität Bern.

Ralph Kunz ist Professor für Praktische Theologie mit den Schwerpunkten Gottesdienst, Seelsorge und Gemeindeaufbau an der Theologischen Fakultät der Universität Zürich.

Katrin Kusmierz, Dr. des. theol., ist wissenschaftliche Geschäftsführerin des Kompetenzzentrums Liturgik an der Theologischen Fakultät der Universität Bern.

Pfr. Walter Meier ist reformierter Seelsorger im ökumenischen Flughafenpfarramt Zürich.

Pascal Mösli, Pfarrer und Supervisor MAS, ist seit 25 Jahren als selbständiger Berater, Dozent und Projektleiter für Organisationen vornehmlich in den Bereichen Soziales, Gesundheit und Kirche, seit sieben Jahren zudem als Co-Leiter der Seelsorge am Inselspital in Bern tätig.

Isabelle Noth ist Professorin für Seelsorge, Religionspsychologie und Religionspädagogik an der Theologischen Fakultät der Universität Bern.

David Plüss ist Professor für Homiletik, Liturgik und Kirchentheorie an der Theologischen Fakultät der Universität Bern.

Thomas Schlag ist Professor für Praktische Theologie an der Theologischen Fakultät und Leiter des Zentrums für Kirchenentwicklung (ZKE) der Universität Zürich.

Barbara von Sauberzweig ist Pfarrerin an den Universitären Psychiatrischen Kliniken Basel-Stadt.

Christian Walti war bis Mitte 2014 Assistent im Fachbereich Homiletik, Liturgik und Kirchentheorie an der Theologischen Fakultät der Universität Bern und Mitarbeiter des Kompetenzzentrums Liturgik. Gegenwärtig ist er Pfarrer in der Kirchgemeinde Frieden in Bern.